Shane Murphy

Die Kunst, erfolgreich zu sein

Shane Murphy

Die Kunst, erfolgreich zu sein

Acht Schritte zur persönlichen Bestleistung

Aus dem Englischen von Ursula Bischoff

Für meinen Bruder Chris,
den besten Sportsmann, den ich kenne.

Deutsche Erstausgabe
Dezember 1997
2. Auflage März 1998
Deutscher Taschenbuch Verlag GmbH & Co. KG, München
© 1996 Shane Murphy
Titel der amerikanischen Originalausgabe:
The Achievement Zone. 8 Skills for Winning all the Time
from the Playing Field to the Boardroom
G. P. Putnam's Sons, New York 1996
ISBN 0-399-14096-4
Deutschsprachige Ausgabe:
© 1997 Deutscher Taschenbuch Verlag GmbH & Co. KG,
München
Umschlagkonzept: Balk & Brumshagen
Umschlaggestaltung: Viktor Schenkel
Umschlagbild © photonica / G+J Fotoservice
Satz und Gestaltung: Hartmut Czauderna, Gräfelfing,
auf Apple Macintosh Quark XPress
Gesetzt aus der 10,2/13,3˙ Palatino
Druck und Bindung: Druckerei Kösel, Kempten
Gedruckt auf säurefreiem, chlorfrei gebleichtem Papier
Printed in Germany · ISBN 3-423-24121-7

Inhalt

Vorwort 7

Einführung 9

Überblick
Sportpsychologie: Die Wissenschaft des Erfolgs 17

DIE ERSTE ERFOLGSSTRATEGIE
Aktionsorientierung: **Wie Sie Ihre Lebensziele erreichen** 35

DIE ZWEITE ERFOLGSSTRATEGIE
Kreatives Denken: **Nutzen Sie die Macht der Phantasie** 69

DIE DRITTE ERFOLGSSTRATEGIE
Produktivitätsanalyse: **Denken Sie wie ein Gewinner** 101

DIE VIERTE ERFOLGSSTRATEGIE
Ruhe bewahren: **Entspannung in Streßsituationen** 133

DIE FÜNFTE ERFOLGSSTRATEGIE
Konzentration: **Die Aufmerksamkeit ausschließlich auf die Aufgabe richten** 173

DIE SECHSTE ERFOLGSSTRATEGIE
Emotionale Stärke: **Wie Sie auf Gefühle reagieren** 203

DIE **SIEBTE** ERFOLGSSTRATEGIE
Energiereserven mobilisieren: **Aufdrehen, wenn's drauf
ankommt** 231

DIE **ACHTE** ERFOLGSSTRATEGIE
Festhalten am Erfolgskonzept: **Bereiten Sie sich auf den
Erfolg vor** 269

Aufbruch zu neuen Ufern 292

Danksagung 297

Nützliche Adressen 300

Vorwort

Dieses Buch wurde für alle geschrieben, die Antworten auf folgende Fragen suchen:»Wie verwirkliche ich meine Ziele, was kann ich tun, um den Erfolg in greifbare Nähe zu rücken?« In den letzten zehn Jahren haben sich die Erkenntnisse auf dem Gebiet der Psychologie, die hinter Spitzenleistungen in gleich welchem Lebensbereich steht, explosionsartig vermehrt. Mein Ziel ist es, dieses Wissen mit Ihnen zu teilen.

Zunächst möchte ich aber den zahllosen Sportlern danken, mit denen ich im Laufe der Jahre am United States Olympic Training Center in Colorado Springs zusammengearbeitet habe. Ich bin mir stets der Tatsache bewußt, daß ich als Sportpsychologe zwei Rollen habe, denn ich bin sowohl ein Lehrer als auch ein Schüler der Kunst, erfolgreich zu sein. Meine Arbeit hat in hohem Maß vom Wissen, das die Athleten mit mir geteilt haben, profitiert. Durch ihr Feedback erlange ich häufig neue Erkenntnisse, die dazu beitragen, die Mechanismen des Leistungs- und Erfolgsprozesses zu verstehen. Ich kann ihnen gar nicht genug für all die wunderbaren Übungsstunden und die großartigen Erfahrungen danken. Ich hoffe, mit diesem Buch einen Teil meiner Dankesschuld abstatten zu können.

Auf den nachfolgenden Seiten sind die Ergebnisse von mehr als zehn Jahren Forschung auf dem Gebiet der Sportpsychologie zusammengefaßt. Ich hätte die Fortschritte, die in diesem Buch beschrieben sind, nicht ohne die Anregungen und Ermutigung meiner Kollegen machen können; ich übernehme gleichwohl die alleinige Verantwortung für die hier vorgestellten Ideen und Konzepte.

Um Ihnen einen hautnahen Eindruck von der Arbeit zu vermitteln, die ein mentales und physisches Training beinhaltet, mit dem das Zusammenspiel zwischen Körper und Geist verbessert werden soll, schildere ich viele persönliche Erfahrungen mit Spitzensportlern und Olympioniken anhand zahlreicher Fallbeispiele. Um die Anonymität der Sportler zu wahren, sind die Namen sowie die Einzelheiten der jeweiligen Situationen geändert; im wesentlichen hat sich aber alles so zugetragen.

Außerdem sind Kommentare bekannter Olympiateilnehmer und internationaler Hochleistungssportler in den Text eingestreut. Sie haben mir ihre Gedanken und Erfahrungen in verschiedenen Interviews offenbart, die eigens für dieses Buch geführt wurden. Ich hoffe, daß Sie von den Erkenntnissen, die sie mir mitgeteilt haben, profitieren können. Sofern der volle Name einer Athletin oder eines Athleten auf den nachfolgenden Seiten erscheint, wurde er mit ihrem oder seinem Einverständnis genannt, oder es handelt sich um ein Zitat aus einer Fernsehsendung oder einem Zeitungsinterview.

Einführung

Welche Voraussetzungen müssen erfüllt sein, damit wir imstande sind, jederzeit persönliche Bestleistungen zu erbringen, auch oder gerade dann, wenn wir unter großem Druck stehen? Vielleicht haben Sie einmal die Athleten bei einer Olympiade beobachtet und sich gefragt, wie sie mit dem Trubel und dem Streß umgehen, denen sie bei einer solchen Veranstaltung ausgesetzt sind.

Ich werde Ihnen zeigen, wie Spitzensportler lernen, diesen ungeheuren psychischen Druck zu bewältigen. Werfen wir zuerst einen Blick in die Zukunft, auf die Winterolympiade, die im Jahr 2002 in Salt Lake City, USA, stattfinden wird. Ich möchte Sie mit Kerry bekanntmachen, einer Eiskunstläuferin. Ich lernte Kerry kennen, als sie zwölf Jahre alt war, ein vielversprechendes Talent, das im Olympischen Trainingszentrum in Colorado Springs trainierte. Jetzt, im Jahr 2002 tritt sie für ihr Land gegen die Besten der Welt an:

Eine zierliche Läuferin betritt die Eisfläche des Olympic Ice Palace. Mit ausgestreckten Armen, den Körper leicht vorgeneigt, gleitet sie durch das gleißende Licht, das von oben herabflutet. Kerry trägt eine heitere Miene zur Schau, obwohl ihre Gefühle hinter dieser Fassade hohe Wellen schlagen. Einen Augenblick lang denkt sie an den Druck, der auf ihr lastet. *Die Olympischen Spiele, endlich! Zwölf Jahre lang habe ich auf diesen großen Augenblick hingearbeitet. Mom und Dad haben dafür so viele Opfer gebracht. Jetzt ist das Ziel zum Greifen nahe. Ich bin nervös; ich spüre, wie mein Herz hämmert. Ob die Zuschauer mein Lampenfieber bemerken?*

Aber Kerry hat sich seit Jahren gründlich auf dieses Ereignis und den Erwartungsdruck, der damit einhergeht, vorbereitet. Sie wird nicht zulassen, daß ihre Gefühle überhandnehmen. Die messerscharfen Kufen der Schlittschuhe hinterlassen komplizierte, spinnwebenfeine Muster auf dem Eis, als sie in die Mitte der Eisbahn gleitet. Sie atmet dreimal tief durch, spürt, wie die kalte, trockene Luft in ihren Lungen brennt. Es ist ein vertrautes Gefühl, und es hilft ihr, ruhig zu werden. Blitzschnell prägt sich Kerry noch einmal mental den Beginn ihres Programms ein. Dann hält sie inne, blickt mit anmutig erhobenem Kinn nach oben und ist bereit, mit der Kür zu beginnen.

Die Musik setzt ein, und die Zwanzigjährige beginnt mit ihrem Programm, das hohe Anforderungen an ihr technisches Können und an ihre Kraft stellt. Sie denkt: *Der nächste Sprung ist die Kombination. Geschwindigkeit steigern, kraftvoll abspringen.* Kerry zeigt einen perfekten Sprung, und das Publikum tost vor Begeisterung. Mehr als 20 000 Zuschauer sind in den Eispalast gekommen, um die Kür der Damen zu sehen. Und mehr als 500 Millionen Menschen sehen den Wettkampf jetzt schätzungsweise weltweit im Fernsehen, aber Kerry denkt nicht an die Zuschauer. Sie konzentriert sich ausschließlich auf das Hier und Jetzt. Für sie existiert nur noch ihre Darbietung. Körper und Geist arbeiten in vollkommener Harmonie zusammen.

Als die vierte und letzte Minute der Kür anbricht, wird Kerrys Körper durch die erschöpften, schmerzenden Muskeln auf eine harte Probe gestellt. Ihr Puls lag während des gesamten Programms mindestens bei 190. Allen Strapazen zum Trotz wirkt sie ausgeglichen und zuversichtlich. Sie denkt: *Kraftreserven mobilisieren, jetzt alles für einen guten Abschluß geben,* und sie spürt, wie neue Energie ihren ausgelaugten Körper durchströmt. Ihre schmerzenden Muskeln lassen sie etwas schwanken, als sie zu einer schwierigen Sprungkombination mit einer Sitzpirouette ansetzt, aber sie reagiert sofort. Sie korrigiert den Fehler und denkt: *Konzentrieren, nur an die Technik denken; ich habe die Pirouette Hunderte von Malen geübt.* Die Kombination sieht großartig aus.

Nun ist die Kür zu Ende. Die Zuschauer erheben sich von ihren Plätzen und belohnen Kerry mit donnerndem Applaus. An diesem Abend, als es um alles oder nichts ging, hat die junge Eiskunstläuferin die beste Leistung ihres Lebens gezeigt. Sie wird noch bis zum Ende des Wettbewerbs warten, um zu sehen, ob die Medaille, von der sie immer geträumt hat, tatsächlich ihr gehört. Doch ungeachtet des Ergebnisses weiß Kerry, daß sie den wichtigsten Kampf bereits gewonnen hat, den Kampf, selbst unter härtesten Bedingungen persönliche Bestleistungen zu erbringen.

Wie können Athleten unter solchem Druck Spitzenleistungen erbringen? Die Antwort lautet, daß sie nicht nur ihre körperlichen Fähigkeiten perfektionieren, sondern sich auch psychisch darauf vorbereiten, im Wettbewerb ihr Bestes zu geben. Kerry arbeitet, wie viele andere Hochleistungssportler, schon seit Jahren mit mir. Sie weiß, daß sie die mentalen Fähigkeiten für den Wettbewerb jetzt schon erlernen muß, um in Zukunft Spitzenleistungen zu erreichen.

Zusammen mit ihrem Trainer haben Kerry und ich einen entsprechenden Trainingsplan ausgearbeitet, der ihr beim Erwerb der mentalen Fähigkeiten hilft, die nötig sind, um an der Spitze mithalten zu können. Kerry ist fest davon überzeugt, daß diese Vorbereitung ihr den Weg zu den Olympischen Spielen im Jahre 2002 ebnen wird. Sie hofft, bis dahin topfit zu sein, so daß sie eine formvollendete Kür wie die soeben beschriebene darbieten kann, bei der Körper und Geist in perfekter Harmonie zusammenwirken. Wenn sich alle diese Faktoren so ergänzen, daß die Zielbewegungen optimal ausgeführt werden, spricht man im Sport davon, »in der Höchstleistungszone zu sein«; gemeint ist damit das Leistungsoptimum.

Seit mehr als einem Jahrzehnt habe ich Menschen dabei geholfen, ihre persönliche Höchstleistungszone zu erreichen, die Ebene der vollkommenen Harmonie zwischen Körper und Geist, die ihnen ermöglicht, ihre Ziele zu verwirklichen. 1987 wurde ich als erster Vollzeit-Sportpsychologe an das Olympische Trainingszentrum nach Colorado Springs berufen. Seither arbeite ich täglich mit den besten Sportlern der USA. In diesem Buch gebe ich die Erkenntnisse weiter, die ich durch meine Forschungstätigkeit und meine tägliche Arbeit mit den Athleten über die Höchstleistungszone gewonnen habe. Außerdem berichte ich über faszinierende Entdeckungen, die zeigen, daß jeder Mensch imstande ist, sein Potential voll auszuschöpfen. Auch Sie können Ihre Leistungen bis zum Optimum steigern und Ihre persönliche Höchstleistungszone erreichen. Seit einigen Jahren berate ich Kunden aus kleinen und großen Unternehmen und helfe ihnen dabei, Erfolgsstrategien zu entwickeln, die sich schon bei Hochleistungssportlern und Olympioniken bewährt haben. Diese Menschen berichten, daß sie mit Hilfe der Techniken, die ich unterrichte, in Streß- und Krisensituationen Bestleistungen erbringen, daß sie sich auch über einen längeren Zeitraum auf schwierige Aufgaben voll konzentrieren können und Projekte, die eine echte Herausforderung darstellen, mit Spaß und Bravour meistern. Psychologisch gesehen, sind sich die Welt des unternehmerischen und die Welt des sportlichen Wettbewerbs sehr ähnlich.

Kunden und Klienten aus allen Lebensbereichen haben mir von ihren Erfahrungen und Empfindungen in der Höchstleistungszone erzählt, die denen der Spitzensportler ähneln. Der Prozeß, der dabei zu persönlichen Bestleistungen führt, scheint der gleiche zu sein, egal, in welchem Lebensbereich ein Leistungsoptimum angestrebt wird. Bankiers, Piloten, Erzieher, Kernforschungsingenieure, Künstler, Programmierer, Verkäuferinnen und Studenten haben die Strategien und Fähigkeiten, die in diesem Buch beschrieben werden, erlernt und mit großem Erfolg angewendet. Im Zeitalter grundlegender Umstrukturierungen durch Reengineering, Personalabbau, Firmenübernahmen und ständige Veränderungen garantieren diese Strategien und Fähigkeiten den unternehmerischen und persönlichen Erfolg. Jeder kann lernen, das eigene Potential voll auszuschöpfen und die persönliche Höchstleistungszone zu erreichen. Ich werde Ihnen zeigen, wie.

In der Höchstleistungszone

Spitzensportler betrachten die Höchstleistungszone als eine Art Ort oder Situation mit ganz besonderen Merkmalen: sie erreichen hier einen Leistungsgipfel, der über einen langen Zeitraum konstant bleibt; es ist ein Zustand, der nahezu automatisch und fließend erzielt wird. Die Sportler sind außerdem in der Lage, den Druck von außen vollständig zu ignorieren und sich ausschließlich darauf zu konzentrieren, diejenigen Bewegungsabläufe auszuführen, die ihnen durch das Training in Fleisch und Blut übergegangen sind. Sie empfinden den Wettbewerb nicht als negativen Streß, sondern als positiven Leistungsansporn.

Die Spitzensportler im Olympischen Trainingszentrum haben die Höchstleistungszone unterschiedlich beschrieben. Eine Eiskunstläuferin und Olympiateilnehmerin schilderte sie als »Darbietung, bei der alles flutscht. Es macht ungeheuren Spaß, sich in diesem Zustand zu befinden. Man macht sich überhaupt keine Sorgen.«

Ein Mitglied der amerikanischen Rudermannschaft erklärte: »Diese Zone ist eine hohe Ebene der Konzentration, der Emotionen und des Selbstvertrauens, die bewirkt, daß man sein Bestes gibt. Normalerweise fühle ich mich entspannt, aber gleichzeitig auch aufgedreht. Alles ist harmonisch, im Gleichgewicht. Ich bin zuversichtlich, aber ich weiß, daß ich selbst etwas dafür tun muß, um mein Ziel zu erreichen. Um die äußeren Faktoren, die sich meinem Einfluß entziehen, mache ich mir keine Gedanken.«

Ein Mitglied der amerikanischen Skimannschaft in Lillehammer beschrieb die Höchstleistungszone auf folgende Weise: »Meine Leistungen sind immer gut, wenn ich mich in der Zone befinde. Ich gehe mit dem Wissen an den Start, daß ich gut abschneiden kann. Selbst wenn mir ein Fehler unterläuft, finde ich schnell wieder in meinen Rhythmus zurück; ich lasse nicht zu, daß der Fehler meine Leistung weiter beeinträchtigt.«

Und eine Turnerin meinte schlicht:»In der Zone gibt es keine einzelnen Wahrnehmungen, sondern nur eine ganzheitliche Erfahrung.«

Andere Definitionen dieses Zustands lauten: »vollendete Harmonie von Körper und Geist«, »in Topform sein« oder »Bewegungsabläufe unbewußt vollziehen«, aber es hat sich der Ausdruck »Höchstleistungszone« oder einfach »Zone« durchgesetzt. Immer, wenn Ihre Konzentration und Ihre Leistung ein Optimum erreichen, egal, ob bei der Arbeit oder beim Spiel, dann befinden Sie sich in der Höchstleistungszone.

Wie oft kommt das vor? Bei den meisten von uns lautet die Antwort – traurig, aber wahr: nicht oft genug. Das Potential ist vorhanden. Sie wissen, daß Sie durchaus fähig sind, Spitzenleistungen zu erbringen, doch versperren Ihnen alle erdenklichen Hindernisse den Weg zum Erfolg. Manchmal ist einfach nicht genug Zeit dafür. Beim nächsten Mal stürzen Sie zu viele Anforderungen, die alle gleichzeitig erfüllt werden müßten, in einen Konflikt, so daß Sie am Ende nicht mehr wissen, welche Aufgabe Sie zuerst in Angriff nehmen sollen. Aber noch häufiger kommt es vor, daß Sie dem Druck des Wettbewerbs nicht standhalten, selbst wenn Sie sehr gut vorbereitet sind.

Wie erreichen Sie die Höchstleistungszone?

Die meisten Menschen glauben, die Höchstleistungszone zu erreichen sei ein Zufallstreffer, so selten wie ein Sechser im Lotto und genausowenig zu beeinflussen. Sie wurde deshalb häufig als unerreichbarer, beinahe schon mystischer Bewußtseinszustand bezeichnet. Aber genau das ist ein Mythos. Wissenschaftliche Untersuchungen von Sportpsychologen zeigen, daß die Höchstleistungszone für jeden erreichbar ist. Die nötigen Fähigkeiten und Strategien kann *jeder* erlernen. Auch Hochleistungssportler wissen nicht instinktiv, wie sie im Wettbewerb Bestleistungen erzielen können. Sie verwenden genausoviel Zeit auf das mentale Training wie auf das Training ihrer physischen Kondition oder technisch/motorische Fertigkeiten. Was den meisten Menschen fehlt, ist das Wissen über diese körperlich-geistigen Fähigkeiten und Strategien und darüber, wie man sie am besten einsetzt. Die acht Schritte, die eine konstante Leistung in der Höchstleistungszone gewährleisten, kann jeder lernen und umsetzen, der den Wunsch hat, Spitzenleistungen zu erzielen.

Der Psychologe Dorsey Edmundson von der University of Georgia ist der Frage nachgegangen, ob Spitzensportler, die die mentalen und physischen Fähigkeiten erlernen, ihr Verhalten ändern. In einer Studie, die er gemeinsam mit Dr. Sean McCann und mir im Olympic Training Center in Colorado Springs durchführte, stellte er fest, daß die Athleten nach dem Training ihr Verhalten drastisch veränderten.

Sie lernten vier der Techniken, die ich später erläutern werde: Ruhe bewahren, kreatives Denken, Produktivitätsanalyse und Aktionsorientierung. Vorher machten die Sportler von diesen Techniken kaum Gebrauch. Sobald sie diese aber beherrschten, wendeten sie sie häufig an, sogar noch 20 Wochen nach Abschluß des Trainings. Die Sportler berichteten, daß sie infolgedessen ihre sportlichen Leistungen ungeheuer steigern konnten. Vergessen Sie nicht, das waren Spitzensportler, die für die Olympiade trainierten. Damit ist erwiesen, daß selbst sportliche Asse ihre Leistungen optimieren können, wenn sie über die Strategien verfügen, die den Weg zur persönlichen Höchstleistungszone ebnen.

In den USA sind bereits viele faszinierende Forschungsprojekte auf diesem Gebiet angelaufen. Sportpsychologen, Neurowissenschaftler und andere Experten dringen jeden Tag tiefer in die Geheimnisse der mentalen und physischen Techniken ein, die ausschlaggebend für den Erfolg sind. Diese Erkenntnisse wirken sich bereits auf einige Gebiete aus, wie zum Beispiel auf den Bildungssektor und die Medizin. Schulen, die mentale und physische Techniken im Unterricht vermitteln, haben festgestellt, daß die Schüler mit Hilfe dieses Ansatzes besser und schneller lernen. Heute haben wir mehr und mehr die Möglichkeit, Erfolgsfaktoren wissenschaftlich zu untersuchen und zu ergründen, welche Voraussetzungen erfüllt sein müssen, damit das menschliche Potential voll ausgeschöpft werden kann. Wir müssen uns bei der Definition der Erfolgsfaktoren nicht mehr auf den »gesunden Menschenverstand«, auf zweifelhafte Ratschläge oder auf die Meinung irgendeines selbsternannten Gurus verlassen. Begleiten Sie mich also auf eine spannende Reise zu Ihrer eigenen Höchstleistungszone.

Überblick

Sportpsychologie: Die Wissenschaft des Erfolgs

Ich erinnere mich an mein erstes Erlebnis in der Höchstleistungszone so deutlich, als sei es gestern gewesen. Ich war 14 und gemeinsam mit fünf weiteren Mitgliedern meiner Mannschaft ins Finale einer Tennisbezirksmeisterschaft gelangt. Wir hatten die ganze Saison über hart trainiert, um in den ersten Ausscheidungskämpfen ganz vorne mitzumischen, und als Lohn kamen wir nach Saisonende ins Endspiel.

Das Finale fing grauenvoll an, wir verloren die ersten beiden Sätze im Doppel 6:2, 6:2. Ein Gewitter verschaffte uns eine kurze Verschnaufpause. Während wir untätig herumsaßen und darauf warteten, daß der Himmel aufklarte, hörten wir zufällig, wie sich unsere Gegner darüber unterhielten, wie sich der Pokal wohl in ihrem Clubhaus machen würde.

Wir waren wütend! Wir hatten die ganze Saison über Blut und Wasser geschwitzt, um uns bis an die Spitze vorzukämpfen, und nun waren unsere Rivalen der festen Überzeugung, sie könnten sich mir nichts, dir nichts die Trophäe unter den Nagel reißen, auf die wir es abgesehen hatten. Mein Freund David, der sonst der Zurückhaltendste von uns war, stand auf, blickte uns an und sagte:»Na, dann los! Denen werden wir zeigen, was 'ne Harke ist!«

Was dann folgte, ist für mich bis heute noch ein Rätsel. Als wir mit dem dritten Satz begannen, schien alles im Zeitlupentempo abzulaufen. Es erschien mir so, als hätte ich alle Zeit der Welt, um meine Spielstrategie Zug um Zug zu entwickeln und umzusetzen.

17

Da kommt der Ball. Ein Gegenspieler steht am Netz, aber zu weit in der Mitte. Pech, mein Freund, wenn ich eine lange Vorhand nahe an der Seitenlinie plaziere, kommst du nicht ran an den Ball und wir holen uns den Punkt ... und zack! Der Ball schnellte vom Schläger und landete genau dort, wo ich es mir vorgestellt hatte.

Unsere Mannschaft mobilisierte sämtliche Leistungsreserven und lieferte eine unglaubliche Aufholjagd; die nächsten drei Sätze gingen mit 6:0, 6:0, 6:1 an uns. Ich erinnere mich noch an das Gefühl, als wir am Schluß unseren Gegnern die Hände schüttelten. Es war weniger ein Triumphgefühl, was wir damals empfanden, sondern vielmehr Verblüffung darüber, wie unglaublich gut wir gespielt hatten. Als ich den Tennisplatz verließ, dachte ich noch: *Warum kann ich nicht immer so spielen?*

Mein Interesse daran, eine Antwort auf diese Frage zu finden, ist bis heute lebendig und einer der Gründe dafür, daß ich Sportpsychologe geworden bin. Andere Angehörige meiner Zunft haben gleichermaßen versucht, Licht ins Dunkel derjenigen Faktoren zu bringen, die den Nährboden für Spitzenleistungen bilden. Das Ergebnis unserer Bemühungen sind wissenschaftliche Erkenntnisse über die Elemente, die dazu beitragen, persönliche Bestleistungen zu erzielen.

Sportpsychologie

1986 stellte Ingrid Kristiansen einen neuen Weltrekord im Zehntausend-Meter-Lauf auf ihrer Trainingsbahn in Oslo auf. In einem Interview führte sie ihren Sieg nicht nur auf ihr physisches Training, sondern auch auf ihre mentale Vorbereitung zurück. »Ich habe Konditionstraining gemacht, aber ich habe auch mit dem Kopf gearbeitet«, sagte sie. »Ein Sportpsychologe hat mir eine Menge über positives Denken beigebracht und daß ein Sportler, der einen neuen Rekord aufstellt, einfach jemand ist, der das Feld in seiner Disziplin anführt. Sobald man eine Zeit unterboten hat, folgen einem die anderen Läufer bald nach. Es ist also kein besonderer Trick dabei, es kommt nur auf das richtige Timing an, und deshalb muß man keine Angst davor haben.«

Nachdem der amerikanische Eisschnelläufer Dan Jansen 1994 in Lillehammer seine Durststrecke in puncto Medaillen überwunden und den Tausend-Meter-Lauf gewonnen hatte, sprach er offen über die Rolle, die das mentale Training für seinen Sieg gespielt hatte. Jansen beschrieb, wie er mit dem Sportpsychologen Dr. Jim Loehr gearbeitet hatte, um mehr Selbstvertrauen im Tausend-Meter-Lauf zu entwickeln, der nicht seine stärkste Disziplin war. Die zusätzliche Vorbereitung zahlte sich aus, als ein Fehler in seiner Lieblingsdisziplin, dem Fünhundert-Meter-Sprint, ihn eine Medaille kostete. Der Tausend-Meter-Wettbewerb war also seine letzte Chance, seine beeindruckende Karriere mit einer olympischen Medaille zu krönen. Jansen wuchs in dieser Streßsituation über sich selbst hinaus.

1987 besiegte der Australier Pat Cash, ein bis dahin unbeschriebenes Blatt, den Favoriten Ivan Lendl in klaren Sätzen und gewann damit das Wimbledon-Finale. Er holte sich auf dem berühmtesten Rasen der Welt die Trophäe, die Lendl während seiner gesamten Laufbahn versagt blieb. Als Cash auf die Tribüne lief, um seinen Vater zu umarmen, klatschte Dr. Jeff Bond, der Sportpsychologe, der mit ihm gearbeitet hatte und daneben stand, stolz Beifall.

Wenn junge Sportler in Colorado Springs trainieren, um sich auf die Olympischen Spiele vorzubereiten, arbeiten sie nicht nur mit ihrem Trainer, mit Physiologen und Ernährungswissenschaftlern zusammen, sondern auch mit Sportpsychologen. Diese Experten des mentalen Trainings bringen den Athleten bei, wie sie die Kraft ihrer Gedanken nutzen können, um noch bessere Leistungen in ihrer sportlichen Disziplin zu erbringen. Seit meiner ersten Olympiade in Seoul haben Sportpsychologen die amerikanische Olympiamannschaft begleitet, und sie arbeiten außerdem intensiv mit den Nationalmannschaften der verschiedenen olympischen Sportarten zusammen.

Was versteht man unter Sportpsychologie, und warum taucht sie plötzlich an vorderster Front der wissenschaftlichen Erkenntnisse über die grundlegenden Faktoren von Spitzenleistungen auf?

Die neue Wissenschaft des Erfolgs

Sportpsychologen waren in mehrfacher Hinsicht Wegbereiter bei der Erforschung menschlicher Spitzenleistungen. Zu verstehen, wie persönliche Bestleistungen zustande kommen, ist ein sehr wichtiges Unterfangen. Chirurgen, Piloten, Topmanager, Menschen, die industrielle Maschinen bedienen, und andere hochqualifizierte Arbeitskräfte müssen aus Sicherheitsgründen, oder um den Anforderungen ihres Umfelds zu genügen, ständig Bestleistungen erbringen. Doch nur im Sportbereich wurde ernsthaft erforscht, in welchem Zusammenhang die mentale und physische Kondition mit der menschlichen Leistungsfähigkeit und Leistungsbereitschaft stehen.

Sie fragen sich jetzt vielleicht, was Sie für Ihren Alltag von Spitzensportlern und ihren Erfahrungen mit der Höchstleistungszone lernen können. Die Antwort lautet: sehr viel! Die Athleten können ein Lied von dem Leistungsdruck singen, der in einer Wettkampfsituation herrscht. Ihre sportliche Laufbahn steht und fällt mit der Fähigkeit, sich erfolgreich gegen ihre Konkurrenten zu behaupten. Sie können sich nicht einfach verstecken, um der ständigen Beurteilung zu entgehen: ihre Leistungen sind für jeden Zuschauer sichtbar. In diesem Umfeld mit seinen großen Herausforderungen haben sie Fähigkeiten entwickelt, die ihnen dabei helfen, im Wettkampf zu bestehen und herausragende Leistungen zu erbringen. Diese Fähigkeiten kann sich jeder zunutze machen, der in einer Wettbewerbssituation arbeitet. In der Lage zu sein, Bestleistungen unter hohem Druck zu erbringen, ist für Geschäftsleute, Verkäufer, Führungskräfte, Fachpersonal, Schüler oder Studenten genauso wichtig wie für Athleten.

Wie gut sind Ihre Leistungen in Wettbewerbssituationen? Sehen Sie einer öffentlichen Präsentation mit Vorfreude und

Spannung entgegen, oder graut Ihnen schon bei dem Gedanken daran? Können Sie gut unter Druck arbeiten, oder würden Sie in solchen Situationen gern besser abschneiden? Wenn Sie die Fähigkeiten entwickeln, die Sie auch in Wettbewerbssituationen in Ihre Höchstleistungszone bringen, haben Sie den Schlüssel für einen erfolgreichen Umgang mit Drucksituationen gefunden. Betrachten Sie einmal folgende Situation:

Vor kurzem habe ich vier Existenzgründer beraten, die versuchten, ihre eigene Firma aufzubauen. Sie waren frustriert, da eine Reihe von Versuchen, neue Aufträge an Land zu ziehen, fehlgeschlagen waren. Beim letzten Mißerfolg hatten sie ihre Abschlußpräsentation vor einem potentiellen Kunden sorgfältig vorbereitet. Die Mitglieder des Teams kannten ihre Unterlagen in- und auswendig und waren erpicht darauf, den Auftrag zu bekommen. Doch trotz der Vorbereitung und Entschlossenheit, alles auf eine Karte zu setzen, war die Präsentation oberflächlich und ohne Pep. Den Auftrag erhielt die Konkurrenz.

Jeff, ein angehender junger Anwalt, kam zu mir, nachdem er im Staatsexamen durchgefallen war. Jeff ist ein kluger Kopf und sehr ehrgeizig, und seine Freunde waren überzeugt davon, daß er die Prüfung mit links schaffen würde. Aber in der letzten Vorbereitungswoche wurde er nervös. *Wenn ich jetzt nicht bestehe, bekomme ich keine zweite Chance,* dachte er. Er büffelte über die Maßen, um sein Selbstvertrauen wiederzugewinnen. Am Prüfungstag war er müde und verunsichert. Das Examen war für Jeff ein Alptraum, und er fiel durch.

Diese beiden Fälle haben etwas gemeinsam. Die Betroffenen besaßen sowohl die technischen Voraussetzungen als auch die nötige Übung und Erfahrung, um ihrer jeweiligen Aufgabe gerecht zu werden. Aber sie scheiterten trotzdem. Unter Streß konnten die Verkaufsmannschaft und Jeff die Erwartungen nicht erfüllen. Der Grund für das Versagen? Sie hatten zwar das theoretische Know-how, aber es fehlten die Strategien, die sie für den Erfolg in der Wettbewerbssituation benötigt hätten. Ihre Motivation, das angestrebte Ergebnis zu erzielen, war sehr groß, aber sie wußten nicht, welcher Weg zu ihrem Ziel führte.

Ich habe mit vielen Menschen in ähnlichen Situationen gearbeitet und festgestellt, daß diese Defizite immer dann auftreten, wenn sich die Betroffenen außerhalb ihrer persönlichen Höchstleistungszone befinden. Sie lassen zu, daß der Druck eine innere Spannung erzeugt, die leistungshemmend wirkt. Ich habe gleichwohl herausgefunden, daß jeder Mensch lernen kann, ungeachtet dieses Drucks sein Bestes zu geben, wenn er sich die gleichen Strategien zu eigen macht, die von Spitzenathleten angewendet werden.

Auf der Suche nach Erfolgsstrategien

Wie kommt es, daß wir manchmal über uns selbst hinauswachsen, während wir zu anderen Zeiten weit unter dem erwarteten Leistungsniveau bleiben? Sportpsychologen haben jahrelang das Trainings- und Wettkampfverhalten von Weltklasseathleten studiert, um eine Antwort auf diese Frage zu finden. Sie haben mit Hilfe verschiedener Techniken die Methoden unter die Lupe genommen, die Sportler anwenden, um die Höchstleistungszone zu erreichen.

Eine dieser Techniken ist der Vergleich zwischen erfolgreichen Sportlern und solchen, die es nicht bis an die Spitze geschafft haben. Was zeichnet die Sieger aus? Eine andere Technik besteht darin, die Strategien erfolgreicher Sportler wissenschaftlich zu untersuchen. Sportpsychologen vergleichen Personen, die an eine Aufgabe mit Hilfe einer neuen Methode herangehen, mit anderen, die sie ohne Unterstützung zu bewältigen versuchen. Wenn die Neuerung einen merklichen positiven Unterschied bewirkt, ist das ein Beweis dafür, daß sie für den Erfolg wichtig ist.

Ein dritter Ansatz ist die Durchführung psychologischer Tests mit erfolgreichen Sportlern. Die Psychologen fragen die Athleten, wie sie sich bei unterschiedlichen Bedingungen verhalten und wie sie sich psychologisch auf einen Wettkampf vorbereiten. Dann prüfen sie die Antworten dahingehend, ob ein Muster erkennbar ist, das für den Erfolg bestimmend sein könnte. Und eine weitere, äußerst brauchbare Methode, um die Erfolgsfaktoren zu ermitteln, besteht einfach darin, die Sportler zu fragen, wie sie bis an die Spitze gekommen sind. Interviews mit erfolgreichen Wettkampfteilnehmern haben interessante Erkenntnisse über die Kunst, erfolgreich zu sein, erbracht.

Mit Hilfe dieser vier Untersuchungsmethoden haben Sportpsychologen herausgefunden, daß der sportliche Erfolg von Fähigkeiten und Strategien bestimmt wird, die sich zwei Gruppen zuordnen lassen. Die erste umfaßt den technischen Komplex. Die Sportler müssen ihre Sache beherrschen. Eine Bodenturnerin muß beispielsweise alle schwierigen Bewegungsabläufe auf der Matte und auf dem Schwebebalken aus dem Effeff können. Sie muß imstande sein, technisch perfekte Sprünge und Saltos auszuführen und dabei stets das Gleichgewicht zu halten.

Die zweite Kategorie der Eigenschaften, die heute noch oft ignoriert wird, sorgt dafür, daß man dem Druck des Wettbewerbs standhält und auch dann sein Bestes gibt, wenn man unter Streß steht. Diese mentalen und physischen Fähigkeiten bewirken, daß man in der Höchstleistungszone bleibt. Die Bodenturnerin muß in der Lage sein, ihre Bewegungen auch bei einer Olympiade ausgeglichen und konzentriert auszuführen, die grellen Scheinwerfer der Kameras und den Lärm der Zuschauer für den Augenblick zu vergessen. Das erfordert die Beherrschung völlig anderer Fähigkeiten, einschließlich derjenigen, sich zu entspannen, sich voll auf die Aufgabe zu konzentrieren und sich nach einem Fehler schnell wieder zu fangen.

Die mentalen und physischen Fähigkeiten

1987 brachte ich im Olympischen Trainingszentrum in Colorado Springs ein großangelegtes Forschungsprojekt auf den Weg, um die mentalen und physischen Voraussetzungen für den Erfolg zu ermitteln. Ich verwendete dabei alle vier oben beschriebenen Methoden, um herauszufinden, welche Faktoren den Erfolg der Topathleten bedingen. Als nächstes halfen mir meine Kollegen in Großbritannien und Australien, Tests zu entwickeln, mit denen sich diese Kriterien messen lassen. Es war ein langwieriger Prozeß: im Lauf der Jahre haben meine Kollegen und ich mehr als 4 000 Spitzensportler interviewt, wobei ich mit vielen weiteren persönliche Gespräche geführt habe. Die Ergebnisse sind eindeutig: Erfolgreiche Sportler wenden immer die gleichen Techniken an. Diese lassen Körper und Geist harmonisch zusammenwirken und hochgesteckte Ziele erreichen. Und wichtiger noch, die Athleten erlernen diese Fähigkeiten während des Trainings.

Die Untersuchungen haben den eindeutigen Beweis erbracht, daß Spitzensportler einige oder alle acht Techniken nutzen, um sich auf Erfolgskurs zu bringen. Diese acht Erfolgsstrategien, die wir ermittelt und in den nachfolgenden Kapiteln im einzelnen beschrieben haben, sind:

1. Aktionsorientierung
2. Kreatives Denken
3. Produktivitätsanalyse
4. Ruhe bewahren
5. Konzentration
6. Emotionale Stärke
7. Mobilisierung von Energiereserven
8. Festhalten am Erfolgskonzept

Ich habe über diese Techniken mit Klienten aus allen möglichen Lebensbereichen gesprochen, die nichts mit Sport zu tun haben. Sie bestätigten übereinstimmend, daß sie auch für den Erfolg ihrer Tätigkeit eine ausschlaggebende Rolle spielen. Bevor wir uns nun im einzelnen mit den acht Techniken befassen, sollten Sie anhand des folgenden Tests ermitteln, inwieweit Sie Ihr körperlich-geistiges Leistungspotential derzeit ausschöpfen.

Wie gut sind Ihre mentalen und physischen Fähigkeiten?

Auch Sie verfügen bereits über einige der mentalen und physischen Techniken, die Voraussetzung für den Erfolg sind. Die meisten Menschen beherrschen jedoch nicht alle gleichermaßen. Vielleicht gehören auch Sie zu denjenigen, die manche dieser Techniken recht gut im Griff haben, während andere zu wünschen übriglassen. Der Test wird Ihnen helfen, die Fähigkeiten zu ermitteln, die besonders entwicklungsbedürftig sind.

Ihre mentalen und physischen Fähigkeiten

Nachstehend finden Sie 16 Aussagen, die verschiedene Lebensstrategien beschreiben. Denken Sie über jede einzelne nach und antworten Sie mit »richtig« oder »falsch«.

1. Ich plane genau, wie ich meine Ziele erreichen will.
2. Ich prüfe regelmäßig, ob ich Fortschritte bei der Verwirklichung meiner Ziele mache.
3. Bevor ich mit einer Aufgabe beginne, stelle ich mir bildlich vor, wie ich sie erfolgreich bewältige.
4. Ich male mir aus, wie ich Pannen bei einem Projekt korrigiere.
5. Ich denke bewußt positiv, wenn ich Spitzenleistungen erbringen oder mich in einer wichtigen Situation bewähren muß.
6. Ich führe einen positiven inneren Dialog, um mein Bestes zu geben.
7. Ich übe Entspannungstechniken, damit ich in Streßsituationen ruhig und gelassen bleibe.
8. Ich kann mich entspannen, wenn ich zu nervös werde.
9. Während einer wichtigen Aufgabe benutze ich Erinnerungshilfen, um mir immer wieder vor Augen zu führen, worauf ich mich konzentrieren sollte.
10. Ich erziele auch in Prüfungs- oder Streßsituationen mühelos Spitzenleistungen, ohne bewußt darüber nachzudenken.

25

11. Ich bin imstande, mich mühelos wieder zu konzentrieren, wenn ich während eines Projekts aus dem Konzept gebracht werde.

12. Während einer wichtigen Aufgabe kann ich innerhalb kürzester Zeit Gefühle und Empfindungen abschalten, die meine Leistung beeinträchtigen könnten.

13. Ich bin in der Lage, Energiereserven zu mobilisieren, wenn nötig.

14. Wenn ich muß, kann ich mich für wichtige Situationen zu Höchstleistungen motivieren.

15. Ich habe eine bestimmte Methode, um mich auf wichtige Aufgaben vorzubereiten.

16. Wenn ich einen Rückschlag einstecken muß, kann ich mich am Riemen reißen und trotzdem effektive Leistungen erbringen.

Wenn Sie eine oder mehrere Fragen in den unten aufgeführten Gruppen mit »falsch« beantwortet haben, sollten Sie der entsprechenden Fähigkeit besondere Aufmerksamkeit widmen. Sie werden in hohem Maß davon profitieren, wenn Sie lernen, wie man sie richtig nutzt.

Auswertung

Frage	Mentale/physische Technik
Fragen 1 und 2	Aktionsorientierung
Fragen 3 und 4	Kreatives Denken
Fragen 5 und 6	Produktivitätsanalyse
Fragen 7 und 8	Ruhe bewahren
Fragen 9 und 10	Konzentration
Fragen 11 und 12	Emotionale Stärke
Fragen 13 und 14	Energiereserven mobilisieren
Fragen 15 und 16	Festhalten am Erfolgskonzept

Die acht mentalen und physischen Erfolgstechniken

Werfen wir nun einen kurzen Blick auf jede dieser acht Techniken und ihre Bedeutung, wobei wir die Sportler selbst zu Wort kommen lassen wollen.

Aktionsorientierung

Darunter versteht man die Fähigkeit zu erkennen, welche Schritte zu einem langfristigen Ziel führen. Es gilt also, den Blick auf die Aufgabe selbst zu richten und nicht auf das gewünschte Ergebnis. Das bedeutet, man muß sich erreichbare Ziele setzen, die als Meilensteine auf dem Weg zum ultimativen Erfolg dienen.

Ich mache mir keine Gedanken über die Endergebnisse, ich bemühe mich einfach, mein Bestes zu geben. Seltsam, aber wenn ich mich daran halte, schneide ich immer besser ab als sonst.

Ich setze mir viele Ziele beim Schwimmen. Normalerweise habe ich ein langfristiges Ziel vor Augen, und dann versuche ich, es in Etappen zu erreichen. Solange ich mich auf das große Ziel zubewege, werde ich nicht gleich nervös, wenn ich mal das eine oder andere Zwischenziel nicht schaffe. Mit dieser Methode habe ich einen neuen Weltrekord aufgestellt.

Kreatives Denken

Darunter versteht man die Fähigkeit, sich die Vorstellungskraft zunutze zu machen, um Ziele zu erreichen und Probleme zu lösen.

Die Visualisierung spielt im Sport eine Schlüsselrolle. Deshalb habe ich die Bronzemedaille gewonnen. Ich denke, wenn man nicht gut visualisieren kann, sollte man es unbedingt üben. Früher hatte ich großе Schwierigkeiten, mir eine gute Leistung genau auszumalen. Aber ich habe daran gearbeitet und zunehmend Fortschritte gemacht.

Ich stelle mir vor, wie ich Erfolg habe und was ich dabei empfinde. Ich benutze Visualisierungsübungen im Training, zu Hause, vor Wettkämpfen – überall!

Produktivitätsanalyse

Wir alle haben eine innere Stimme, aber wenn wir in einer negativen Weise zu uns selbst sprechen, erbringen wir schlechte Leistungen. Die Produktivitätsanalyse hilft uns, zuversichtlich zu bleiben. Sie trägt auch dazu bei, Schwächen zu erkennen und Verbesserungsmöglichkeiten zu entwickeln.

Ich versuche, in einem wichtigen Wettkampf nicht allzuviel zu verändern. Ich habe manchmal zwar das Gefühl, nicht so gut drauf zu sein, aber ich schenke dem keine Beachtung. Ich konzentriere mich vielmehr auf die harte Arbeit, die ich geleistet habe, auf das, was ich im Training und von meinem Trainer gelernt habe, und auf mein Vertrauen in die eigenen Stärken. Wenn ich anfange, über Dinge nachzudenken, die ich nicht kann, geht alles schief.

Wenn ich im Schneckentempo schwimme, sage ich mir:»Was soll's? Morgens bin ich noch nicht richtig in Form. Heute abend wird's besser laufen.« Dann arbeite ich an den Fehlern, die ich gemacht habe. Mein Trainer sagt mir, was ich verbessern kann, und ich arbeite daran. Ich sage mir:»Heute abend werde ich es ihnen zeigen.«

Ruhe bewahren

Mentale und körperliche Entspannung ist eine geeignete Technik, um Ängste zu bewältigen und Panikgefühlen vorzubeugen. Spitzensportler wissen, daß sie vor wichtigen Wettkämpfen Lampenfieber haben. Sie machen Atem- und Muskelrelaxationsübungen, damit sie innerlich ruhig werden.

Je entspannter ich bin, desto häufiger erreiche ich die Höchstleistungszone. Ich muß den Druck verringern, den ich mir selbst mache – und die Dinge einfach auf mich zukommen lassen.

Wenn ich mich in der Höchstleistungszone befinde, bin ich ruhig, entspannt und zuversichtlich. Aber ich nehme den Wettkampf nicht auf die leichte Schulter. Man sagt sich etwa: »*Ich weiß, daß es nicht leicht sein wird, aber ich werde es schaffen!*«

Konzentration

Konzentration ist die Fähigkeit, sich gegen alle Ablenkungen abzuschirmen und die gesamte Aufmerksamkeit ausschließlich auf die bevorstehende Herausforderung zu richten. Spitzensportler lernen, ihre Konzentration zu bündeln und nur auf die Dinge zu achten, die ihnen zum Erfolg verhelfen.

Die Höchstleistungszone hat man erreicht, wenn alle Gedanken klar und auf das Ziel gerichtet sind. Nichts kann einen mehr aus dem Gleichgewicht bringen – man weiß instinktiv, was man zu tun hat. Man spürt, daß man richtig reagieren wird, was immer auch geschehen mag. Nichts kann einen beunruhigen.

Für mich ist die Höchstleistungszone mit dem Gefühl absoluter Konzentration verbunden. Es ist die ultimative Konzentration auf den gegenwärtigen Moment. Ich schalte völlig ab und richte meine Aufmerksamkeit nur auf das, was ich tue.

Emotionale Stärke

Intensive Gefühle sind ein ganz natürliches Element im Sport. Spitzensportler nutzen ihre Emotionen auf konstruktive Weise. Sie lernen, mit den unvermeidlichen negativen Empfindungen wie Enttäuschung, Frustration und Traurigkeit umzugehen. Wenn man erfolgreich sein will, ist es wichtig, in der Lage zu sein, sich wieder zu fangen und auf die Sache zu konzentrieren, wenn man aus dem Konzept gebracht wird.

Wenn ich mich während des Trainings aufrege, lege ich eine kurze Pause ein. Ich verlasse die Matte und laufe etwas herum, bis ich mich wieder beruhigt habe. Es ist gefährlich für mich weiterzutrainieren, wenn ich wütend bin.

Manchmal macht man einfach Fehler. Es kommt nur darauf an, zu wissen, wie man damit umgeht. Während des Trainings gebe ich grundsätzlich nie auf, denn das ist eine gute Vorbereitung auf den Druck, dem ich bei einem Wettkampf ausgesetzt bin. Ich konzentriere mich also wieder und mache so lange weiter, bis ich die Übung beherrsche.

Energiereserven mobilisieren

Ständig Bestleistungen zu erbringen erfordert sehr viel Energie. Die Fähigkeit, Energiereserven zu mobilisieren, ermöglicht uns, weiterzumachen, wenn wir eigentlich am liebsten aufgeben würden. Diese Technik ist geradezu unerläßlich, wenn man sich häufig müde und ausgelaugt fühlt.

Es ist beinahe so, als wäre eine zusätzliche Batterie an meinem Körper befestigt.

Wenn ich mich in der Höchstleistungszone befinde, spüre ich, wie das Adrenalin in meinem Blut pulsiert. Ich habe alles unter Kon-

trolle, bin voll konzentriert und energiegeladen. Es ist so wie beim Kampf-oder-Flucht-Reflex: die geballte Energie wird bei mir in die Arme geleitet, so daß ich kraftvoller rudern kann.

Festhalten am Erfolgskonzept

Sportpsychologen haben festgestellt, daß sich die besten Athleten sehr gründlich auf jeden Wettkampf vorbereiten. Oft haben sie ein Trainingskonzept entwickelt, dem sie auch im Wettbewerb mit akribischer Genauigkeit folgen.

Ich habe gelernt, mich sorgfältig vorzubereiten, bevor ich auf den Platz gehe. Ich muß mich in der richtigen mentalen Verfassung befinden, um Erfolg zu haben. Ich schalte völlig ab und konzentriere mich nur darauf zu gewinnen.

Für mich ist es nie selbstverständlich, daß mir ein Schlag gut gelingt. Ich lasse den Bewegungsablauf immer wieder vor meinem inneren Auge Revue passieren, die gleichen produktiven Gedanken gehen mir durch den Kopf, bei jedem Schlag. Auf diese Weise bin ich bestens dafür gerüstet, mit dem Druck umzugehen, wenn ich den Ball am achtzehnten Loch aus zwei Meter Entfernung einlochen muß, um zu gewinnen. Für mich ist das ein Schlag wie jeder andere.

Wie erreicht man nun die Höchstleistungszone? Die acht physischen und mentalen Fähigkeiten und Strategien, denen ich bei meinen Nachforschungen auf die Spur gekommen bin, sind für Spitzenleistungen gleich welcher Art entscheidend. Manche werden von Menschen, die in ihrem Beruf Erfolg haben, tagtäglich angewendet. Andere werden nur im Bedarfsfall abgerufen, wenn man sich beispielsweise mit Störungen konfrontiert sieht, sich aber voll konzentrieren muß. Aber alle acht Fähigkeiten und Strategien werden benötigt, wenn man die Höchstleistungszone erreichen will.

Wie Sie dieses Buch benutzen

Jeder Technik ist ein eigenes Kapitel gewidmet. Sie müssen nicht die erste beherrschen (Aktionsorientierung), bevor Sie mit der zweiten beginnen (kreatives Denken). Sie dürfen nach Lust und Laune von einem Kapitel zum anderen springen. Allerdings ist es sinnvoll, sich mit der letzten Technik, Festhalten am Erfolgskonzept, erst am Schluß zu beschäftigen.

Ich habe viele Übungen für Sie eingefügt. Aus meiner langjährigen Arbeit weiß ich, daß Menschen am besten anhand praktischer Beispiele lernen. Also lesen Sie das Buch nicht nur, sondern probieren Sie die Techniken und Strategien selber aus! Sie müssen nicht die Lotoshaltung einnehmen und sich in Trance versetzen, um diese körperlich-geistigen Fähigkeiten zu lernen. Sie werden feststellen, daß man die Techniken überall anwenden kann: im Büro, bei der Arbeit am Computer, am Schreibtisch, beim Joggen oder während einer Präsentation vor Kunden. Schöpfen Sie dieses Erfolgspotential in allen Bereichen des Lebens aus.

Ich habe auch eine Idee von den Sportchampions, mit denen ich gearbeitet habe, entliehen. Die meisten von ihnen führen ein Trainingsbuch, in dem sie gute Einfälle notieren, ein wahres Schatzkästlein, in dem sich im Laufe der Zeit so manche nützliche Tips ansammeln. Wenn etwas gut funktioniert, schreiben sie dies auf. Probieren Sie das doch einmal aus: Legen Sie gleich heute ein Leistungstagebuch an. In den nachfolgenden Kapiteln werde ich Sie gelegentlich bitten, Ihre Beobachtungen und Gedanken in dieses Buch zu schreiben. Sie brauchen dazu nichts weiter als viele leere Blätter. Im Lauf der Zeit wird Ihnen dieses Leistungsjournal helfen, Ihre Lernkurve genau zu verfolgen, die Fortschritte und gelegentlich auch kleine Rückschläge zu registrieren. Es wird zu einem sehr effektiven Lerninstrument für Sie werden.

Viel Spaß in Ihrer persönlichen Höchstleistungszone!

Sie stehen kurz vor einer spannenden Reise, bei der Sie ent-
decken, wie Sie Ihr Leistungspotential voll ausschöpfen können.
Übung macht bekanntlich den Meister, und das gilt auch für die
Techniken, die ich in den folgenden Kapiteln beschreibe. Aber
eines ist sicher: sobald Sie diese beherrschen, werden Sie diese
Erfolgsstrategien in allen Lebensbereichen anwenden. Ich kann
Ihnen nicht versprechen, daß Sie sich in einen olympiareifen
Spitzensportler verwandeln, aber Sie werden erstaunt sein, wie-
viel Sie mit Hilfe dieser Techniken erreichen werden, egal ob Sie
nun Sportler, Künstler, Chirurg oder Manager sind.

Aktionsorientierung:
Wie Sie Ihre Lebensziele erreichen

*Als ich 1987 meine Tätigkeit im Olympischen Trainingszentrum be-
gann, gehörte Stephanie, eine siebzehnjährige Leistungsschwimmerin,
zu den ersten Sportlern, mit denen ich arbeitete. Stephanie war fest davon überzeugt, daß sie sich 1988 für die Olympiamannschaft qualifizieren würde, und hatte keine Scheu, mir zu erzählen, daß dies ihr
großes Ziel sei. Als ich jedoch mit ihrem Trainer und anderen Experten ihrer sportlichen Disziplin sprach, bekam ich zu hören, daß es um
ihre Chancen denkbar schlecht stand. Die junge Stephanie hatte sich
bei den Olympischen Vorentscheidungen nur auf dem sechsten Rang
plazieren können. Dennoch glaubte sie beharrlich daran, daß sie den
Sprung in die Olympiamannschaft schaffen würde.*

*Ich überlegte, ob ich Stephanie sagen sollte, daß sie sich Illusionen
machte. Vielleicht konnte ich sie veranlassen, ihre Ziele ein wenig her-
unterzuschrauben? Aber bald erkannte ich, daß Stephanie sich bereits
einen Plan zurechtgelegt hatte, der sie an ihr Ziel bringen sollte. Sie
hatte das Pferd sozusagen von hinten aufgezäumt und sich zuerst auf
das Ziel, sich für die Olympiamannschaft 1988 zu qualifizieren, konzentriert. Welche Bewegungsabläufe bei ihrer Schwimmtechnik waren
verbesserungsbedürftig? Durch welches Zusatztraining ließen sich
Kraft und Ausdauer steigern? Wie konnte sie ihre Schnelligkeit erhöhen? Gegen welche Schwimmerinnen mußte sie antreten, um die eigene Leistung stetig zu verbessern? Stephanie war äußerst zielstrebig
und aktionsorientiert; sie setzte sich klare Tages- und Wochenziele und
bemühte sich nach besten Kräften, diese zu erreichen.*

*Stephanie hatte eine Menge Fragen wie diese, und sie suchte un-
ablässig nach sachkundigen Menschen, die ihr die nötigen Informatio-*

nen und Antworten liefern konnten. Ihr Trainer, selbst ein ehemaliger olympischer Meister, war ihr eine große Hilfe. Er half ihr, ein spezielles Trainingsprogramm zusammenzustellen, das weit über die üblichen Anforderungen an die Athleten im Trainingszentrum hinausging. Abends, wenn die anderen bereits in ihre Unterkünfte zurückgekehrt waren, fand ich Stephanie oft ganz alleine im Fitneßraum beim Kraft- oder Zirkeltraining. Sie verwendete mehrere Stunden pro Woche darauf, mit mir zusammen ihre mentalen Fähigkeiten auszubauen. Ihre Fähigkeit, hart an sich zu arbeiten, war verblüffend.

Mit Hilfe ihres Trainers setzte sich Stephanie für jedes Einzel- und Staffeltraining Ziele. An manchen Tagen arbeitete sie beispielsweise daran, in jeder Runde eine bestimmte Zeit zu schwimmen. Ein anderes Mal konzentrierte sie sich darauf, ihre Technik zu verbessern, wobei sie ihren Trainer um stetige Rückmeldung bat.

Während sich ihre Leistungen fortwährend verbesserten, steckte Stephanie sich immer höhere Ziele. Sie war für gewöhnlich schon in aller Herrgottsfrühe im Schwimmbecken, um entweder ihre Geschwindigkeit über kurze Distanzen oder ihre Ausdauer auf langen Strecken zu steigern. Mit Hilfe der Stoppuhr konnte sie ihre Zeiten genau verfolgen. Sie trug ihre Fortschritte regelmäßig in eine Tabelle ein, die sie in ihrem Zimmer verwahrte. Die Zeitkurve ging beständig nach unten.

Die olympischen Vorentscheidungen sind in jeder sportlichen Disziplin sowohl psychisch als auch physisch äußerst belastend. Die besten Sportler des Landes treten bei den Wettkämpfen an, und jeder ist erpicht darauf, sich einen der heißbegehrten Plätze in der Olympiamannschaft zu erkämpfen. Ein kleiner Fehler, und schon ist die Chance für weitere vier Jahre vertan, vielleicht sogar für immer. Stephanie meisterte die Herausforderung souverän. Obwohl ihr niemand eine solche Leistung zugetraut hatte, gewann sie ihren Wettbewerb mit ein paar Zentimetern Vorsprung und ergatterte einen Platz im Olympischen Team. Sie hat ihr Traumziel verwirklicht.

Ich habe nie wieder in Erwägung gezogen, den Träumen und Hoffnungen eines jungen Athleten einen Dämpfer zu verpassen. Ich hatte schließlich mit eigenen Augen gesehen, was man alles erreichen kann, wenn man sich ganz auf die Maßnahmen konzentriert, die zum selbstgewählten Ziel führen.

Was versteht man unter Aktionsorientierung?

Aktionsorientierung ist die Fähigkeit, sich auf die Schritte zu konzentrieren, die zum Ziel führen. Es bedeutet zu lernen, solche Ziele zum Mittelpunkt des Lebens zu machen, die für uns von Bedeutung sind, und keine Energie darauf zu verschwenden, sich über die Ergebnisse den Kopf zu zerbrechen. Aktionsorientierung bedeutet auch, eine innere Befriedigung im persönlichen Vorankommen zu finden. Da man in unserer Gesellschaft allgemein großen Wert auf kurzfristige Erfolge und Ergebnisse legt, ist diese Strategie nicht leicht umzusetzen, aber sie zählt zu den grundlegendsten Erfolgskomponenten. Wenn Sie diese Technik einmal gelernt haben, werden Sie staunen, wie häufig Sie plötzlich Ihre Ziele erreichen.

Wir setzen uns fortwährend Ziele. In der Silvesternacht machen wir eine Liste mit guten Vorsätzen für das neue Jahr und befestigen sie gut sichtbar an der Kühlschranktür. Inspiriert durch einen Zeitungsartikel, sind wir fest entschlossen, etwas für unsere Kondition zu tun. Auch die Mitarbeiter in den Unternehmen, die ich berate, setzen sich laufend neue Ziele: Sie wollen die Produktivität, die Motivation der Belegschaft durch Leistungsanreize und die Teamarbeit verbessern und, und, und ... man könnte die Liste endlos fortsetzen.

Aber wie erfolgreich sind wir, wenn es gilt, diese Ziele auch zu verwirklichen? Wenn wir ehrlich sind, lautet die Antwort: bei weitem nicht so erfolgreich wie gehofft. Überlegen Sie einmal, wieviele gute Vorsätze aus der Silvesternacht Sie nach vier Monaten in die Tat umgesetzt haben.

Welche Ziele würden Sie gerne erreichen? Bevor wir unser Augenmerk darauf richten, wie Sie Ihre Traumziele realisieren können, möchte ich Sie bitten, den nachfolgenden einfachen Test zu machen.

Wichtige Ziele in Ihrem Leben

Denken Sie einmal über drei wichtige Ziele nach, die Sie im kommenden Jahr verwirklichen möchten. Wählen Sie je ein Ziel aus den folgenden Bereichen aus:

- Ihre persönlichen Beziehungen. Welches Ziel möchten Sie gemeinsam mit Ihrem Ehe- oder Lebenspartner, guten Freunden oder Familienmitgliedern erreichen?
- Ihre berufliche Tätigkeit oder Ausbildung. Welches berufliche Ziel streben Sie für das kommende Jahr an?
- Ihre bevorzugte Freizeitbeschäftigung oder Sportart. Welches Ziel haben Sie sich im Bereich Fitneß oder Freizeit gesetzt?

Notieren Sie diese drei Ziele:
- Mein Ziel im Bereich persönliche Beziehungen für das kommende Jahr ist:
- Mein Ziel im Bereich Arbeit oder Ausbildung für das kommende Jahr ist:
- Mein Ziel im Bereich Fitneß oder Freizeit für das kommende Jahr ist:

Behalten Sie diese Ziele im Gedächtnis, während Sie weiterlesen. Wir werden bald auf sie zurückkommen.

Zwei Wettbewerbsstrategien

Meine Kollegen in der Sportpsychologie haben herausgefunden, daß es zwei Strategien gibt, die Athleten im Wettkampf anwenden. Meine Erfahrung zeigt mir, daß sie auch außerhalb des Sports zum Tragen kommen. Nur eine der beiden Strategien führt zu langfristigem Erfolg.

Die erste Strategie ist die **Ergebnisorientierung**. Menschen, die mit dieser Grundhaltung an eine Wettbewerbssituation herangehen, sind nur dann glücklich, wenn man ihren Erfolg deutlich sieht. Hank, ein Marketingexperte, ist ein anschauliches Beispiel. Er zerbricht sich ständig den Kopf darüber, wie sein Chef ihn wohl beurteilt. Bei einem Lob schwebt er im siebten Himmel, bei der leisesten Kritik fühlt er sich am Boden zerstört. Die Woche läuft gut für ihn, wenn er viele Verkaufsgespräche erfolgreich abschließen kann. Sinkt die Erfolgsquote, trägt er eine Leichenbittermiene zur Schau. Seine Vorgesetzten legen ihm immer wieder nahe, sein Augenmerk doch in stärkerem Maß auf andere Ziele zu richten, wie zum Beispiel die Kundenzufriedenheit und Kundentreue, aber Hank erklärt, er sei von Haus aus ein Mensch, für den nur das zähle, was »unter dem Strich herauskommt«.

Die ergebnisorientierte Wettbewerbsstrategie hat einige Nachteile. Obwohl Menschen mit einer solchen Grundhaltung sehr ehrgeizig und bestrebt sind zu gewinnen, lassen sie sich nicht auf neue Lernerfahrungen ein, mit denen sie scheitern könnten. Dadurch schränken sie die Chancen, ihre Leistungen langfristig zu verbessern, deutlich ein. Auch die meisten ergebnisorientierten Sportler erzielen nur dann Bestleistungen, wenn sie gegen einen gleich starken Gegner antreten. Im Wettbewerb gegen schwächere Rivalen neigen sie zur Selbstüberschätzung. Erweist sich die Konkurrenz dagegen als stärker, leidet ihr Selbstvertrauen darunter. In beiden Fällen schöpfen sie ihr Leistungspotential nicht voll aus.

Ein weiterer Nachteil dieser Strategie besteht darin, daß sie manche zu Regelverstößen verleitet, damit sie der Öffentlichkeit gegenüber das Image des Erfolgreichen aufrechterhalten können. Ich habe dieses Verhalten bei Sportlern beobachtet, die Steroide nehmen, um sich für die Olympiamannschaft zu qualifizieren. Die Konsequenzen dieser weitverbreiteten Orientierung auf kurzfristige Ergebnisse kamen in den achtziger Jahren an der Wall Street deutlich zum Tragen. Frei nach dem Motto »Jeder ist sich selbst der Nächste«, richtet sich das Augenmerk zwangsläufig auf den Erfolg des einzelnen. Die Kehrseite der Medaille ist ein Wildwuchs von Betrugsdelikten und der Mangel an moralisch und ethisch verantwortungsvollem Verhalten.

Die zweite Strategie, die sich in Wettbewerbssituationen anwenden läßt, könnte man als **Aktionsorientierung** bezeichnen. Dabei konzentriert man seine ganze Energie darauf, eine Aufgabe zu bewältigen; Lob und Ehren, die man dabei erhalten könnte, fallen weniger ins Gewicht. Der Lohn der Mühe ist hier vielmehr die große innere Befriedigung, beständig hochgesteckte Ziele zu erreichen. Der verstorbene Sam Walton war schon zu Lebzeiten eine Legende im Einzelhandel. Er machte aus seiner kleinen unbekannten Firma »Wal-Mart« einen der erfolgreichsten Branchenriesen in den USA. Wie ihm dieses Meisterstück gelang? Er richtete sein Augenmerk auf die aktive Beteiligung jedes einzelnen Angestellten bei der Verwirklichung der Unternehmensziele. »Es ist ungeheuer wichtig, daß alle engagiert sind und sich aktiv einbringen«, sagte Sam Walton. »Unsere besten Ideen stammen von Verkäuferinnen und Lagerarbeitern.« Das Firmenmotto von Wal-Mart sagt nichts über Gewinne aus. Es lautet ganz einfach: »Unsere Mitarbeiter sind uns wichtig.« Das Ergebnis spricht für sich selbst.

Untersuchungen im Bereich der Sportpsychologie zeigen, daß aktionsorientierte Sportler Möglichkeiten, Neues zu lernen, wahrnehmen, um ihre Technik ständig zu verbessern, selbst wenn sie riskieren, dabei Fehler zu machen. Auf diese Weise machen sie laufend Fortschritte. Aktionsorientierte Sportler geben immer ihr Bestes, und sie lassen sich auch durch Mißerfolge nicht entmutigen. Das ist die Strategie, die sie zu Gewinnern macht – im Gegensatz zu denen, die sich nur auf den Sieg konzentrieren.

Auch Sie können lernen, aktionsorientiert an eine Aufgabe heranzugehen, selbst wenn Sie das Leben bisher aus der ergebnisorientierten Warte betrachtet haben. Rick McKinney gehört seit mehr als 20 Jahren zur Elite in seiner Disziplin: er ist ein Meister in der Kunst des Bogenschießens. Die Liste seiner Erfolge ist beeindruckend: dreimal Weltmeistertitel, viermal Mitglied der US-Olympiamannschaft, zwei Olympische Silbermedaillen, und fünfmal Silber und einmal Bronze bei Weltmeisterschaften. Zwischen 1973 und 1988 wurde jede amerikanische Meisterschaft entweder von Rick McKinney oder von seinem Erzrivalen, Darryl Pace, gewonnen.

Als ich Rick fragte, wie er sich seinen anhaltenden Erfolg erkläre, sagte er mir, seine Einstellung zum Wettbewerb sei das A und O. »Bis 1977 hatte ich im Wettkampf nur einen Gedanken: Ich muß besser sein als die anderen und gewinnen. Und dann, 1977, wurde ich schließlich Weltmeister. Ich dachte, ich müßte jetzt der glücklichste Mensch auf der Welt sein. Aber ich machte eine ganz andere Erfahrung. Ich war 24 Jahre alt und hatte das Bogenschießen 13 Jahre lang aktiv betrieben, und plötzlich dachte ich: ›Mein Leben ist vorbei.‹ Nachdem ich mir den Weltmeistertitel geholt hatte, war ich eine Zeitlang unsäglich deprimiert; ich hatte das Gefühl, daß es für mich kein Ziel mehr gab, das sich zu erreichen lohnte. Schließlich hatte ich ja bereits bewiesen, daß ich der beste Bogenschütze der Welt war. Was blieb da noch?«

Was Rick aus seinem Stimmungstief riß, war die Erkenntnis, daß er immer noch gegen sich selbst antreten konnte. »Das war ein Wendepunkt in meinem Leben. Vorher hatte ich mich dauernd mit anderen verglichen, aber plötzlich wurde mir bewußt, daß ich das Bogenschießen für mich selbst betrieb. Die neue Aufgabe bestand darin, herauszufinden, wie gut ich sein konnte und wie sehr sich meine Leistungen noch steigern ließen. Der Sport begann mir wieder Spaß zu machen.« Rick McKinney ist davon überzeugt, erst nach dieser Erkenntnis ein wirklich guter Bogenschütze geworden zu sein. Er setzte seinen Erfolgskurs fort: 1983 und 1985 gewann er den Weltmeistertitel, 1984 bei der Olympiade die Silbermedaille – und er ist noch immer einer der Besten. »Ich muß anderen nichts mehr beweisen. Die Herausforderung liegt für mich auf der ganz persönlichen Ebene. Ich liebe es noch immer, am Wettkampf teilzunehmen. Wenn das Ganze zur Routine erstarrt und es nur noch darum geht, Medaillen zu holen, dann bleibt die Motivation auf der Strecke.«

Aktionsorientierung lernen

Wenn Sie die »Ziele«, die Sie sich selbst setzen, genauer unter die Lupe nehmen, werden Sie feststellen, daß sie oft auf *Ergebnissen* basieren. Doch diese Ausrichtung führt letztendlich zu schlechten Leistungen und zu ständiger Unzufriedenheit. Um Ihre persönliche Höchstleistungszone zu erreichen, müssen Sie lernen, sich andere Ziele zu setzen: Ziele, bei denen die Konzentration auf die erforderlichen Maßnahmen im Vordergrund steht. Fünf einfache Schritte helfen Ihnen dabei, sinnvolle Ziele zu stecken, bei denen Ihre Ausrichtung aktionsorientiert bleibt:

Aktionsorientierung

Schritt 1: Konzentrieren Sie sich auf konkrete, gezielte Aktivitäten

Schritt 2: Setzen Sie sich Tages- und Wochenziele als Trittsteine für langfristige Ziele

Schritt 3: Stecken Sie Ihre Ziele lieber zu hoch als zu niedrig

Schritt 4: Formulieren Sie Ihre Ziele klar und positiv

Schritt 5: Lassen Sie sich regelmäßig ein Feedback über Ihre Leistungen geben

---

Schritt 1: Konzentrieren Sie sich auf konkrete, gezielte Aktivitäten

Gewinner sind von Haus aus bestrebt, gute Ergebnisse zu erzielen. Aber sie wissen, daß sie zunächst ein Konzept entwickeln müssen, damit sie die gewünschten Leistungen erbringen können, um so an die Spitze zu gelangen. Wenn ich mit einem Athleten arbeite, der die Goldmedaille gewinnen möchte, überlege ich gemeinsam mit ihm und seinem Trainer, welche Voraussetzungen erfüllt sein müssen, um in dieser Disziplin Spitzenleistungen zu erbringen. Welche Maßnahmen führen in dieser Sportart zum Erfolg? Dann können wir ein Trainingskonzept entwerfen.

Bei der Formulierung eines effektiven Ziels werden die einzelnen Schritte beschrieben, die gewünschten Ergebnisse werden dabei nicht aufgelistet. Worin besteht nun der Unterschied zwischen Aktion und Ergebnis? Ich werde es Ihnen erklären: Vergleichen wir einmal ein typisches »ergebnisorientiertes« mit einem »aktionsorientierten« Ziel. Angenommen, jemand hat sich vorgenommen, daß er abnehmen möchte. Bei dieser Zielsetzung ist noch nichts über den Weg ausgesagt, der zum Ziel führt. Wie will der oder die Betreffende abspecken? Die meisten haben keine genaue Vorstellung davon.

Wenn ich Kunden bitte, ihr Ziel noch einmal schriftlich festzuhalten und dabei konkrete Maßnahmen zu beschreiben, unterläuft ihnen häufig der Fehler, die Ergebnisse genauer zu erläutern. Die Figurbewußten formulieren ihr Ziel nun vielleicht so: »Ich möchte in den nächsten zwei Wochen fünf Pfund und nach drei Monaten fünf Kilo weniger auf die Waage bringen.« Hier kristallisieren sich die Einzelheiten des Ergebnisses heraus, aber über die Maßnahmen, die zum Ziel führen, ist auch jetzt noch nichts bekannt.

Ein aktionsorientiertes Ziel gibt Ihnen genau vor, was Sie tun müssen. Wenn jemand abnehmen will, frage ich als erstes: »Warum?« Normalerweise erhalte ich darauf zur Antwort, »weil ich mit meinem Aussehen unzufrieden bin« oder »weil ich etwas für meine Gesundheit tun möchte«. Langsam kommen wir der Sache näher. Wer gut aussehen will, muß genau verstehen, wie sich eine Diät auf den Körper auswirkt. Er wird erfahren, wie wichtig die Reduzierung von Fett ist, und sich Ziele setzen, die dies bewirken. Er wird für ausreichende Bewegung sorgen oder Sport treiben. Wer abnehmen will, schreibt jetzt beispielsweise folgende Ziele auf:

»Ich werde täglich nicht mehr als 50 Gramm Fett zu mir nehmen. Das bedeutet, daß ich genau darauf achten muß, wie hoch der Fettanteil in den einzelnen Lebensmitteln ist. Ich werde mageres Fleisch kaufen, häufiger gegrillten Fisch essen, mir bei fettreichen Speisen nur noch kleine Portionen gönnen und Eiscreme durch Joghurt ersetzen.«

»Ich werde jeden Morgen 30 Minuten mit dem Fahrrad durch den Park fahren. Sollte ich es aus Zeitgründen einmal nicht schaffen, mache ich statt dessen am Nachmittag einen Spaziergang, in flottem Tempo.«

Diese Zielsetzungen unterscheiden sich gewaltig von den ersten beiden. Sie haben sicher bemerkt, daß die Gewichtsabnahme mit keinem Wort erwähnt wird. Der Schwerpunkt liegt vielmehr auf den spezifischen Maßnahmen, die durchgeführt werden müssen, damit das Ergebnis – besser auszusehen – erzielt wird.

Die Unterschiede zwischen ergebnis- und aktionsorientierten Zielen sind gewaltig. Sie lassen uns die Welt jeweils mit völlig anderen Augen sehen. Aktionsorientierte Ziele stärken unsere Tat- und Antriebskraft. Ergebnisorientierte Ziele dagegen lähmen uns. Werfen wir nun einen Blick auf diese Unterschiede. Nehmen wir als Beispiel jemanden, der einen Vortrag in seinem Unternehmen vorbereitet.

Unterschiede zwischen aktions- und ergebnisorientierten Zielen

Aktionsorientierte Ziele	Ergebnisorientierte Ziele
BEISPIELE	BEISPIELE
»Ablauf gut vorbereiten«	»Beeindruckenden Vortrag halten«
»Fakten sorgfältig recherchieren«	»Dem Chef imponieren«
»Vortrag mit Kollegen proben«	
• lenken Ihre Aufmerksamkeit auf notwendige Maßnahmen	• lenken Ihre Aufmerksamkeit auf irrelevante Faktoren
• sind unter Ihrer Kontrolle	• entziehen sich Ihrer Kontrolle
• stärken Selbstvertrauen und Konzentration	• verstärken Ängste und innere Anspannung
• bieten wichtige, praktische Orientierungshilfen	• bieten keinerlei Orientierungshilfe
• führen zum Erfolg	• führen zu Leistungsschwankungen

Ergebnisse entziehen sich Ihrem Einfluß

Warum ist es besser, sich auf aktionsorientierte statt auf ergebnisorientierte Ziele zu konzentrieren? Weil man in der Regel keinen Einfluß auf die Ergebnisse hat. »Aber das stimmt ja nicht«, werden Sie jetzt vielleicht denken. »Wenn ich mir Mühe gebe und mich voll auf eine Aufgabe konzentriere, erziele ich auch die gewünschten Resultate.«

Glauben Sie mir, ich habe dieses Argument sehr oft gehört. Die Annahme, wir könnten die Ergebnisse nach Belieben steuern, zeigt, daß man den grundlegenden Charakter des Wettbewerbs nicht verstanden hat. Im Sport gibt es beispielsweise keine Erfolgsgarantien. Wie hart Sie auch trainiert haben mögen und wie gut Sie auch in Form sind, irgend jemand ist an diesem Tag möglicherweise besser als Sie. Was wollen Sie machen, wenn ein Carl Lewis lässig an Ihnen vorbeizieht und einen neuen Weltrekord aufstellt?

Ich habe vor den Olympischen Spielen 1992 mit einem sehr begabten jungen Weitspringer namens Tony gearbeitet. Er hatte gute Chancen, sich infolge seiner Wettkampfergebnisse für die Olympiamannschaft zu qualifizieren. Trotzdem machte er sich ständig Sorgen, ob er es wohl schaffen würde. Er redete nur noch von seinem Traumziel, Mitglied der US-Mannschaft zu sein und eine Medaille zu gewinnen. Ich riet ihm dringend, sich lieber auf seine Trainingseinheiten und seine Technik zu konzentrieren, aber er dachte nur noch an seine Sprungweite. Würde sie ausreichen, um ihn für das Team zu qualifizieren? Bei den Olympischen Vorentscheidungen in New Orleans blieben seine Leistungen weit hinter den Erwartungen zurück. Je verbissener er versuchte, sich auf einem der ersten drei Plätze zu plazieren, desto schlechter wurden seine Sprünge. Tony landete schließlich auf Rang sechs; er hatte sein Ziel weit verfehlt. Wenn es mir gelungen wäre, ihn zu veranlassen, den einzelnen Schritten auf dem Weg zum Ziel einen höheren Stellenwert beizumessen, hätte er wahrscheinlich im Flugzeug nach Barcelona gesessen, anstatt die Spiele zu Hause vor dem Bildschirm zu verfolgen.

Manchmal betonen meine Kunden aus der Wirtschaft, daß in ihrem Unternehmen großer Wert auf hieb- und stichfeste, »bilanzwirksame Ergebnisse« gelegt wird. Vorgesetzte ahnden Mißerfolge und konzentrieren sich ausschließlich auf gute Ergebnisse. Oft wird durch ein solches Verhaltensmuster die Katastrophe geradezu vorprogrammiert. Es fördert das kurzfristige, ergebnisorientierte Denken, das die Kreativität der gesamten Belegschaft hemmt und ein gesundes Wachstum sowie eine positive Entwicklung des Unternehmens verhindert. Wenn Mitarbeiter unter Erfolgszwang stehen, haben sie Angst zu versagen. Aber nur anhand ihrer Fehler lernen die meisten Menschen die wichtigsten Lektionen, die letztendlich unerläßliche Meilensteine auf dem Weg zum langfristigen Erfolg sind.

Die Geschichte, die ich in einem Unternehmen gehört habe (vielleicht ein Mythos), veranschaulicht dieses Argument. Hier wurde die Leitung eines wichtigen neuen Projektes einem Branchenneuling überantwortet, und er scheiterte auf ganzer Linie. Seine Fehler kosteten die Firma Millionen. Nach dem Desaster ging der junge Mann zu seinem Chef und reichte die Kündigung ein. »Was soll das?« fragte der Vorgesetzte. »Ich gehe freiwillig«, erwiderte der Pechvogel. »Nach diesem Schlamassel wollen Sie mich sicher nicht behalten.«

»Sehen Sie zu, daß Sie wieder an die Arbeit kommen«, entgegnete der Chef und zerriß das Kündigungsschreiben. »Ihre Ausbildung hat uns ein Vermögen gekostet. Ich werde den Teufel tun, Sie jetzt gehen zu lassen. Sie sind zu wertvoll.« Der junge Mann unternahm einen zweiten Anlauf und machte eine steile Karriere in dem Unternehmen.

Um aus der ergebnisorientierten »Denkschiene« auszubrechen, sollten Sie darauf achten, *aktions*orientierte Ziele zu setzen. Damit verfügen Sie über einen Aktionsplan, den Sie praktisch umsetzen können. Und wenn Sie sich auf die Durchführung dieses Plans konzentrieren, zerbrechen Sie sich nicht pausenlos den Kopf über die Ergebnisse.

Lesen Sie jetzt bitte noch einmal Ihre Notizen zu den »wichtigen Zielen in Ihrem Leben« und markieren Sie die aktions- und die ergebnisorientierten Ziele. Wie viele sind tatsächlich auf konkrete Aktionen ausgerichtet? Hier die Auswertung:

3 – Hervorragend! Sie haben den Unterschied zwischen Aktionsorientierung und Ergebnisorientierung genau verstanden. Im Rest des Kapitels finden Sie zahlreiche Tips, wie Sie Ihre Zielsetzungsfähigkeiten noch verbessern können.

2 – Gut. Sie neigen dazu, aktionsorientierte Ziele zu setzen, was Ihnen dabei hilft, immer wieder persönliche Bestleistungen zu erbringen. Was hindert Sie daran, auch im dritten Lebensbereich die Maßnahmen in den Vordergrund zu rücken? Stehen Sie unter zu großem Streß, um dieses Ziel zu verwirklichen?

1 – Eine stärkere Ausrichtung auf konkrete Aktionen wird Ihnen zugute kommen. Sie wissen, wie man aktionsorientierte Ziele setzt (einmal haben Sie ja schon ins Schwarze getroffen), aber im Augenblick sind Sie noch zu sehr auf die Ergebnisse fixiert.

0 – Sie können eindeutig davon profitieren, wenn Sie Ihr Augenmerk auf die einzelnen Schritte richten, die zum Ziel führen. Ihre Konzentration auf die Ergebnisse steht Ihnen momentan bei der Durchsetzung des angestrebten Leistungsniveaus im Weg.

Bevor Sie Ihre »Lebensziele« noch einmal neu formulieren, wollen wir uns noch kurz mit den anderen vier Schritten befassen, die zu einer effektiven Zielsetzung führen.

Schritt 2: Setzen Sie sich Tages- und Wochenziele als Trittsteine für langfristige Ziele

Wenn Sie sich Tages- und Wochenziele setzen, steigern Sie Ihre Leistung und Effektivität. Diese kurzfristigen Ziele weisen Ihnen den Weg, der zur Verwirklichung Ihrer langfristigen Ziele führt, und sie dienen gleichzeitig als Meßlatte für die Fortschritte, die Sie dabei machen.

Die beste Strategie bei der Formulierung Ihrer kurz- und mittelfristigen Ziele besteht darin, sich Ihr langfristiges Ziel bewußtzumachen und die Route dann rückwärts aufzurollen. Wenn Sie sich beispielsweise in sechs Monaten einen Gebrauchtwagen kaufen möchten und dafür $ 1 000 sparen müssen, wieviel Geld müssen Sie dann jede Woche zurücklegen?

Eine kurze Rechnung zeigt, daß Sie jede Woche $ 38.46 sparen müßten, um in einem halben Jahr $ 1 000 berappen zu können (ohne die Zinsen, die Sie kassieren würden, wenn das Geld auf dem Sparkonto wäre). $ 38.46 pro Woche macht nach Adam Riese $ 7.69 pro Tag, die Sie vom Budget abzwacken müssen. Jeden Tag, von Montag bis Freitag. Nun kommen wir der Sache schon näher!

Wie spart man nun rund acht Dollar am Tag? Hier einige Vorschläge: Wie wär's, wenn Sie sich Ihr Mittagessen mit zur Arbeit nehmen, anstatt ins Restaurant zum Essen zu gehen. Sammeln Sie jeden Tag Ihr Kleingeld aus dem Portemonnaie, statt es für Schnickschnack auszugeben. Gehen Sie mit Ihren Freunden Freitag abends in eine Bar? Gönnen Sie sich ein Glas Wein oder Bier, aber trinken Sie danach nur noch Mineralwasser. Sie glauben gar nicht, wieviel man dabei in nur einem Monat sparen kann. Wenn Sie die Möglichkeit haben, sich einer Fahrgemeinschaft anzuschließen, dann nutzen Sie diese Gelegenheit. Sie sparen so eine Menge Benzingeld. Sobald Sie Ihrer Phantasie freien Lauf lassen, werden Ihnen die guten Ideen nur so zufliegen.

Sobald Sie ein konkretes Tagesziel haben wie »Ich muß heute $ 7.69 sparen«, fällt es viel leichter, den Vorsatz in die Tat umzusetzen. Wenn Sie sich dagegen sagen: »In sechs Monaten muß ich $ 1 000 beisammenhaben«, ist die Wahrscheinlichkeit, daß Sie sich angesichts einer solchen Herausforderung gleich entmutigen lassen, wesentlich größer.

In einer wissenschaftlichen Untersuchung über die Wirksamkeit kurzfristiger Ziele wurden Probanden, die ein Krafttraining mit Gewichten absolvierten, aufgefordert, sich verschiedene Ziele zu setzen. Die Untersuchung ergab, daß diejenigen, die sich sowohl langfristige als auch kurzfristige Ziele setzten, im Leistungsvergleich wesentlich besser abschnitten als die Teilnehmer, die lediglich vage dazu aufgefordert wurden, ihr Bestes zu geben. Die Gruppe, die sich *ausschließlich* langfristige Ziele setzte, war gleichwohl *nicht* besser als die »ziellosen« Probanden.

Nelson Diebel, der 1992 in Barcelona die Goldmedaille im Brustschwimmen über hundert Meter gewann, erklärte:»Ich setze mir beim Schwimmen laufend Ziele. Ich visiere ein langfristiges Ziel an, und dann lege ich verschiedene kleine Etappen fest. Es ist kein Beinbruch, wenn ich nicht sämtliche Zwischenziele erreiche; wichtig ist allein, daß ich mich konsequent meinem langfristigen Ziel nähere.

1988 war ich beispielsweise Fünfter bei den Olympischen Vorentscheidungen im Hundert-Meter-Brustschwimmen. Aber ich trainierte erst seit eineinhalb Jahren, und da wurde mir plötzlich bewußt: ›Beim nächsten Mal schaffe ich es, wenn ich wirklich will!‹ Ich sagte mir: ›Ich werde 1992 bei den Olympischen Spielen dabeisein!‹ Aber 1988 lag die Olympiade noch in weiter Ferne, und welches Trainingskonzept mich dahin bringen sollte, war mir nicht klar.

Also mußte ich mir laufend Etappenziele setzen, bezüglich der Zeiten und so. Ich rechnete mir aus, daß ich auf diese Weise auf jeden Fall Fortschritte machen würde und eines Tages den Blick von meinen kleinen auf das große Ziel lenken könnte, das dann zum Greifen nahe sein würde. Meine Rechnung ging auf. Diese kurzfristigen Etappenziele sind eine ungeheure Hilfe auf der mentalen Ebene. Außerdem unterbrechen sie die Monotonie des Trainings, die nicht ausbleibt, wenn man endlos lange auf das eine große Ziel hinarbeitet.«

Beginnen Sie heute mit der Verwirklichung Ihres Ziels. Probieren Sie die Trittsteinstrategie selbst aus. Nehmen Sie sich noch einmal die Liste mit Ihren Zielen für das kommende Jahr vor und wählen Sie eines aus, das Sie schon seit längerem in Angriff nehmen wollen.

Wie sieht der erste Schritt auf dem Weg zu Ihrem Ziel aus?

Schreiben Sie ihn auf. Wenn Sie keine Ahnung haben, dann besteht Ihr erstes Zwischenziel darin, genau das herauszufinden. Schreiben Sie dieses Ziel auf!

Nehmen Sie sich die Zeit, noch heute auf dieses Ziel hinzuarbeiten. Setzen Sie eine bestimmte Stunde des Tages dafür an. Falls Sie keine volle Stunde erübrigen können, dann wenigstens 30 Minuten. Und falls Ihnen auch diese Zeit fehlt, dann ist Ihnen das Vorhaben offensichtlich nicht wichtig genug. Suchen Sie sich ein neues Ziel, das Sie mit mehr Entschlossenheit in Angriff nehmen.

Betrachten wir anhand eines Beispiels, wie die Strategie funktioniert:

Nehmen wir einmal an, Ihnen wurde soeben mitgeteilt, daß Sie einen Vortrag für Ihre Abteilung halten sollen. Thema ist eine brandneue Software, mit der Sie seit einem Monat arbeiten. Sie haben eine Woche Zeit für die Vorbereitung.

Wie sieht Ihr erster Schritt aus? Sie entscheiden sich dafür, zunächst einmal das Handbuch durchzuackern, um Vorgesetzten und Kollegen zu zeigen, wo sie im Notfall nachschlagen können. Ein ganzes Handbuch in einer Woche! Als erstes müssen Sie sich mit Kapitel eins beschäftigen, richtig? Ungefähr um 16 Uhr haben Sie ein bißchen Luft, also suchen Sie sich ein ruhiges Plätzchen, nehmen Papier und Bleistift zur Hand und arbeiten eine Stunde lang an Kapitel eins. Sie notieren die wichtigsten Punkte. Sie müssen nicht das ganze Kapitel an einem Tag beenden. Vergewissern Sie sich nur, daß Sie sich die ganze Stunde lang ganz dem ersten Kapitel widmen.

Wenn Sie mehr schaffen, um so besser. Aber legen Sie das Handbuch nach einer Stunde weg. Nehmen Sie es sich irgendwann später noch einmal vor, wenn Sie möchten. Die Effektivität Ihrer Lernleistung wird beeinträchtigt, wenn Sie kein Gespür für Ihr Leistungspensum entwickeln. Hochleistungssportler achten besonders darauf, ihr Training richtig zu dosieren. Sie fordern sich bis an ihre Grenzen, aber danach machen sie eine Pause und sammeln neue Kräfte.

Wenn Sie diese Strategie anwenden, werden Sie feststellen,

daß Sie Ihren Vortrag am Ende der Woche optimal vorbereitet haben. Durch die Aktionsorientierung erreichen Sie wesentlich mehr als jemand, der immer wieder daran denkt, wie schwer es ist, das gesamte Handbuch in nur sieben Tagen durchzuarbeiten. Ihr Ziel ist nicht, sich als Fachmann für die neue Software zu profilieren, sondern Ihren Kollegen zu zeigen, wie sie effektiv mit dem Programm umgehen können.

Scheuen Sie nicht davor zurück, bei der Entwicklung Ihrer Tages- und Wochenziele um Hilfe zu bitten. Je vielschichtiger Ihr langfristiges Ziel ist, desto schwieriger wird es sein, es in Teilziele zu gliedern. Wenn Sie nicht genau wissen, wie Sie am besten vorgehen, um mit kleinen Schritten an Ihr langfristiges Ziel zu gelangen, brauchen Sie jemanden, der Ihnen dabei hilft.

Alle Spitzensportler haben einen Coach oder Trainer, der sie bei der Verwirklichung ihrer Ziele unterstützt. Überlegen Sie also, wer Ihr persönlicher Coach sein könnte. Sollte Ihnen niemand einfallen, der für diese Aufgabe in Frage kommt, lassen Sie sich einfach von guten Freunden bei der Ausarbeitung Ihrer Ziele helfen. Oft nimmt ein Konzept eher Gestalt an, wenn andere ihre Ideen beisteuern.

Schritt 3: Stecken Sie Ihre Ziele lieber zu hoch als zu niedrig

Ist es besser, sich ein Ziel zu setzen, das man mit Leichtigkeit erreichen kann, oder sollte es lieber ein bißchen zu hoch gesteckt sein? Es ist besser, ein realisierbares Ziel in Angriff zu nehmen, oder? Denn man will sich ja nicht durch Mißerfolge entmutigen lassen. Am besten fängt man klein an.

Falsch! Leistungssportler, die sich stetig verbessern und vorwärtskommen wollen, setzen sich selbst immer neue, ehrgeizige Ziele. Diese lassen sich nur mit großer Anstrengung erreichen. Ein durchschnittlicher Eiskunstläufer, der seine Oberkörpermuskulatur stärken will, setzt sich mit zwei Wochenstunden Hanteltraining ein leichtes Ziel. Ein Topathlet dagegen peilt fünf

Stunden pro Woche an; er trainiert vielleicht dreimal mit Hanteln und macht zweimal ein Zirkeltraining. Das Ergebnis? Der durchschnittliche Eiskunstläufer verbessert seine Leistung ein bißchen, der Spitzensportler macht riesige Fortschritte.

Warum bringt es letztlich mehr, die Meßlatte bei den Zielen höher anzulegen? Weil man sich damit ein Grundprinzip des menschlichen Wesens zunutze macht. Wir geben uns mehr Mühe, etwas zu erreichen, was außerhalb unserer Reichweite liegt. Wenn Sie sich mit einem hochgesteckten Ziel herausfordern, strengen Sie sich mehr an und erreichen auch mehr. Und die innere Befriedigung, die Sie nach diesem Kraftakt empfinden, ist ebenfalls um einiges größer.

Dieses Grundprinzip ist nicht immer leicht zu befolgen, weil in unserem Kulturkreis eher der Weg des geringsten Widerstandes propagiert wird. »Mühelos zehn Kilo abnehmen, in nur drei Wochen!« oder »Verdienen Sie Ihr Geld spielend von zu Hause aus« und ähnliche Sprüche hört man allenthalben in unserer Gesellschaft. Der Gedanke, etwas schnell und bequem zu erreichen, ist verführerisch und reizvoll. Tief in unserem Innern wissen wir jedoch, daß etwas daran »faul« sein muß; ich kenne jedoch Leute, die jahrelang solche Träume vom »leichten Weg« zu Wohlstand und Glück verfolgen. Die Enttäuschung über das Ergebnis läßt in aller Regel jedoch nicht lange auf sich warten, oder die Betroffenen müssen erleben, daß sich ihr »todsicheres Erfolgsrezept« als Bumerang erweist.

Die dramatischsten Beispiele aus der Welt des Sports liefern Athleten, die Anabolika nehmen, um eine Medaille zu gewinnen. Meistens endet der Traum vom Ruhm damit, daß sie bei einer Dopingkontrolle erwischt werden. Es gibt keine Abkürzungen auf dem Weg zum Erfolg, für die wir letztlich nicht doch einen hohen Preis bezahlen.

Als ich den Schnellgeher und viermaligen Olympiateilnehmer Carl Scheuler interviewte, erzählte er mir, daß die Einstellung zu seinen Zielen auf sportlicher Ebene auch zu seinen größten beruflichen Stärken zählt. »Als stellvertretender Direktor der Städtischen Planungsabteilung von Colorado Springs habe ich festgestellt, daß es wichtig ist, hohe Anforderungen an mich selbst zu stellen. Das habe ich beim Schnellgehen gelernt. Man weiß, daß die meisten Teilnehmer, die sich für die Olympiamannschaft qualifizieren wollen, in den Vorrunden ausscheiden; deshalb muß man denken: ›Ich schaffe es.‹ Wenn ich mir einrede: ›Das schaffe ich nie‹, dann setze ich mir selbst Grenzen und baue ein mentales Leistungshindernis auf. Man gelangt im allgemeinen nicht über seine eigenen Erwartungen hinaus.«

Arbeitspsychologen haben festgestellt, daß anspruchsvolle, aber realistische Ziele am Arbeitsplatz dazu beitragen, die Qualität und Quantität der Leistung zu erhöhen. Setzen Sie sich also Ziele, die knapp außerhalb Ihrer unmittelbaren Reichweite, aber nicht außerhalb Ihres Blickwinkels liegen. Sollten Sie ein hochgestecktes Ziel dennoch erreichen, können Sie sich darüber freuen, und Ihr Selbstvertrauen wird wachsen. Gelingt es Ihnen nicht, haben Sie mindestens genausoviel erreicht, als wenn Sie ein weniger ehrgeiziges Ziel anvisiert hätten. Mit dieser Taktik können Sie so oder so nichts verlieren.

Ich würde Ihnen empfehlen, beim Umgang mit Ihren Zielen ein gewisses Maß an Flexibilität zu entwickeln. Falls einige Ziele unerreichbar bleiben, sollten Sie diese so abändern, daß sie in greifbare Nähe rücken. Sonst werden Sie ziemlich bald frustriert sein. Einer meiner Kollegen pflegt den Sportlern den guten Rat zu geben: »Schreibt Eure Ziele mit Bleistift auf ein Blatt Papier; Ihr müßt sie ja nicht gerade in Stein meißeln. Wozu gibt es denn sonst Radiergummis?«

Schritt 4: Formulieren Sie Ihre Ziele klar und positiv

Manchmal habe ich mit Sportlern zu tun, die meine Methode mißverstehen und meinen, sie dürften sich keine ergebnisorientierten Ziele wie »Ich will diesen Wettkampf gewinnen!« mehr setzen. Sie glauben, daß sie Ziele wie »Ich werde mein Bestes tun.« formulieren sollten. Aber Vorsicht, damit ersetzt man lediglich ein ergebnisorientiertes Ziel durch seine Ziel-Losigkeit!

Der Trainer oder Kollege, der Ihnen rät, »Ihr Bestes« zu tun, zeigt Ihnen weder, wie Sie ans Ziel gelangen, noch worauf Sie sich dabei konzentrieren sollten. Wenn Sie sich selbst solche vagen Ziele setzen, fruchtet das genausowenig.

Formulieren Sie Ihre aktionsorientierten Ziele also so präzise und unmißverständlich wie möglich. Verwenden Sie soweit wie möglich die Ich-Form (ich werde …). Damit betonen Sie, daß es sich hier um Ihre ganz persönliche Zielsetzung handelt. Sagen Sie also zum Beispiel:»Ich werde am Freitag in die Stadtbibliothek gehen, um mich kundig zu machen, wie man eine Bewerbung schreibt, und diese dann verfassen«, statt »Die Bewerbung muß am Freitag fertig sein.«

Vermeiden Sie Negativformeln. Es ist wichtig, die Ziele positiv zu formulieren. Es liegt in der menschlichen Natur, sich darauf zu konzentrieren, was einem zuletzt gesagt wurde. Wenn ein Footballtrainer einem jungen Stürmer einschärft:»Laß den Ball nicht fallen!«, wird dieser höchstwahrscheinlich an nichts anderes mehr denken können. Im Gegensatz dazu ist der Rat »Drück den Ball fest gegen Deine Brust« wesentlich hilfreicher und so konkret, daß sich der Stürmer darauf konzentrieren kann.

Führungskräften, die Ziele setzen wie »Wir dürfen im dritten Quartal keinen Kunden verlieren«, unterläuft der gleiche Fehler. Statt Möglichkeiten, die aktionsorientiert sind, anzubieten, lenken sie die Konzentration auf potentielle Fehlerquellen. Verunsicherung und eine Beeinträchtigung des Leistungsniveaus sind die Folge. Es ist keine Hilfe, die Aufmerksamkeit auf ein Problem zu lenken, ohne gleichzeitig eine Lösung anzubieten.

Statt Negativformeln zu verwenden, sollten Sie lieber über Möglichkeiten zur Problemlösung nachdenken. Koppeln Sie die Zielsetzungen an die Lösung an. Wenn ein Unternehmen beispielsweise verhindern will, Kunden zu verlieren, könnte die Lösung darin bestehen, die Kundenzufriedenheit zu verbessern. Das Ziel könnte also lauten:»Wir werden die durchschnittliche Reaktionszeit auf Kundenbeschwerden im dritten

Quartal um 50 Prozent senken.« Dieses Ziel wird erheblich dazu beitragen, Kunden an das Unternehmen zu binden.

Schritt 5: Lassen Sie sich regelmäßig ein Feedback über Ihre Leistungen geben

Rückmeldungen über Ihren Leistungsstand sind sehr wichtig für Ihr Zielsetzungsprogramm. Ich habe diese Erfahrung vor einigen Jahren auf schmerzliche Weise gemacht, als ich von meiner Position als Leiter einer kleinen Gruppe von Sportpsychologen zum Vorstand einer ganzen Abteilung mit mehr als 30 Wissenschaftlern befördert wurde, die Forschungsprojekte in sämtlichen olympischen Disziplinen durchführten. Eines unserer vorrangigen Probleme war die weitverbreitete Meinung, daß wir der Forschung einen zu hohen und den Bedürfnissen unserer Klienten einen zu geringen Stellenwert beimaßen. Wir gelangten zu der Schlußfolgerung, daß sich das Problem lösen ließ, wenn wir unsere Arbeit für die Klientel sichtbarer machten. Wir begannen also, peinlich genau Buch über unsere Arbeit zu führen. Alle drei Monate erstellten wir einen Bericht, in dem genau aufgelistet war, was wir für die einzelnen Sportlergruppen, mit denen wir zusammenarbeiteten, getan hatten.

Die Mühe war völlig für die Katz. Ein Jahr später kritisierte man noch immer, daß der Forschungsbereich die Nummer eins sei, doch nun wurde uns außerdem noch vorgehalten, daß wir unsere Zeit mit dem Abfassen völlig nutzloser Berichte verplemperten! Wir hatten offenbar keine Fortschritte, sondern vielmehr Rückschritte gemacht, und das in kürzester Zeit. Zum Glück hatte ein Mitglied meines Teams die zündende Idee. Wir lösten das Problem einfach dadurch, daß wir unsere Klienten baten, uns fortlaufend Rückmeldungen über unsere Tätigkeit zu geben. Die Sportler sollten unsere Fortschritte und die Qualität unserer Dienstleistungen beurteilen. Das ständige Feedback half uns nicht nur dabei, unseren aktuellen Leistungsstand zu ermitteln, sondern zeigte auch den Kunden (und meinem Vorgesetzten), was wir unternahmen, um ihnen zu helfen, ihre Ziele zu erreichen. Nach einem weiteren Jahr hatte sich die Situation so dramatisch verändert, daß unser Programm innerhalb unserer Organisation Vorbildcharakter hatte. Das regelmäßige Feedback der Klienten erleichterte mir meine Führungsaufgaben ganz erheblich.

Rückmeldungen haben drei wichtige Funktionen. Erstens sagen sie etwas über den aktuellen Leistungsstand aus, so daß man nötige Veränderungen vornehmen kann. Zweitens stärken sie das Selbstvertrauen. Wann immer man ein positives Feedback bekommt, ist man ein bißchen stolz auf sich und traut sich dadurch für die Zukunft mehr zu. Und drittens wirken Rückmeldungen hochgradig motivierend. Man kann die eigenen Fortschritte mit den gesteckten Zielen vergleichen. Je näher man ihnen kommt, desto mehr strengt man sich an.

Messen Sie Ihre Fortschritte. Es gibt verschiedene Möglichkeiten, ein regelmäßiges Feedback zu bekommen. Sie können sich zum Beispiel meßbare Ziele setzen und somit genau verfolgen, wie häufig Sie einer Aktivität nachgehen. Angenommen, Ihr Ziel wäre, fünf Tage pro Woche im Fitneßcenter zu trainieren. Wie häufig Sie sich dort wirklich verausgaben, läßt sich mit Hilfe Ihres Leistungsjournals leicht im Auge behalten. Am Ende der Woche können Sie genau ablesen, ob Sie Ihrem Vorsatz treu geblieben sind.

Legen Sie eine Tabelle an. Das ist eine weitere gute Möglichkeit, Ihre Fortschritte zu messen. Nehmen wir an, Sie hätten sich zum Ziel gesetzt, den täglichen Fettanteil in Ihrer Kost von 50 auf 30 Prozent zu reduzieren. Behalten Sie die tägliche Kalorien- und Fettmenge im Auge und rechnen Sie jeden Tag den Prozentsatz aus. Im Laufe der Zeit können Sie Ihre Fortschritte anhand dieser Tabelle genau ablesen.

Bitten Sie andere um Feedback. Die dritte Möglichkeit besteht darin, daß Sie andere bitten, Ihr Verhalten in bestimmten Situa-

tionen zu beobachten. Stellen Sie anschließend Fragen darüber,
wie gut Sie hinsichtlich Ihres Ziels abgeschnitten haben.

Ich werde häufig darum gebeten, den Sportlern dabei zu helfen, in Streßsituationen mehr Selbstkontrolle zu entwickeln.
Eine Tennisspielerin knallte beispielsweise ihren Schläger auf
den Boden, fluchte wie ein Rohrspatz oder schlug den Ball wutentbrannt gegen den Zaun, wenn sie schlecht spielte. Ich bat
deshalb ihre Trainingspartner, darauf zu achten, wie oft sie
während des Spiels derart ungestüm Dampf abließ. Sie bat dann
eine Freundin, beim Training zuzusehen und solche negativen
Verhaltensweisen genau zu registrieren. Die Rückmeldungen
waren für die Sportlerin sehr nützlich, die überrascht war, wie
häufig sie die Kontrolle verlor.

Nehmen wir ein anderes Beispiel: Eine Frau, die sehr ehrgeizig und erfolgreich in ihrem Beruf war, setzte sich zum Ziel, ihre Teamfähigkeit zu verbessern. Sie bat zwei Kolleginnen, ihr
nach den Mitarbeiterbesprechungen Rückmeldung darüber zu
geben, wie oft sie sich zu Wort gemeldet und der Gruppe eigene Ideen vorgetragen hatte. Bitten auch Sie Ihre Kollegen und
Mitarbeiter, Ihnen konkrete Informationen über Ihre Leistungen
zu geben. Ein vages »Heute sind Sie aber gut in Form!« ist nicht
annähernd so hilfreich wie »Ich fand Ihre beiden Ideen zum
McKinley-Projekt hervorragend. Aber ist Ihnen aufgefallen, daß
Sie gar nichts gesagt haben, als es um unsere neue Marketing-
strategie ging?« Je konkreter die Rückmeldungen, desto leichter
finden Sie Möglichkeiten, Ihre Leistungen zu verbessern.

Coaching. Ein Coach sollte sich darauf verstehen, ein gutes
Feedback zu geben. Bei Olympischen Spielen ist die Qualität des
Trainings der entscheidendste Faktor für die Leistungssteige-
rung der Athleten. Ein guter Coach weist nicht nur auf Fehler
hin, sondern zeigt den Athleten auch, wie sie diese in Zukunft
korrigieren können.

Wer könnte Ihnen als »Coach« dienen? Wer ist imstande, Sie
darauf aufmerksam zu machen, daß Sie sich auf dem Holzweg
befinden, und Ihnen gleichzeitig zu sagen, wie Sie wieder auf

den richtigen Kurs einschwenken? Athleten können ohne Coaching »einpacken«. Sie wissen, daß es anderen aus der Distanz oft leichter fällt, Fehler aufzuspüren.

Nun kennen Sie also die fünf grundlegenden Schritte, die Ihnen die Entwicklung aktionsorientierter Ziele erleichtern. Wenn Sie diese Prinzipien anwenden, werden Sie die Gewohnheit, sich über Ergebnisse den Kopf zu zerbrechen, ändern und statt dessen die Fähigkeit entwickeln, Ihre Aufgaben effektiv zu erledigen.

Damit Sie eine Vorstellung davon bekommen, wie diese Strategie in der Praxis funktioniert, werde ich Ihnen nun schildern, wie sie einer Radsportmannschaft der Weltelite bei der Verwirklichung ihrer Ziele geholfen hat. Zunächst hatte sich das Team ergebnisorientierte Ziele gesetzt, die leistungshemmend wirkten. Aber mit Hilfe der fünf Schritte zur Umsetzung der Strategie konzentrierten sie sich zunehmend auf die Aktivitäten, die für eine Leistungsverbesserung notwendig waren.

Von der Ergebnis- zur Aktionsorientierung: ein Beispiel aus der Welt des Radsports

Wenn ich mit Sportlern arbeite, bitte ich sie anfangs oft, mir ihre Ziele für das kommende Jahr aufzulisten. Hier sind die Ziele, die sich eine Gruppe junger Radrennfahrer gesetzt hatte:

- Den US-Rekord bei den diesjährigen Meisterschaften brechen
- Sich für die Juniorenmannschaft qualifizieren, die an der Weltmeisterschaft teilnehmen wird
- Das Rennen bei den Ausscheidungskämpfen der Junioren für die Weltmeisterschaft im Einzelfahren gewinnen
- Bei den diesjährigen Meisterschaften John X schlagen
- Abnehmen

Dies war eine beeindruckende Liste voller ergebnisorientierter Ziele von einer Gruppe hochmotivierter junger Athleten. Aber daraus ließ sich nicht ersehen, wie die Ziele umgesetzt werden könnten.

Lesen Sie nun die Liste, die eine Woche später von derselben Gruppe mit Hilfe der fünf aktionsorientierten Schritte erstellt wurde:

- Den ganzen nächsten Monat lang an jedem dritten Tag auf Schnelligkeit trainieren, um für Aufholjagden und Endspurt in Topform zu sein.
- An meiner Angst arbeiten, als Schlußlicht im Pulk fahren zu müssen. Jeden Tag 15 Minuten lang Entspannungsübungen machen, um ruhig zu bleiben. Im nächsten Monat das Gelernte im Training umsetzen. Im März die Strategien im Wettkampf anwenden.
- Gemeinsam mit meinem Trainer überlegen, welche Zeit ich fahren muß, um dieses Jahr das Einzel bei den Ausscheidungen für die Juniorenweltmeisterschaft zu gewinnen. Ziele für monatliche Zeitverbesserungen setzen. Ein Trainingsprogramm ausarbeiten, das mir hilft, diese Etappenziele zu erreichen; an meinem Erfolgskonzept festhalten.
- Herausfinden, warum John X in den letzten beiden Jahren besser war als ich. Mit dem Trainer und Mannschaftskollegen sprechen. Eine Liste mit den verbesserungsbedürftigen Bereichen erstellen und für jeden einen Trainingsplan aufstellen. Mit zwei Hauptzielen beginnen. Außerdem meine Stärken notieren und mich jeden Tag bewußt daran erinnern.
- Mich von einer Ernährungsexpertin beraten und mir einen Diätplan ausarbeiten lassen. Ich brauche eine Kost, die meinem Energie- und Muskelaufbaubedarf gerecht wird, aber gleichzeitig das Körperfett reduziert. Meine Mutter und meinen Vater bitten, mir zu helfen, den Diätplan einzuhalten.

Die neu formulierten Ziele der Radsportler sind für die praktische Umsetzung wesentlich aufschlußreicher und weniger auf die Ergebnisse fixiert.

Die folgende Checkliste soll Ihnen helfen, wirksame, aktionsorientierte Ziele zu stecken. Sie können damit jede Zielvorstellung überprüfen.

Checkliste für aktionsorientierte Ziele

Gehen wir nun noch einmal zu den »wichtigen Zielen in Ihrem Leben« zurück, die Sie zu Beginn des Kapitels schriftlich festgehalten haben. Versuchen wir nun gemeinsam, sie zu möglichst hilfreichen Zielen umzugestalten.

Stellen Sie sich zu jedem Ziel die folgenden Fragen. Wenn es sich tatsächlich um ein aktionsorientiertes Ziel handelt, werden Sie sämtliche Fragen mit »ja« beantworten können.

- Sind in Ihrem Ziel Maßnahmen beschrieben, die Sie ergreifen müssen? (Schritt 1)
- Ist ein Zeitrahmen mit Ihrem Ziel verbunden? (Schritt 2)
- Stellt Ihr Ziel eine echte Herausforderung dar? (Schritt 3)
- Haben Sie Ihr Ziel positiv formuliert? (Schritt 4)
- Können Sie regelmäßig ein Feedback über Ihre Fortschritte erhalten? (Schritt 5)

Falls Sie eine dieser Fragen mit »nein« beantwortet haben, sollten Sie Ihr Ziel noch einmal genau prüfen. Verändern Sie es so, daß Sie auch diese Frage mit »ja« beantworten können. Wie viele von den fünf Fragen haben Sie mit »ja« beantworten können?

Lassen Sie den Kopf nicht hängen, wenn Sie beim ersten Anlauf nicht alle geschafft haben. Selbst den Erfolgreichsten gelingt es nicht immer, ihren Blick ausschließlich auf die Maßnahmen zu richten, die zum Ziel führen. Wenn Sie das Gefühl haben, in einer Sackgasse zu stecken, sollten Sie Freunde um Rat bitten.

Benutzen Sie diese Liste immer dann, wenn Sie sich ein wichtiges Ziel setzen. Wenn Sie einmal Übung darin haben, werden Ihnen die aktionsorientierten Prinzipien in Fleisch und Blut übergehen.

Es ist nichts dagegen einzuwenden, die Ergebnisse im Auge zu behalten. Sie sollten sich lediglich immer wieder vor Augen führen, wie Sie diese erzielen! Am Ende meiner Workshops wollen die Teilnehmer manchmal wissen, ob Aktionsorientierung bedeutet, die Ergebnisse völlig außer acht zu lassen. Eine solche Frage ist für mich ein gefundenes Fressen, um darauf hinzuweisen, daß unser Streben nach guten Ergebnissen zu den grundlegenden Eigenschaften des Menschen zählt. Unsere Träume, Sehnsüchte, Wünsche und Bedürfnisse sind letztlich das Salz in der Suppe. Der Unterschied zwischen den Menschen, die ihre Wünsche verwirklichen, und jenen, die ihnen ständig vergebens hinterherjagen, besteht in der Fähigkeit, vom Wunsch zur Tat zu schreiten. Ich hoffe, daß Sie das folgende Fallbeispiel anregend und aufschlußreich finden. Es zeigt, welche Kraft die Aktionsorientierung in der Praxis haben kann.

Lynns unerwartete Medaille

Während der Olympischen Sommerspiele 1992 in Barcelona erhielt ich einen Anruf von einer Sportlerin, mit der ich schon mehrmals zusammengearbeitet hatte. Lynn gehörte zu den Veteranen in ihrer Disziplin. Für die 29jährige hatte sich mit der Qualifikation für die Olympiamannschaft ein lebenslanger Traum erfüllt. Obwohl Lynn eine sehr gute Athletin war und in den USA zur Elite zählte, hatte sie auf internationaler Ebene bisher keinen großen Erfolg gehabt. Um der Wahrheit die Ehre zu geben, ihre beste Plazierung in einem wichtigen internationalen Wettkampf war der zehnte Platz gewesen. Als sie den Sprung ins Olympische Team schaffte, wollte ein Reporter einer namhaften Sportzeitschrift sogar von ihr wissen, ob sie nicht lieber freiwillig zurücktreten und damit einer jüngeren Sportlerin die Chance geben wolle, Erfahrungen bei einer Olympiade zu sammeln.

Als Lynn sich mit mir in Verbindung setzte, war sie freudig erregt, aber auch ziemlich verwirrt. Nach dem ersten Wettkampftag – sie würde nur noch in einem weiteren Rennen starten – war sie auf Platz drei. Das Ergebnis hatte ihre kühnsten Erwartungen übertroffen, und alle redeten nur noch von der Medaille, die in greifbare Nähe gerückt war und ein krönender Abschluß ihrer langjährigen sportlichen Laufbahn wäre. Doch immer, wenn Lynn an ihre Medaillenchancen dachte, geriet sie in Panik. »Was soll ich bloß tun?« fragte sie verzweifelt. »Ich kann nur noch an die Medaille denken, aber das verstärkt mein Lampenfieber, so daß ich überhaupt nicht mehr imstande bin, mich auf den morgigen Kampf zu konzentrieren.«

Kennen auch Sie dieses Gefühl? Sie haben sich ein Ziel gesetzt, das Ihnen viel bedeutet, und während es näherrückt, wächst Ihre innere Unruhe. Ihr Kopf sagt Ihnen: Je nervöser ich werde, desto geringer ist die Wahrscheinlichkeit, daß sich mein Wunsch erfüllt, aber Sie können nichts dagegen tun. Lynn befand sich in einer solchen Zwangslage. Während unseres Gesprächs merkte ich, daß es ihr nicht helfen würde, Entspannungsübungen zu machen. Der Wunsch, ihren langgehegten Traum zu verwirklichen, war so stark, daß sie an nichts anderes mehr denken konnte. Deshalb bat ich Lynn, zunächst ein paarmal tief durchzuatmen und mir dann ruhig zu sagen, was eine Olympische Medaille für sie bedeutete.

Ich bat sie, sich auszumalen, daß sie wirklich eine Medaille gewonnen hatte und wie sich ihr Leben dadurch verändern würde. Anfangs war Lynn zu nervös, um sich dieses Szenario vorzustellen. Aber nach und nach gelang es ihr, und sie erzählte mir von dem Stolz und der Genugtuung, die sie als eine der weltbesten Sportlerinnen in ihrer Disziplin empfinden würde. Die Medaille würde ihr nicht nur Ruhm und Anerkennung einbringen, sondern auch eine wichtige Hilfe in ihrer weiteren Laufbahn sein. Sie könne in dem Fall wesentlich mehr Geld durch Werbung und die Teilnahme an Schauveranstaltungen verdienen.

Lynn hatte sich immer gewünscht, als Sportreporterin bei einem Fernsehsender zu arbeiten; und eine olympische Medaille würde ihr die Aufmerksamkeit verschaffen, die sie als Sprungbrett brauchte. Und dazu kam, was vielleicht am wichtigsten war, daß die Medaille eine wundervolle Belohnung für die jahrelange harte Arbeit und die zahlreichen Opfer war, die sie gebracht hatte. Auch ihre Familie würde sehr glücklich darüber sein, durch ihre stetige Unterstützung ebenfalls etwas zum Olympiasieg beigetragen zu haben.

Während Lynn über die Medaille sprach, änderte sich ihre Denk-weise. Bisher hatte sie sich eingeredet: Das kann nicht wahr sein, wahrscheinlich träume ich. Ich bin nahe dran, eine Medaille zu gewinnen, aber ich kann es trotzdem nicht glauben. Am besten schlage ich mir solche Flausen gleich aus dem Kopf; da wird so-wieso nichts draus. *Und nach unserem Gespräch war sie zu der Schlußfolgerung gelangt:* Ich habe lange und hart gearbeitet. Ich habe mir die Medaille redlich verdient, und es würde mir eini-ge handfeste Vorteile bringen, morgen zu gewinnen.

Als Lynn versuchte, sich den Gedanken an die Medaille aus dem Kopf zu schlagen, redete sie sich in Wirklichkeit ein, daß ein solcher Er-folg außerhalb ihrer Reichweite lag, daß sich ihr Wunsch nie im Leben erfüllen würde. Diese negative Haltung würde sie im Wettkampf nicht weiterbringen, deshalb bat ich sie, sich vorzustellen, sie habe die Me-daille bereits gewonnen. Meine nächste Frage lautete dann, wie sie es anstellen wollte, morgen auf das Siegertreppchen zu gelangen.

Als Lynn darüber nachdachte, wurde ihr klar, was sie tun mußte. Sie wollte diese Medaille wirklich gewinnen. Es war an der Zeit, Nägel mit Köpfen zu machen. Lynn mußte nun aktionsorientiert denken und sich auf die Elemente konzentrieren, die ihren Erfolg förderten.

Aus früheren Erfahrungen wußte sie, daß ihre Leistungen immer zu wünschen übrigließen, wenn sie Lampenfieber bekam. Deshalb würde sie vor dem Start einige kurze Entspannungsübungen machen, um ihren Pulsschlag zu senken und gleichmäßig zu atmen. Da Lynn mit mir und einem Sportpsychologen in ihrer Heimatstadt an der Ent-wicklung ihrer physischen und mentalen Fähigkeiten gearbeitet hatte, war sie zuversichtlich, sich auch unter Streß auf sie zu besinnen. Sie würde sich vorstellen, daß sie sich zu Hause mit ihrem eigenen Trainer auf einen Wettbewerb vorbereitete. Das half ihr dabei, sich zu ent-spannen und sicher zu fühlen. Wir sprachen darüber, daß sie ihr Er-folgskonzept aus dem Training auch im Wettkampf beibehalten und ge-nau das tun sollte, was sie gelernt hatte. Wir hatten nicht mehr als ei-ne halbe Stunde telefoniert, aber am Ende merkte ich, daß Lynn mit Selbstvertrauen und Optimismus in die Endausscheidung ging.

Am nächsten Tag war ich doppelt nervös, als ich den Wettkampf im Fernsehen verfolgte; Lynn erbrachte eine absolute Spitzenleistung, oh-

ne das leiseste Anzeichen von Nervosität. Sie erzielte mit Abstand das beste Tagesergebnis, und sie erhielt die Goldmedaille nur deshalb nicht, weil die Nummer eins einen Punktevorsprung hatte, der nicht mehr einzuholen war. Ich mußte mit den Tränen kämpfen, als man ihr die Silbermedaille um den Hals hängte; ich wußte, was dieser Augenblick für sie bedeutete.

Lynns Geschichte zeigt, daß unser Streben nach guten Ergebnissen ganz natürlich ist und nicht mit der Fähigkeit kollidieren muß, den Blick auf den Weg zum Ziel zu richten. Doch wenn der Zeitpunkt gekommen ist, Spitzenleistungen zu erbringen, sollte man dieses innere Bedürfnis für den Augenblick hintanstellen, sich sammeln und sich auf die Schritte konzentrieren, die für die Bewältigung der bevorstehenden Aufgabe unabdingbar sind. Denken Sie ruhig an die Ergebnisse, aber vergessen Sie darüber nicht, was Sie tun müssen, um sie zu erzielen.

Tips zur Entwicklung aktionsorientierter Ziele

Am Schluß des Kapitels möchte ich auf einige Einwände eingehen, die gelegentlich vorgebracht werden, wenn es um die Fähigkeit geht, sich aktionsorientierte Ziele zu setzen.

- **Das dauert mir viel zu lange. Mir fehlt die Zeit zu überlegen, welche Ziele ich mir setzen soll.** Tatsache ist, daß Sie sogar eine Menge Zeit sparen, wenn Sie sich jeden Tag bestimmte Ziele setzen. Da aktionsorientierte Ziele ein hervorragendes Leitsystem abgeben, das Ihnen hilft, auf dem angepeilten Kurs zu bleiben, wissen Sie genau, was Sie jeden Tag tun müssen. Statt Zeit mit der vagen Frage zu verschwenden: ›Wie soll ich das bloß schaffen?‹, machen Sie sich schnurstracks an die Aufgabe, die es zu bewältigen gilt.
- **Ich habe schon früher vergeblich versucht, mir Ziele zu setzen und mich daran zu halten. Wahrscheinlich geht es auch dieses Mal wieder schief.** Da Sie inzwischen wissen, daß Sie jeden Tag aktionsorientierte Zwischenziele anvisieren müs-

sen, werden Sie gar nicht umhin können, sie zu erreichen. Sie haben diese Etappenziele voll unter Kontrolle, und wenn Sie die entsprechende Zeit und Mühe aufwenden, werden Sie mit Sicherheit auch Ihr Endziel verwirklichen. Andernfalls sollten Sie noch einmal einen kritischen Blick auf Ihre Ziele werfen, um zu sehen, wo Ihnen ein Fehler unterlaufen ist. Vielleicht war das Ziel zu vage formuliert oder für den Anfang zu hoch gesteckt. Ändern Sie es; beim zweiten Anlauf klappt es bestimmt.

• **Wenn andere merken, daß ich mir Ziele gesetzt habe, blamiere ich mich, wenn ich sie nicht erreiche.** Man braucht Mut, um sich klare Ziele im Leben zu setzen und damit nicht hinter dem Berg zu halten. Aber das ist der einzige Weg, der zu Erfolg und persönlichen Bestleistungen führt. Und sobald Sie gelernt haben, sich aktionsorientierte Ziele zu setzen, die Ihnen wichtig sind, werden Sie merken, daß sich Ihre Angst vor einem Mißerfolg merklich verringert. Ihre aktionsorientierten Ziele bringen Ihnen Tag für Tag kleine Erfolge, und Sie werden merken, daß Sie Ihren langfristigen Zielen ständig ein Stück näherkommen.

Selbst wenn Sie bei einigen Ihrer langfristigen Ziele hinter den Erwartungen zurückbleiben, wird die lange Liste Ihrer Erfolge und Bestleistungen für sich selbst sprechen. Sobald Ihnen die Fähigkeit, sich bei der Verfolgung Ihrer Ziele ausschließlich auf die notwendigen Maßnahmen zu konzentrieren, in Fleisch und Blut übergegangen ist, werden Sie aufhören, sich mit anderen zu vergleichen. Die einzige Meßlatte, die Sie dann anlegen, besteht aus Ihren Fortschritten bei der Verwirklichung Ihrer eigenen aktionsorientierten Ziele.

• **Ich bin ein Mensch, der nicht viel von starren Strukturen hält. Ich bin lieber spontan.** Viele Sportler, mit denen ich zusammengearbeitet habe, waren der Meinung, man müsse selbst gut organisiert sein, um die Zielvorstellungen erfolgreich umsetzen zu können. Da ihnen dieses Organisationstalent angeblich fehlt, glauben sie nicht daran, daß sie ihre Ziele konsequent verfolgen werden. Tatsache ist, daß ich bereits mit allen möglichen Menschen gearbeitet habe – egal ob jemand gut oder schlecht organisiert ist, jeder kann lernen, Ziele zu setzen und zu erreichen.

Eine Reihe von Wochenzielen festzulegen bedeutet nicht, daß Sie sich stur an einen bestimmten Tagesablauf halten müssen, daß jede Minute verplant ist. Es dauert nicht länger als ein paar Minuten, jeden Abend zu überprüfen, inwieweit Sie die Ziele für den Tag verwirklichen konnten, und die Ziele für den nächsten Tag zu notieren. Und es genügt, wenn Sie einmal pro Woche 15 bis 30 Minuten erübrigen, um einen Plan für die nächste Woche zu erstellen. Falls Sie keine Lust haben, die Ziele schriftlich festzuhalten, dann lassen Sie's eben. Denken Sie einfach eine Weile konzentriert darüber nach, was Sie erreichen oder welche Probleme Sie lösen wollen. Und dann packen Sie's an!

- **Bedeutet Aktionsorientierung, daß ich nicht an die Ergebnisse denken soll?** Nutzen Sie Ihren Wunsch, gute Ergebnisse zu erzielen, als Motivationshilfe. Warum hat einer meiner Klienten, ein Judoka namens Jeff, die letzten zehn Jahre seines Lebens diesem Kampfsport gewidmet und sowohl seine Berufsausbildung als auch seine persönlichen Beziehungen auf Sparflamme gehalten, um das anstrengende tägliche Training zu absolvieren? Weil er den brennenden Wunsch hat, an einer Olympiade teilzunehmen und eine Goldmedaille zu gewinnen. Es gibt viele Momente, in denen Jeff sich daran erinnern muß, warum er bereit ist, so hart zu trainieren und so viele Opfer zu bringen. Aber immer, wenn er sich schlecht fühlt, spornt ihn der Gedanke an die Goldmedaille wieder an.

Nutzen Sie den Wunsch, gute Ergebnisse zu erzielen, auf ebenso konstruktive Weise. Wenn Sie sich einmal ausgelaugt oder entmutigt fühlen, malen Sie sich das Ziel aus, das Sie anstreben. Denken Sie an die Ausbildung, die Sie Ihren Kindern ermöglichen möchten, an das eigene Haus, das Ihnen vorschwebt, oder an Ihren Traumurlaub. Das Bild wird Ihre Antriebskraft stärken, so daß Sie Ihr Ziel trotz aller Widrigkeiten unbeirrt weiterverfolgen.

Wenn Sie das Prinzip der aktionsorientierten Ziele verstanden haben, erreichen Sie Ergebnisse, die Sie in Ihrem Leben anstreben, auf wesentlich effektivere Weise. Lernen Sie von den besten Sportlern der Welt, die die Kunst, erfolgreich zu sein, für sich entdeckt haben. Gehen Sie fest davon aus, daß Sie Erfolg haben werden. Zerbrechen Sie sich nicht den Kopf über die Endergebnisse. Konzentrieren Sie sich auf die Maßnahmen, die Sie zum Ziel führen. Alles hängt nun allein von Ihnen ab.

Zusammenfassung

Wie Sie aktionsorientierte Ziele entwickeln

Schritt 1: Konzentrieren Sie sich auf konkrete, gezielte Aktivitäten

Schritt 2: Setzen Sie sich Tages- und Wochenziele als Trittsteine für langfristige Ziele

Schritt 3: Stecken Sie Ihre Ziele lieber zu hoch als zu niedrig

Schritt 4: Formulieren Sie Ihre Ziele klar und positiv

Schritt 5: Lassen Sie sich regelmäßig ein Feedback über Ihre Leistungen geben

Kreatives Denken:
Nutzen Sie die Macht der Phantasie

1956 stürzte die Eiskunstläuferin Tenley Albright beim Training für die Winterolympiade in Cortina und zog sich eine schwere Verletzung zu. Die Kufe des linken Schlittschuhs schlitzte ihr den rechten Knöchel bis auf den Knochen auf. Tenleys Vater, ein Chirurg, nähte die Wunde. Das große Ereignis stand in weniger als zwei Wochen vor der Tür, und infolge der Verletzung konnte Tenley nicht trainieren. Sie wußte nicht, ob sie überhaupt imstande sein würde, an den Spielen teilzunehmen. Und wenn ja, dann würde sie ohne das übliche intensive Training und die Wettkampfvorbereitungen antreten müssen. In der Zwischenzeit ließ Tenley den Ablauf ihrer Kür immer wieder vor ihrem inneren Auge Revue passieren und prägte sich jeden Bewegungsablauf genau ein.

»Mir war nie der Gedanke gekommen, daß ich nicht mitmachen würde«, erinnerte sich Tenley. »Obwohl ich mit dem verletzten Knöchel noch wenige Tage vor Beginn der Spiele nicht einmal richtig auftreten konnte, hatte ich irgendwie das Gefühl, gut in Form zu sein. Inzwischen weiß ich, daß es an den Visualisierungsübungen lag, die ja inzwischen zum Trainingsprogramm der Eisläuferinnen gehören. Damals waren wir hinsichtlich der mentalen Vorbereitung auf reines Erfahrungslernen angewiesen, mußten also durch Versuch und Irrtum den richtigen Weg für uns selbst finden.« Durch die Visualisierung ihrer Kür war Tenley in der Lage, ihren Vorsprung aus dem Pflichtprogramm zu halten. Ohne Training und mit verletztem Knöchel gewann sie die Goldmedaille im Eiskunstlauf der Damen bei den Olympischen Winterspielen 1956. Später studierte sie Medizin an der Harvard Medical School und wurde selbst Chirurgin.

Was ist kreatives Denken?

Kreatives Denken ist die Fähigkeit, die Umsetzung von Zielen mit Hilfe der Vorstellungskraft zu fördern. Viele Menschen glauben, daß sie zu wenig Phantasie haben; ich habe jedoch immer wieder festgestellt, daß jeder Mensch in der Lage ist, schöpferisch und kreativ zu denken. Leider nutzen die meisten dieses Potential viel zu wenig, das vor allem bei der Bewältigung »wichtiger« Aufgaben, zum Beispiel in der Schule oder im Beruf, eine große Hilfe sein kann. Wenn Sie lernen, Ihre Vorstellungskraft regelmäßig zu nutzen, halten Sie einen weiteren Schlüssel zu Ihren persönlichen Bestleistungen in den Händen.

Kreatives Denken bedeutet nicht, daß man im üblichen Wortsinn »kreativ« sein muß. Es geht dabei nicht unbedingt darum, ein Meisterwerk auf die Leinwand zu zaubern oder eine bahnbrechende neue Technologie zu erfinden. Kreatives Denken heißt einfach, Phantasie und Intuition anstelle von Sprache und Logik einzusetzen. Da der Bildungssektor vor allem das analytische Denken betont, werden unsere kreativen Fähigkeiten nicht selten vernachlässigt. Wenn Sie lernen, dieses kreative Potential zu nutzen, werden Sie verblüffende Unterschiede in Ihrem Leistungsniveau bemerken. Visualisierung und das mentale Einprägen schwieriger Situationen kommen Ihrer Leistung wesentlich mehr zugute, als etwas stur immer und immer wieder zu üben.

Lernen Sie, kreativ zu denken

Sportler wenden die Technik des kreativen Denkens aus mehreren Gründen an. Sie hilft ihnen beim Einprägen von Bewegungsabläufen, bei der Planung ihrer Wettkampfstrategie, bei der Entspannung in Streßsituationen und bei der Bewältigung von Problemen und Rückschlägen. Meine Erfahrung hat mir gezeigt, daß jeder lernen kann, die eigenen Leistungen mit Hilfe der Vorstellungskraft zu verbessern.

Auf den nächsten Seiten werde ich Ihnen erklären, wie auch Sie Ihre Vorstellungskraft sowie Ihre Fähigkeit zu kreativem Denken entwickeln können. Wichtig sind dabei die folgenden drei Schritte:

Kreatives Denken

Schritt 1: Entwickeln Sie Ihre Vorstellungskraft
Schritt 2: Malen Sie sich aus, wie Sie Ihre Ziele erreichen
• Vorausplanen
• Phantasievoll lernen
• Problemlösungen visualisieren
Schritt 3: Entwickeln Sie ein erfolgreiches Selbstbild.

Sobald Sie diese drei Schritte beherrschen, verfügen Sie über ein ungeheuer wirkungsvolles Instrument, das Ihnen dabei hilft, Ihr Potential im Leben voll auszuschöpfen.

Schritt 1: Entwickeln Sie Ihre Vorstellungskraft

Der erste Schritt zum erfolgreichen Visualisieren besteht darin, zu lernen, die Bilder, die in der Vorstellung entstehen, so lebendig, realistisch und detailliert wie möglich zu gestalten. Das gelingt Ihnen am besten, wenn Sie sämtliche Sinneswahrnehmungen in den Prozeß einbeziehen. Beginnen wir mit dem Sehvermögen.

Sehvermögen

Die Fähigkeit, visuelle Bilder zu entwickeln, ist sehr unterschiedlich ausgeprägt. Manche Menschen können sich dreidimensionale Bilder mit lebhaften Farben und zahllosen Einzelheiten vorstellen. Andere müssen sich auf vage Umrisse ohne Farben oder Details beschränken. Aber diese Fähigkeit läßt sich, wenn man bewußt daran arbeitet, bei jedem Menschen merklich verbessern, und das gilt auch für Sie.

Beginnen wir mit einer Übung, einem Vorstellungsbild, das Sie Ihren wichtigen Zielen im Leben ein Stück näherbringt. Nehmen Sie sich ein paar Minuten Zeit, um zu überlegen, wie Ihr Traumhaus aussehen könnte. Schließen Sie nun die Augen; malen Sie sich genau aus, wie das Haus, in dem Sie heute in fünf Jahren wohnen möchten, innen aussehen soll. Rufen Sie Erinnerungen aus Ihrem Gedächtnis ab, um ein möglichst reales Bild von der Innendekoration Ihres künftigen Domizils zu zeichnen. Denken Sie an raffinierte Raumaufteilungen und Einrichtungsgegenstände, die Sie irgendwann einmal gesehen und bewundert haben, und gestalten Sie Ihre eigenen vier Wände nach diesem Muster.

Malen Sie sich jetzt die Außenansicht Ihres Traumhauses aus. Sehen Sie die Farbe und Struktur der Wände und des Daches so klar vor sich, wie Sie nur können. Ist das Haus aus Ziegeln oder aus Holz erbaut? Handelt es sich um ein Reihenhaus in einer größeren Wohnanlage oder um ein freistehendes Haus? Wie viele Stockwerke hat es? Achten Sie auch auf die Einzelheiten, zum Beispiel auf charakteristische Merkmale von Türen und Fenstern. Als nächstes schlendern Sie um Ihr Haus herum, um es aus unterschiedlichen Blickwinkeln zu betrachten. Dann stellen Sie sich vor, wie Sie die Tür aufsperren und über die Schwelle treten. Wie sehen Schlafzimmer, Wohnzimmer und Küche aus? Was ist Ihnen bei Ihrem Traumhaus besonders wichtig? Eine Terrasse, ein Whirlpool oder eine große, moderne Küche? Statten Sie das Bild mit den gewünschten Details aus und konzentrieren Sie sich darauf, sie plastisch vor sich zu sehen. Und wie kommen Sie mit dieser Übung zurecht? Loben Sie sich selbst ein bißchen, wenn es Ihnen gelungen ist, sich das Haus vorzustellen.

Als nächstes üben Sie, sich selbst in diese Szene hineinzuversetzen, und zwar mit allem Drum und Dran, so als befänden Sie sich wirklich mitten im Geschehen. Vielleicht haben Sie das gerade schon instinktiv getan. Wenn nicht, dann stellen Sie sich nun vor, wie Sie durch Ihr neues Haus gehen. Was sehen Sie, wenn Sie um sich blicken? Welche Landschaft breitet sich vor den Fenstern aus? Wohnen Sie in einer friedlichen ländlichen Idylle oder in einem geschäftigen Viertel im Zentrum einer Großstadt? Kommt es Ihnen realistisch vor, daß Sie sich in Ihrem Haus aufhalten? Wenn Sie Ihre Vorstellung noch intensivieren wollen, sollten Sie sich stärker auf die Details konzentrieren, von denen Sie während Ihres Spaziergangs durch das Haus umgeben sind. Später schließen Sie dann die Augen und versuchen, sich diese Details genau ins Gedächtnis zurückzurufen. Üben Sie so lange, bis Sie sich die Szenerie genau vorstellen können.

Gehörsinn

Die Fähigkeit, Bilder vor unserem inneren Auge zu sehen, ist nur ein Teil dessen, was unsere Vorstellungskraft vermag. Spitzensportler machen auch von anderen Sinneswahrnehmungen Gebrauch, und bei einigen sind diese sogar stärker ausgeprägt und dynamischer als die visuellen Eindrücke. Viele Menschen sind in der Lage, während einer Visualisierungsübung Geräusche wahrzunehmen. Probieren Sie es einmal aus. Können Sie sich die Stimme eines Menschen ins Gedächtnis rufen, den Sie sehr gut kennen? Können Sie hören, was diese Person sagt? Achten Sie auf das Klangmuster, die Höhen und Tiefen des Tonfalls.

Musik kann eine Visualisierungsübung in besonderem Maße beleben. Ich habe einmal mit einem Bogenschützen gearbeitet, der sich während der Pausen in einem Meisterschaftskampf vorstellte, seine Lieblingspassagen aus einer Beethoven-Symphonie zu hören. Die Musik hatte eine entspannende Wirkung auf ihn und vermittelte ihm das Gefühl innerer Stärke. Viele Sportler hören heute vor oder während eines Wettbewerbs Musik, die Sie gerne mögen, um innerlich ruhig zu werden oder um sich in Wettkampfstimmung zu bringen.

Geruchssinn

Der Geruchssinn kann sehr intensive Bilder hervorrufen. Können Sie sich auf Anhieb an eine Zeit oder einen Ort erinnern, die mit einem ganz bestimmten Duft verknüpft sind?

Ein Profi-Baseballspieler, mit dem ich gearbeitet habe, benutzte seinen Geruchssinn, um sich bestimmte Bewegungsabläufe beim Werfen mental einzuprägen. Der Geruch des frisch gemähten Rasens, der beißende Geruch von Tabaksaft, der herbe Geruch des Lederhandschuhs, alle diese Einzelheiten trugen dazu bei, sein mentales Bild besonders klar und lebendig zu gestalten.»Wenn ich es nicht riechen kann, bin ich auch nicht wirklich dort«, pflegte er zu sagen.

Tastsinn

Dieser Sinn kann ebenfalls eine breite Palette von Erinnerungen auslösen. Versuchen Sie einmal, sich ein Bild ins Gedächtnis zurückzurufen, das mit taktilen Reizen verbunden ist.

Vielleicht fällt Ihnen ein Nachmittag am Strand ein: Sie spüren wieder, wie Ihnen der feinkörnige Sand durch die Finger rinnt, jemand reibt Ihnen Rücken und Schultern mit Sonnenöl ein. Vielleicht werden durch diese Vorstellung automatisch noch weitere Erinnerungen wachgerufen, die damit in Zusammenhang stehen, wie zum Beispiel der Geruch der Sonnenlotion oder der salzigen Gischt.

Eine Eiskunstlaufmeisterin stützte sich bei ihren Visualisierungsübungen vor einem Wettbewerb vorwiegend auf ihren Tastsinn. Sie stellte sich vor, wie sich der Stoff eines neuen Eislaufkostüms auf der Haut anfühlt, wobei oft die Phantasie herhalten mußte, weil die Kostüme in der Regel erst eine oder zwei Wochen vor Beginn der Veranstaltung fertig waren. Sie spürte, wie sie ihre Schlittschuhe fest zuschnürte und dann steifbeinig auf den mit den Schonern versehenen Kufen lief. Dann malte sie sich die kalte, trockene Luft im Eisstadion aus und das knackende Eis unter den Kufen. Sie achtete besonders darauf, wie sich das Eis anfühlte, da dies eins der wichtigsten Dinge während ihrer Kür war. Die Vorstellung, wie sie mit kräftigen, fließenden Bewegungen über das Eis glitt, verlieh ihr vor wichtigen Wettkämpfen Zuversicht.

Geschmackssinn

Viele Sportler benutzen ihren Geschmackssinn, um intensivere Bilder zu erzeugen. Schwimmer verstärken das mentale Training, indem sie sich den Chlorgeschmack des Wassers ins Gedächtnis rufen. Ein mir bekannter Boxer bringt sich in Kampfstimmung, wenn er sich den Blutgeschmack in seinem Mund nach einem harten Schlag vorstellt. Läufer haben mir berichtet, daß sie sich bei der Vorbereitung auf ein schwieriges Rennen den Salzgeschmack auf der Haut vorstellen, wenn sie schweißüberströmt versuchen, ihr Tempo zu halten. Bei der Erkundung Ihrer Vorstellungskraft sollten Sie Situationen, die Sie im Geist entstehen lassen, auch durch Geschmackselemente verstärken.

Körpergefühl

Viele Sportler haben mir erzählt, daß die Erinnerung an das Gefühl, während der Körper einen bestimmten Bewegungsablauf vollzieht, für sie der wichtigste Teil jedes mentalen Trainings ist. Wissenschaftler sprechen von Kinästhesie, Sportler von »Körper- oder Bewegungsgefühl«.

Chuck, ein Golfprofi, vollzieht vor jedem Schlag ein einfaches Ritual. Sobald er seine Haltung und die Grifftechnik kontrolliert hat, malt er sich in allen Einzelheiten die gelungene Zielbewegung aus. Diese mentale Übung nimmt nur wenige Sekunden in Anspruch, aber sie erinnert ihn daran, wie sich der Schlag anfühlen muß, nämlich fließend, kräftig und schwungvoll. Wenn es gilt, den Schlag wirklich auszuführen, konzentriert er sich darauf, das gleiche Gefühl zu erzeugen. Es kostet ihn jedesmal ein wenig zusätzliche Zeit und Mühe, vor allem beim Training, aber Chuck verbucht dadurch konstant gute Leistungen und beachtliche Erfolge.

Das Gefühl in einem Rennen, einem Wettkampf oder auch nur einer bestimmten Bewegung in der Vorstellung nachzuempfinden, setzt unter Umständen voraus, daß man sich tatsächlich bewegt. Der Kajakfahrer und Goldmedaillengewinner Norm Bellingham berichtete einmal, daß er sich in Positur setzt und so tut, als ob er das Paddel halte, während er sich seine Strategie für ein bevorstehendes Rennen einprägt. Spitzensportler legen großen Wert darauf, das richtige Gefühl für ihre Technik zu entwickeln, damit sie ihre Disziplin perfekt beherrschen können. Um einen Sprung beim Seitpferdturnen oder beim Turmspringen unter dem Druck des Wettkampfs exakt auszuführen, muß der Sportler ein Gefühl für den optimalen Bewegungsablauf entwickelt haben. Erst dann weiß er genau, was er tun muß. Wenn er an einem Wettbewerb teilnimmt, versucht er, die Bewegung genauso auszuführen, wie er sie sich zuvor vorgestellt hat.

Wenn Sie die Technik des kreativen Denkens anwenden, um in Ihrem Leben ein höheres Leistungsniveau zu erreichen, müssen Sie als erstes ein Gespür dafür entwickeln, wie die Abläufe in Ihrem speziellen Bereich bestmöglich durchzuführen sind. Dieses Gefühl sollten Sie mental so oft nachvollziehen, bis es Ihnen in Fleisch und Blut übergegangen ist.

Die folgende Übung zeigt Ihnen, wie wichtig es ist, das gewisse Feeling als zusätzlichen Baustein in Ihr mentales Bild zu integrieren.

Statten Sie Ihre mentalen Bilder mit Gefühlsempfindungen aus

Setzen Sie sich bequem hin und schließen Sie die Augen. Im Idealfall bitten Sie jemanden, Ihnen den nachfolgenden Text vorzulesen.

Stellen Sie sich einen wunderschönen Herbsttag vor; sie joggen gerade eine Straße entlang, die an Ihrem Haus vorbeiführt. Sie tragen einen knallroten Trainingsanzug, und während des Laufens beobachten Sie, wie der Wind die Blätter von der Straße hochwirbelt und auf den Rasen Ihres Nachbarn bläst. Ein Mädchen auf einem Fahrrad überholt Sie, und Sie sehen, daß es Zeitungen austrägt. Es lächelt und winkt Ihnen zu. Als Sie weiterlaufen, weichen Sie einem Loch im Asphalt aus, dann nicken Sie einem anderen Jogger zu, der in entgegengesetzter Richtung an Ihnen vorüberläuft.

Nun beantworten Sie bitte zwei Fragen zu der Szene, die Sie sich gerade vorgestellt haben:
1. Wie real war das Geschehen für Sie? (Bewerten Sie diese Frage nach Punkten auf einer Skala von 1 bis 5. 1 = alles andere als real; 5 = sehr real.)
2. Wie gut konnten Sie sich in die Szene hineinversetzen? (1 = überhaupt nicht; 5 = sehr gut.)

So, und nun stellen Sie sich bitte eine andere Situation vor. Auch hier empfiehlt es sich wieder, ganz ruhig mit geschlossenen Augen dazusitzen und sich den Text vorlesen zu lassen.

Sie laufen an einem klirrend kalten Herbsttag die Straße entlang, die an Ihrem Haus vorbeiführt. Sie spüren, wie die eisige Luft in Ihrer Nase und in Ihrer Kehle beißt, während Sie in tiefen Zügen ein- und ausatmen. Stellen Sie sich vor, wie Sie mühelos und gleichmäßig dahinlaufen und wie sich nach und nach eine angenehme Mattigkeit in Ihrem Körper bemerkbar macht. Sie spüren, wie Ihr Herz klopft. Ihre Beinmuskulatur beginnt zu ermüden, vor allem in den Waden und Oberschenkeln. Spüren Sie bei jedem Schritt den harten Asphalt unter Ihren Füßen. Während Sie laufen, sammeln sich immer mehr Schweißperlen auf Ihrem Körper. Spüren Sie dem Gefühl des Trainingsanzugs auf Ihrer Haut nach, er ist warm und weich.

Und nun beantworten Sie die gleichen Fragen über diese Szene.

1. Wie real war das Geschehen für Sie? (Bewerten Sie diese Frage nach Punkten auf einer Skala von 1 bis 5. 1 = alles andere als real; 5 = sehr real.)
2. Wie gut konnten Sie sich in die Szene hineinversetzen? (1 = überhaupt nicht; 5 = sehr gut.)

Bei welcher Szene haben Sie besser abgeschnitten? 80 Prozent der von mir befragten Personen konnten sich die zweite Szene besser vorstellen und sich leichter in das Bild hineinversetzen. Der Unterschied zwischen den beiden Szenen besteht darin, daß sich die erste ausschließlich auf visuelle Bilder stützt, während in der zweiten Anregungen enthalten sind, die helfen, das Gefühl in dieser Situation nachzuempfinden. Wenn Sie solche Elemente in Ihre Visualisierungsübungen einbringen, werden die Bilder klarer, lebendiger und realer. Dieser Punkt ist auch für die Entwicklung der Fähigkeit zu kreativem Denken wichtig.

Kehren wir nun noch einmal zu Ihrer Traumhausvision zurück. Verbringen Sie ein paar Augenblicke in Ihrem Haus und nehmen Sie es diesmal mit allen Sinnen wahr. Wenn es Treppen in dem Haus gibt, dann gehen Sie diese nun hinauf. Spüren Sie, wie Ihre Muskeln arbeiten, während Sie eine Stufe nach der anderen hinaufgehen. Malen Sie sich aus, wie Sie sich auf ein weiches Bett legen, um auszuruhen. Entspannen Sie sich; spüren Sie, wie sich Ihre verspannten Muskeln lockern. Lassen Sie sich ein heißes Bad ein und genießen Sie das Wasser, eingehüllt in duftenden Badeschaum. Nutzen Sie alle Sinnesorgane, um diesem Bild von Ihrem Traumhaus Klarheit und Tiefe zu geben.

Wenn Sie Ihre Augen wieder öffnen, haben Sie eine genaue Vorstellung davon, wie das Haus aussehen sollte, in dem Sie gerne leben würden. Solche mentalen Bilder sind eine starke Motivationshilfe. Wenn Sie beispielsweise für ein Eigenheim sparen, kann die Visualisierung Ihres Ziels zusätzliche Energien mobilisieren, beispielsweise für Überstunden oder, falls Sie selbständig sind, für die Übernahme eines schwierigen Projekts, das gut bezahlt wird. Wenn Sie verschiedene Sinnes- und Körperempfindungen hinzufügen, werden die Bilder in ihrer Vorstellung wesentlich lebendiger.

Emotionen

Als Sie Ihre Vorstellung mit kinästhetischen Eindrücken ausgeschmückt haben, sind vielleicht verschiedene Gefühlsregungen in Ihnen geweckt worden. Das kommt häufig vor. Sobald Sie Übung im kreativen Denken haben, werden Sie feststellen, wie leicht es ist, sich starke emotionale Eindrücke ins Gedächtnis zurückzurufen. Manchmal kann es passieren, daß Sie diese Empfindungen noch einmal durchleben. Betrachten wir also die Rolle, die Emotionen für die Entwicklung der mentalen Bilder spielen.

Erinnern Sie sich an das Schönste, was Sie in letzter Zeit erlebt haben. Benutzen Sie sämtliche Sinneswahrnehmungen wie in der vorherigen Übung, um die Situation in Ihrer Vorstellung möglichst deutlich nachzuerleben. Wo waren Sie? Was geschah im einzelnen? Wer war noch dabei? Erinnern Sie sich an Geräusche, die untrennbar mit der Erinnerung verknüpft sind? Vergessen Sie nicht, das Bild mit kinästhetischen Eindrücken anschaulicher zu gestalten. Welche Körperempfindungen haben Sie damals registriert? Haben Sie sich bewegt?

Nun fügen wir dieser Szene die emotionale Komponente hinzu. Erinnern Sie sich daran, wie glücklich Sie waren. Konzentrieren Sie sich auf dieses Gefühl und lassen Sie es wieder aufleben. Steigen Sie in das Glücksgefühl ein wie in ein wundervolles warmes Bad und lassen Sie sich von den Wellen umspülen. Welche kinästhetischen Wahrnehmungen und Veränderungen stellen sich ein, während Sie dieses Glücksgefühl noch einmal heraufbeschwören? Spüren Sie, wie Ihr Herz heftig klopft? Merken Sie, wie neue Energie Sie durchströmt? Haben Sie ein Kribbeln im Bauch, oder sind Ihre Emotionen ganz anders geartet? Würden Sie am liebsten weinen vor lauter Glück? Vollziehen Sie diese Gefühle nach, für einen Moment oder länger.

Bevor wir fortfahren, möchte ich Ihnen eine Frage stellen. Was empfinden Sie in *ebendiesem Augenblick*? Wenn es Ihnen genauso ergeht wie den meisten meiner Klienten, hält das Glücksgefühl noch eine Weile an. Sie werden bemerken, daß auch die physischen Reaktionen, die mit diesem Gefühl verknüpft sind, bestehenbleiben. Diese Fähigkeit des Menschen, reale Gefühle mit Hilfe der Vorstellungskraft zu entwickeln, ist bemerkenswert. Sie kann dabei helfen, emotional aufgeladene und streßreiche Situationen erfolgreich zu meistern.

Stellen Sie sich Ihre Phantasie wie einen Muskel vor, sagen wir, den Bizeps. Wenn Sie Ihren Bizeps nie beanspruchen, ist er irgendwann schlaff und nicht mehr belastbar. Doch wenn Sie ihn fleißig trainieren, werden Sie bald Bäume ausreißen können. Das gleiche gilt für Ihre Phantasie. Je häufiger Sie Ihre Vorstellungskraft trainieren, desto stärker ist sie in Zeiten, wo Sie dringend darauf angewiesen sind. Der nächste Schritt wird Ihnen zeigen, wie Sie Ihr kreatives Potential praktisch ausschöpfen.

Schritt 2: Malen Sie sich aus, wie Sie Ihre Ziele erreichen

Nun, da Sie gelernt haben, Ihre Phantasie zu nutzen, wollen wir uns mit weiteren Anwendungsmöglichkeiten für diese Fähigkeit befassen. Kreatives Denken kann außerordentlich hilfreich bei der Verwirklichung Ihrer aktionsorientierten »wichtigen Ziele im Leben« sein. Drei Schritte helfen Ihnen, diese Ziele durch kreatives Denken zu verwirklichen:

• Vorausplanen
• Phantasievoll lernen
• Problemlösungen visualisieren

Mit wachsender Geschicklichkeit werden Sie noch zahlreiche zusätzliche Möglichkeiten entdecken, durch kreatives Denken den Erfolg vorzuprogrammieren.

Vorausplanen

Gustav Weder, der bekannte Schweizer Bobfahrer, erzählte mir von der Kraft der Phantasie, die er bei den Olympischen Spielen in Lillehammer zu nutzen wußte. Er beschrieb, wie er mit Hilfe von Visualisierungsübungen eine Goldmedaille im Zweierbob und eine Silbermedaille im Viererbob gewann. Ein Jahr vor dem großen Ereignis fuhr Weder nach Lillehammer, um die Bobbahn in Augenschein zu nehmen. Er machte mehr als 50 Fotos von der Strecke und hielt alle Kurven und Geraden mit der Kamera fest. Besondere Aufmerksamkeit widmete er den Wänden in der Ein- und Ausfahrt der einzelnen Kurven.

Nach Hause zurückgekehrt, legte er die gesamte Strecke, Aufnahme neben Aufnahme, auf dem Boden seines Wohnzimmers aus. Jeden Tag saß er vor den Fotos und trainierte eine Stunde lang ... mental. Er prägte sich die Strecke genau ein, jede Kurve und jede Schwierigkeit auf der eisigen, steilen Bahn. Weder beschrieb, wie er sich jede Kurve einprägte: »In der ersten Kurve muß ich ihn [den Bob] laufen lassen und die Mitte der Kurve ansteuern. Dann, in Kurve zwei, muß ich am Anfang meine Linie halten, ihn erst sehr tief hineinbringen und dann gleich sehr hochziehen.« Während des Sprechens bewegen sich Weders Hände, als steuere er seinen Bob. Mit geschlossenen Augen legt sich sein Körper bald in die rechte, bald in die linke Kurve, während er den Schlitten mental lenkt.

Als die Olympischen Spiele begannen, war Weder in Topform. Seine Streckenkenntnis, die er durch mentales Einprägen gewonnen hatte, half ihm, alle Schwierigkeiten zu meistern, mit denen er sich konfrontiert sah. So gewinnt man eine Goldmedaille!

Manchmal heißt es, daß Träume wahr werden, wenn man sie sich lebhaft genug vorstellt. Meine Arbeit mit Spitzensportlern hat mir allerdings gezeigt, daß es sich dabei um reines Wunschdenken handelt. Nur weil man sich ein Ziel lebhaft ausmalt, hat man es noch lange nicht erreicht. Gustav Weder ließ es nicht bei seinem Wunsch nach der Goldmedaille bewenden. Er arbeitete

in seiner Vorstellung das Konzept genau aus, mit dem er bei den Olympischen Spielen Erster werden wollte. Diese Methode – jeden Schritt minutiös vorauszuplanen – gestattet uns, Abläufe zu verinnerlichen, die wir vorher nicht in der Praxis üben können. Sie macht sich nicht nur im Sport, sondern auch im Geschäftsleben bezahlt.

Führungskräfte aus der Wirtschaft haben mir immer wieder bestätigt, wie wichtig eine **Zukunftsvision** für die Belegschaft ist. Diese Vision beinhaltet die langfristigen Ziele des Unternehmens, die häufig in Form eines Aktionsplans festgehalten werden. Für Sie persönlich ist es sogar noch wichtiger, eine Vision Ihrer weiteren beruflichen Laufbahn zu entwickeln. Was möchten Sie heute in fünf Jahren erreicht haben? Lassen Sie Ihrer Phantasie freien Lauf und malen Sie sich mehrere Möglichkeiten aus, die Ihnen reizvoll erscheinen. Je realistischer Sie Ihr Bild gestalten, desto leichter wird es Ihnen fallen, die konkreten Schritte zu entwickeln, die nötig sind, um Ihren Karriereplan umzusetzen. Versetzen Sie sich in das Bild hinein und folgen Sie Schritt für Schritt dem Pfad, der zum Ziel führt. Je häufiger Sie sich Ihr Wunschszenario vor Augen führen, desto leichter fällt Ihnen die Visualisierungsübung.

In einem Trainingslager für die Wildwasser-/Kajak-Nationalmannschaft hatte ich das Vergnügen, mich mit den Weltmeistern Davey und Cathy Hearn über die Anwendungen des kreativen Denkens in ihrer Disziplin zu unterhalten. Beim Wildwasserfahren gilt es, eine vorgegebene Strecke zu bewältigen. Die Teilnehmer müssen ihren Kajak oder Kanadier sicher an Felsen vorbei und durch Strudel den Fluß hinunter steuern und dürfen dabei die Tore nicht verpassen, die über ihren Köpfen mit Draht von einem Ufer zum anderen gespannt sind.

Die Kanuten müssen sich entscheiden, welche Wettkampfstrategie sie auf dem abgesteckten Kurs verfolgen wollen. Empfiehlt es sich, auf Nummer Sicher zu gehen und die tückische Strecke von Tor 17 zu Tor 18 vorsichtig zu fahren, oder sollte man aufs Ganze gehen? Die Athleten wissen, daß ein einziger Fehler sie den Sieg kosten kann, falls sie den Schwierigkeitsgrad falsch eingeschätzt haben. Erschwert wird die Wahl der Strategie vor allem dadurch, daß es vor Beginn des Wettkampfs keinen Probelauf gibt. Der erste Durchgang zählt.

Cathy Hearn beschrieb, wie sie das Problem angeht. Sie schreitet langsam das Flußufer ab, sobald die Tore gesteckt sind, und visualisiert dann, wie sie diese Distanz durchfährt. Sie studiert den Fluß, die Wellen und die Strömung sehr genau. Dann entscheidet sie sich für die Steuermanöver auf den einzelnen Streckenabschnitten. Anschließend schließt Cathy die Augen und stellt sich vor, genau so zu fahren, um herauszufinden, ob es funktioniert.

Ist das Ergebnis nicht optimal, probiert sie ein anderes Konzept aus. Auf diese Weise durchfährt sie in ihrer Vorstellung die gesamte Strecke probeweise und plant die Steuermanöver bis in jede Einzelheit. So gewinnt sie wertvolle Sekunden bei ihrem Versuch, als schnellste Frau durch die Strecke zu kommen. Cathy führt ihren internationalen Erfolg nicht zuletzt auf diese Fähigkeit zu kreativem Denken zurück.

Ihr Bruder, Davey Hearn, der 1995 Weltmeister wurde, benutzt eine ähnliche Visualisierungstechnik. Er versucht, dem mentalen Bild, das er sich vom Verlauf der Regattastrecke und ihrer Beschaffenheit macht, möglichst viele Details hinzuzufügen. Dadurch wird das Bild nicht nur realer, sondern verbessert seine Chancen, eine erfolgversprechende Strategie zu planen.

Auch Sie können ein solches Erfolgskonzept für Ihr Berufs- und Privatleben entwickeln. Die Vorstellungskraft läßt sich ungeheuer wirkungsvoll nutzen, um vorauszuplanen und sich die Schlüsselkomponenten des Erfolgs durch mentales Üben einzuprägen. Zu Beginn des Kapitels haben Sie gelernt, Gefühle mit Hilfe der Visualisierungstechnik wieder aufleben zu lassen. Das nächste Fallbeispiel zeigt, wie man diese Fähigkeit bei der Vorbereitung auf Streßsituationen nutzt.

Sallys olympisches Dilemma

Vor den Olympischen Spielen in Barcelona arbeitete ich mit einer Spitzensportlerin, die gute Chancen hatte, eine Goldmedaille zu gewinnen. Sie war nervös, weil ihr Wettbewerb gleich am Morgen nach der Eröffnungsfeier stattfinden sollte, die spätabends enden würde. Da sie zum erstenmal bei einer Olympiade dabei war, befürchtete sie, daß sich durch die Teilnahme an der Eröffnungsfeier ihr Lampenfieber verschlimmern und sie am nächsten Tag völlig ausgelaugt sein würde. Andererseits wußte sie nicht, ob ihr jemals wieder der Sprung in die Olympiamannschaft gelingen würde. Sie wollte sich vor Beendigung ihrer aktiven Laufbahn das einmalige Erlebnis nicht entgehen lassen, hinter der Fahne ihres Landes in das Olympiastadion einzumarschieren.

Ich forderte Sally auf, sich das Zeremoniell genau vorzustellen. Wir sahen uns Videoaufzeichnungen von früheren Eröffnungsfeiern an; dann bat ich sie, die Augen zu schließen, sich zu entspannen und sich auszumalen, wie sie in das Olympiastadion in Barcelona einmarschierte. Sie sah und spürte, wie sie mit den anderen Teilnehmern in geordneter Formation Aufstellung nahm, hörte den Beifall und die Zuschauer, spürte die Wärme des Sommerabends und stellte sich vor, wie sie sich dabei fühlen würde. Um die Erfahrung noch zu verstärken, ließ ich im Hintergrund eine Olympiafanfare spielen.

Sally stellte sich die Situation so lebhaft und realistisch vor, daß sie sogar ein Kribbeln im Bauch spürte. Sie kämpfte mit den Tränen, als ihr Blick auf die amerikanische Flagge fiel und sie das Meer der Gesichter rundum im Stadion sah.

Nach dieser Erfahrung hatte Sally in zwei Punkten Klarheit gewonnen. Sie beschloß zum einen, sich die Eröffnungszeremonie auf keinen Fall entgehen zu lassen. Und zum anderen wußte sie nun, daß die Teilnahme daran eine positive Erfahrung war, die ihre Leistung nicht beeinträchtigen würde, wenn sie sich gründlich darauf vorbereitete. Sally und ihr Trainer beschlossen, daß sie sich in den frühen Nachmittagsstunden vor der Eröffnungsfeier ausruhen würde, um für den Wettkampf am nächsten Morgen fit zu sein. Um sich an die Nachmittagssiesta zu gewöhnen, baute Sally die Ruhepause bereits einen Mo-

nat vor Beginn der Spiele in ihren täglichen Trainingsplan ein. Außerdem probte sie mental immer wieder, wie sie nach der Feier schnurstracks in das Olympische Dorf zurückkehren, sich entspannen und problemlos einschlafen würde.

Ihr Plan ging in Barcelona genauso auf, wie sie es sich ausgemalt hatte. Sie ging ausgeruht und bestens gerüstet in den Wettkampf, der ihr die seit langem erträumte Goldmedaille brachte. Sallys Fähigkeit, Gefühle heraufzubeschwören, spielte für ihren Erfolg eine wichtige Rolle.

Wie aus Sallys Beispiel ersichtlich, kann man durch kreatives Denken Situationen vorausplanen, die in der Realität nicht geprobt werden können. Dank Ihrer Phantasie können Sie sich in diese Situation hineinversetzen und Schritt für Schritt entscheiden, wie Sie bestimmte Aufgaben angehen wollen. Meine Klienten aus der Wirtschaft nutzen dieses kreative Instrumentarium, um für bevorstehende Herausforderungen gewappnet zu sein und sich auf unternehmerische Chancen vorzubereiten. Wenn sich dann tatsächlich eine günstige Gelegenheit bietet, sind sie bereit, sich diese zunutze zu machen.

Die menschliche Vorstellungskraft ist außerdem eine hervorragende Lernhilfe, wenn es gilt, sich neue Fähigkeiten und Fertigkeiten anzueignen. Wie dieser Ansatz funktioniert, werden Sie nun erfahren.

Phantasievoll lernen

Sportler und Trainer haben erkannt, daß man etwas am besten lernt, wenn man es sich immer wieder mental einprägt. Der Coach der amerikanischen Gewichtheber-Nationalmannschaft, Dragomir Cioroslan, legt beim Training großes Gewicht auf diesen Aspekt. Wenn ein junger Athlet das Gewicht erhöht, besteht Dragomir darauf, daß er sich zunächst mental auf den richtigen Bewegungsablauf konzentriert, noch bevor er nach der Stange greift. Wurde das Gewicht dann erfolgreich nach oben gestemmt, fordert Dragomir den Athleten unverzüglich auf, sich genau an das Bewegungsgefühl zu erinnern. Das Ziel ist, das Bild des korrekten Bewegungsablaufs im Gedächtnis zu speichern, so daß der Sportler es jederzeit abrufen kann. Oft wird ein Gewichtheber gebeten, die Augen zu schließen, bevor er zum ersten Versuch ansetzt, und sich die richtige Technik genau vorzustellen. Wenn ein Gewichtheber Schwierigkeiten hat, die Technik zu lernen, führt Dragomir ihm mittels Videoaufzeichnungen vor, wie das Gewicht durch Reißen beziehungsweise Stoßen erfolgreich nach oben gebracht wird.

Eine Untersuchung des Olympischen Trainingszentrums in Colorado Springs hat gezeigt, daß mehr als 90 Prozent der Hochleistungssportler ihre Vorstellungskraft einsetzten, um die Technik in ihrer Disziplin zu lernen. Kann die Phantasie die Lerngeschwindigkeit erhöhen? Rob Woolfolk, Mark Parrish und ich sind dieser Frage mit einem Experiment auf den Grund gegangen: Wir baten Studenten, unter Anwendung von kreativem Denken auf dem Golfplatz Bälle einzulochen.

Unsere 30 Probanden wurden in drei Gruppen unterteilt, sie sollten an sieben aufeinanderfolgenden Tagen das Einlochen üben. Am ersten Tag maßen wir die Treffgenauigkeit, ohne eine Lernstrategie vorzugeben. Die erste Gruppe wurde dann gebeten, sich in den nächsten sechs Tagen vor jedem Schlag vorzustellen, daß der Ball ins Loch traf. Sie sollte sich ausmalen, den Schläger mit beiden Händen zu halten, nach hinten zu führen, in einer fließenden Bewegung am Körper vorbei nach vorne zu schwingen und den Ball in Richtung des Ziels zu befördern. Dann sollten sie genau vor sich sehen, wie der Ball »rollt und rollt, genau ins Loch«. Die zweite Gruppe sollte sich mental ausmalen, wie der Ball »in Richtung Loch rollt und rollt, aber im letzten Moment knapp vorbeirollt«. Die dritte Gruppe wurde einfach nur gebeten, den Ball einzulochen.

Nach sechs Tagen hatte die erste Gruppe, die sich den gelungenen Schlag vor der tatsächlichen Ausführung vorstellte, ihre Ergebnisse im Vergleich zum ersten Tag des Experiments um 30 Prozent verbessert. Die dritte Gruppe, die das Einlochen sechs Tage lang ohne vorhergehende Visualisierung übte, erhöhte ihre Treffgenauigkeit nur um zehn Prozent. Das beweist, wie wirkungsvoll kreatives Denken sein kann, wenn es gilt, eine neue Aufgabe zu erlernen, selbst wenn man diese Methode vorher noch nie angewendet hat.

Noch interessanter ist, daß sich die Trefferquote der zweiten Gruppe, die sich den Fehlschlag vorstellte, nach sechs Tagen um 21 Prozent *verringert* hatte. An den Mißerfolg zu denken kann also leistungshemmend wirken. Vielleicht kennen Sie solche Situationen aus eigener Erfahrung. Ist Ihnen einmal in letzter Minute der beunruhigende Gedanke gekommen: O Gott, ich werde bestimmt alles verpatzen!? Sie standen zum Beispiel auf dem Tennisplatz und wollten gerade aufschlagen, als Ihnen das Bild durch den Kopf schoß, wie der Ball im Netz landet. Oder Sie sind mit der festen Überzeugung in eine Prüfung gegangen, daß Sie mit Pauken und Trompeten durchrasseln. In aller Regel bewahrheiten sich Ihre Befürchtungen: Sie schlagen den Ball tatsächlich ins Netz oder haben in der Prüfung das sprichwörtliche Brett vor dem Kopf. Deshalb ist es beim kreativen Denken außerordentlich wichtig, sich genau das Ergebnis vorzustellen, das man anstrebt und wie man es erreichen kann. Wenn man auf einen Mißerfolg fixiert ist, beschwört man ihn geradezu herauf.

Das folgende Beispiel aus meiner Beratungspraxis zeigt, wie die Technik des kreativen Denkens am Arbeitsplatz angewendet werden kann. Die Lernleistung beim Erwerb neuer beruflicher Qualifikationen wird dadurch wesentlich verbessert.

Wenn Fehler unannehmbar sind

Eine meiner größten beruflichen Herausforderungen war die Mitarbeit beim Personaltraining in einem großen Unternehmen, das auf dem Kernenergiesektor tätig ist. Das Bedienungspersonal im Kernreaktor muß imstande sein, bei Störfällen im Handumdrehen die richtigen Entscheidungen zu treffen. Diese lebenswichtige Reaktionsfähigkeit wird alljährlich in einer Prüfung getestet. Das Unternehmen nahm Verbindung mit mir auf, weil man nach einer Möglichkeit suchte, den Mitarbeitern das Erlernen und Behalten der schwierigen Verfahren, die im Test abgefragt wurden, zu erleichtern.

Das Unternehmen machte sich Sorgen, weil immer wieder ein bestimmter, wenn auch kleiner Prozentsatz des Bedienungspersonals den Test nicht bestand. Diese Mitarbeiter besaßen Berufserfahrung und kannten sich aus in ihrem Metier, aber bei der Prüfung versagten sie. Eines der Probleme bestand darin, daß man sich einige der komplizierten Verfahren in Notfallsituationen wirklich schwer merken konnte, vor allem wenn ein Prüfungsteilnehmer unter Zeitdruck stand.

Im Gespräch mit den Betroffenen wurde klar, daß sich hier eine hervorragende Gelegenheit bot, die Technik des kreativen Denkens anzuwenden. Die Lernstrategie der Prüfungsteilnehmer sah vorher folgendermaßen aus: Sie begannen zu büffeln, sobald sie Bescheid über den Prüfungstermin bekamen; bis dahin mußten sie die Vorschriften und Verfahrenshandbücher aus dem Effeff kennen. Es bestand außerdem die Möglichkeit, im Simulator Reaktionen in Störfällen zu proben. Alles andere lag ganz alleine bei ihnen. Als ich vorschlug, sich die komplizierten Notfallverfahren während der Vorbereitungszeit auf den Test mittels Visualisierung einzuprägen, erkannten die Mitarbeiter auf Anhieb die Vorteile.

Gemeinsam erarbeiteten wir ein neues Lernkonzept. Das Unternehmen produzierte einen Videofilm, in dem das richtige Verhalten bei verschiedenen Störfallvarianten in allen Einzelheiten aufgezeigt war. Soweit wie möglich hatte man die Verfahren aus der Sicht des Bedienungspersonals dargestellt. Die Aufzeichnungen standen den Mitarbeitern jederzeit in einem speziellen Filmvorführraum zur Verfügung. Darüber hinaus lernten sie, sich die Techniken mental so detailgetreu wie möglich vorzustellen.

Die Mitarbeiter stellten dann eine Audiocassette zusammen, auf der die Visualisierung der Störfallmaßnahmen Schritt für Schritt als Orientierungshilfe aufgezeichnet war. Die Mitarbeiter hörten sich die Cassette in regelmäßigen Abständen an, nicht nur bei der Vorbereitung auf die Prüfung, sondern auch vier und acht Monate nach Bestehen des Tests.

Das Unternehmen griff meine Ideen mit großer Begeisterung auf und beschloß, das neue Lernkonzept mit der alten Methode zu vergleichen. In einigen Kernkraftwerken bereiteten sich die Mitarbeiter wie gewohnt auf den Test vor, während in anderen mit Hilfe der neuen Technik gelernt wurde. Der neue Ansatz erhöhte den Prozentsatz der Mitarbeiter, die den Test bestanden, erheblich. Dazu kam, daß diese den Prüfungsstoff in einem Viertel der Zeit beherrschten und dreimal länger behielten als die Vergleichsgruppe. Außerdem standen sie während des Tests erheblich weniger unter Streß.

Dieses Beispiel zeigt die ungeheuren Vorteile, die jeder nutzen kann, der die Kraft der Vorstellung in den Lernprozeß miteinbezieht.

Die Kraft der Phantasie kann Ihnen auch beim kreativen Lösen von Problemen zugute kommen. Kreativität ist seit jeher ein Markenzeichen von Erfindern und Tüftlern, die imstande sind, ein zumeist altes Problem auf neue, schöpferische Weise in den Griff zu bekommen. Albert Einstein hat einmal gesagt: »Bei kritischer Selbstbetrachtung ... gelange ich zu der Schlußfolgerung, daß mein Vorstellungsvermögen größere Bedeutung für mich hatte als die Fähigkeit, mir nützliches Wissen anzueignen.« Sie müssen keine neue Relativitätstheorie entwickeln, wenn Sie Ihre Phantasie nutzen wollen. Es reicht aus zu lernen, lebensechte mentale Bilder davon entstehen zu lassen, wie Hürden und Hindernisse erfolgreich überwunden werden können.

Problemlösungen visualisieren

Mit welcher akribischen Genauigkeit wir eine Situation auch vorausplanen mögen, wir sind nicht vor Überraschungen und Hindernissen gefeit, die uns zwingen, von unserem geplanten

Weg abzuweichen. Athleten sehen sich Tag für Tag mit solchen unverhofften Herausforderungen konfrontiert. Spitzensportler scheinen den Erfolg nicht nur deshalb für sich gepachtet zu haben, weil sie Probleme von vornherein einkalkulieren, sondern weil sie die Herausforderung, diese mit kreativen Lösungen zu überwinden, begrüßen.

Ich möchte Ihnen eine interessante Geschichte erzählen, die von dem erfolgreichen Diskuswerfer Bill Tancred stammt. Bill hat eine Traumkarriere gemacht: Er war britischer Meister, nahm zweimal an Olympischen Spielen teil und stellte mehrere Rekorde auf. Zu Bills Zeiten als Aktiver galt der Amerikaner Al Oerter als der herausragende, größte Champion im Diskuswerfen: Er gewann sage und schreibe viermal in Folge Olympisches Gold – 1956, 1960, 1964 und 1968!

Lächelnd erzählte mir Bill, wie er und Al sich bei einem gesellschaftlichen Anlaß begegnet waren, nachdem beide den Sport an den Nagel gehängt hatten. Sie verstanden sich prächtig, als sie aus dem Nähkästchen plauderten. Bill erwähnte zufällig, welche Bedeutung das mentale Training für ihn gehabt hatte. »Ja«, meinte Al, »Visualisierung ist sehr wichtig.«

Bill erzählte Al von seinen Visualisierungsübungen: Er pflegte sich in allen Einzelheiten auszumalen, wie er zu den Olympischen Spielen flog, bei der Eröffnungsfeier ins Stadion einmarschierte, brillante Leistungen im Wettkampf erbrachte, die Goldmedaille gewann und auf dem Siegertreppchen stand, während ihm zu Ehren die britische Nationalhymne gespielt wurde. Al schüttelte den Kopf. »Ich habe mir nie vorgestellt, Gold zu gewinnen, und die Nationalhymne habe ich auch nicht gehört.« Bill war verdutzt. »Nanu, was hast du dir dann ausgemalt?«

Al dachte eine Zeitlang nach, bevor er antwortete. »Ich habe mir den letzten Tag der Olympischen Spiele ausgemalt, das große Finale, den Tag, auf den ich mich die letzten vier Jahre vorbereitet hatte. Es regnete. Ach was, *es goß in Strömen*. Der Wurfkreis war rutschig, die Wettkampfbedingungen katastrophal, aber ich mußte raus. Und da habe ich mir vorgestellt, den besten

Wurf meines Lebens zu erzielen, weit und kraftvoll, technisch perfekt, trotz des Regens. Manchmal habe ich mir auch ausgemalt, daß mein letzter Versuch im Olympischen Finale bevorstand. Mein russischer Konkurrent lag knapp vor mir, und um dem Faß den Boden auszuschlagen, stellte er bei seinem letzten Versuch auch noch einen Weltrekord auf! Um die Goldmedaille zu holen, mußte ich ihn also übertrumpfen und mit meinem letzten Versuch einen neuen Weltrekord aufstellen. Und genau dieses Bild habe ich in allen Einzelheiten vor mir gesehen: Ich stellte tatsächlich einen neuen Weltrekord auf! Solche Visualisierungsübungen waren bei mir an der Tagesordnung. Ich habe darüber nachgedacht, was alles schiefgehen könnte, und mir vorgestellt, wie ich auf solche Herausforderungen reagiere.«

»Seine Antwort hat mich wirklich umgehauen«, erzählte Bill. »Solche Katastrophenszenarien hatte ich mir nie vorgestellt. Merkwürdig, ich war immer der Ansicht gewesen, ich sei mental bestens vorbereitet, aber auch in dieser Hinsicht war Al mir immer einen Schritt voraus!« Bill war ehrlich verblüfft über Al Oerters rabenschwarze Visualisierungsübungen, aber ihm wurde klar, daß sie Sinn machten.

Auch Ihnen sollte dieses Prinzip einleuchten. Die Geschichte der beiden Diskuswerfer zeigt, wie man Ziele dadurch erreicht, daß man Krisensituationen schon im vornherein mental meistert.

Wenn Athleten ihren Biß im Wettkampf verlieren, dann liegt es häufig daran, daß sie sich von einer unerwarteten Situation aus dem Konzept bringen lassen. Auf solche potentiellen Krisen und Rückschläge kann man sich mit Hilfe des kreativen Denkens beizeiten vorbereiten, was dazu beiträgt, negative emotionale Auswirkungen erheblich abzuschwächen. Eine Eiskunstläuferin könnte beispielsweise mental durchspielen, wie sie nach einem Sturz sofort wieder aufsteht, in ihren Rhythmus zurückfindet und ihr Programm trotzdem mit einem beeindruckenden Finale beendet. Eine Tennisspielerin könnte sich ausmalen, daß ihr im entscheidenden Satz der Schläger bricht und wie sie sich trotz des Pechs wieder fängt.

Kreatives Denken hat auch für meine Unternehmenskunden einen sehr hohen Stellenwert. Sie wissen, daß sie nicht warten müssen, bis eine Krisensituation eintritt, sondern skizzieren schon im voraus Problemlösungen, um für den Notfall gerüstet zu sein. Firmen, die blitzschnell auf Marktveränderungen und Herausforderungen reagieren, haben heutzutage einen unschätzbaren Wettbewerbsvorsprung. Eine Spielart dieser Strategie auf Unternehmensebene ist die **strategische Planung**. Sie setzt kreatives Denken bezüglich der Unternehmensziele und der Erarbeitung von Lösungen für potentielle Probleme voraus. Die gleiche vorausschauende Sicht sollten auch Sie sich bei Problemen am Arbeitsplatz oder zu Hause aneignen.

Versuchen Sie es, gleich jetzt! Denken Sie an ein Problem, das heute noch auf Sie zukommt. Was für ein Gefühl haben Sie dabei? Stellen Sie sich Ihre Vorgehensweise so plastisch wie möglich vor. Malen Sie sich die Situation aus. Glauben Sie, daß Ihr Lösungsweg zum Erfolg führt? Wenn nicht, versuchen Sie's einfach mit einer anderen Methode. Das Beste an der menschlichen Phantasie ist, daß Sie in Gedanken mit zahllosen Möglichkeiten experimentieren können. Nehmen Sie sich die Zeit, die Situation aus allen nur erdenklichen Blickwinkeln zu betrachten. Holen Sie sich Tips und Ratschläge bei anderen und stellen Sie sich deren Vorschläge bildlich vor. Irgendwann wird sich ein Konzept als das beste herauskristallisieren. Sie haben durch kreatives Denken die Weichen gestellt. Und denken Sie daran, Sie müssen das Problem nicht im Alleingang lösen! Innovative Lösungen werden oft in Teamarbeit oder durch Einbeziehen anderer gefunden, die das Problem vielleicht aus einer ganz anderen Warte sehen.

Karla, eine Kundenberaterin einer Bank, machte sich Gedanken darüber, wie sie mit einer Kollegin umgehen sollte, die andere Mitarbeiter grundsätzlich kritisierte und Karla mit ihren bissigen Bemerkungen oft aus der Fassung brachte. Karla hatte ihre Kollegin bereits auf die negativen Auswirkungen ihres Verhaltens hingewiesen, aber das Gespräch hatte nichts gefruchtet. Erst als ich Karla aufforderte, die Augen zu schließen und die

Lösungsmöglichkeiten zu visualisieren, wußte sie, was sie zu tun hatte. Sie malte sich aus, wie sie das Thema bei der monatlichen Mitarbeiterbesprechung, an der die gesamte Belegschaft der Zweigstelle teilnahm, ansprechen und die anderen um Wortmeldungen bitten würde. Sie setzte ihr Vorhaben um, und siehe da, es wirkte Wunder. Viele ihrer Kollegen hatten die Situation ebenfalls als untragbar empfunden, und die geballten Rückmeldungen führten zu einer Verhaltensänderung der kritischen Mitarbeiterin.

Auch Sie können diese Methode in Ihrem Leben anwenden. Falls Sie beispielsweise Angst vor einem Mißerfolg haben, denken Sie realistisch über die Situation nach. Stellen Sie sich vor, was passieren würde, wenn Sie scheitern. Sie haben Schiffbruch erlitten ... na und? Was wollen Sie jetzt unternehmen? Das wichtigste ist, daß Sie nicht in Selbstmitleid und Apathie verfallen, sondern sich vorstellen, wie Sie konstruktiv mit der Situation umgehen. Sobald Sie wissen, wie Sie wieder auf die Füße kommen, brauchen Sie sich keine Gedanken mehr über einen möglichen Fehlschlag zu machen.

Ich habe Ihnen drei Wege gezeigt, wie Sie mit Hilfe der Phantasie Ihre Ziele leichter erreichen: durch vorausplanen, durch mentales Üben neuer Fähigkeiten und Fertigkeiten, und durch kreative Problemlösungen. Diese sollten Sie aber lediglich dazu anregen, über weitere Möglichkeiten nachzudenken, wie Sie Ihre Phantasie sinnvoll einsetzen können. Von den acht Erfolgsstrategien bietet das kreative Denken die vielfältigsten Anwendungsmöglichkeiten. Meine Klienten verblüffen mich immer wieder mit ihrem grenzenlosen Einfallsreichtum, wenn es gilt, Ziele mittels ihrer Vorstellungskraft zu verwirklichen. Nutzen auch Sie die Macht der Phantasie und lassen Sie ihr jeden Tag freien Lauf. Sie werden erstaunt sein, welche produktiven Ergebnisse Sie mit Hilfe Ihres kreativen Potentials erzielen.

Schritt 3: Entwickeln Sie ein erfolgreiches Selbstbild

Das kreative Denken ist diejenige Technik, die uns die größte Chance bietet, aus einer persönlichen Niederlage einen Sieg zu machen. Wenn Sie die innere Stärke besitzen, das Bild des Verlierers in das eines Gewinners zu verwandeln, dann haben Sie auch wieder Hoffnung, daß Sie die Kraft haben weiterzumachen.

Ich kann gar nicht oft genug betonen, welch wichtige Rolle die Phantasie dabei spielt, die Wirklichkeit nach Ihren Wünschen zu formen. Ihre Vorstellungskraft hilft auf sehr reale Weise dabei, das Umfeld zu gestalten, in dem Sie leben. Sie werden der Mensch, der Sie in Ihrer Vorstellung sind. Wenn Sie sich vorstellen, erfolgreich zu sein, dann werden Sie auch erfolgreich sein. Und falls Sie das Selbstbild des ewigen Verlierers entwickelt haben, wird der Mißerfolg nicht lange auf sich warten lassen.

Oft wurzelt unser Verhalten in dem Bild, das wir uns von uns selbst machen. Ein Schüler, der sich einredet, er sei völlig unbegabt in Mathematik, hat wenig Lust, seine Kenntnisse durch stetiges Üben zu verbessern. Kein Wunder, daß er bei Prüfungen außerstande ist, eine mathematische Gleichung zu lösen. Eine junge Führungskraft glaubt, daß sie trotz aller Sachkenntnis immer die falschen Entscheidungen trifft. Deshalb schiebt sie Entscheidungen gerne auf die lange Bank, delegiert sie an Mitarbeiter und bestätigt allgemein mit ihrem Verhalten das Bild, das sie von sich selber hat.

Um unsere Reaktions- und Verhaltensweisen zu ändern, müssen wir als erstes unser Selbstbild neu gestalten. Dieses Unterfangen beginnt im Kopf, bei dem Bild, das wir uns von uns selber machen. Es läßt sich grundlegend verändern, aber das erfordert Mühe und ein wenig Übung. Wie dieser Transformationsprozeß gelingt, erfahren Sie gleich.

Ich möchte Ihnen zuerst noch die Geschichte von Regina erzählen, einer bemerkenswerten Sportlerin, die den Mut hatte, in einer Streßsituation nachhaltige Veränderungen vorzunehmen.

Wie sich Reginas olympischer Traum in einen Alptraum verwandelte

Bei der Sommerolympiade 1988 in Seoul kam eine völlig verzweifelte Athletin zu mir, die Angst hatte, aus der Olympiamannschaft ausgeschlossen zu werden. Regina war Sprinterin, eine der weltbesten. Im Finale der US-Leichtathletik-Meisterschaften hatte sie sich als Vierte im Hundert-Meter-Lauf für die Olympiade qualifiziert. Obwohl es nicht für eine Aufstellung als Einzelkämpferin gereicht hatte, wurde sie automatisch Mitglied der Sprintstaffel.

Ihre Probleme begannen unmittelbar nach der Ankunft der Leichtathletikmannschaft im Trainingslager. Regina war für ihre Patzer beim Stabwechsel bekannt, und ihre Schwierigkeiten wurden auch jetzt wieder sichtbar. Mehrmals während des Trainings ließ sie das Staffelholz bei der Übergabe fallen. Je mehr sie sich auf ihre Probleme konzentrierte, desto schlimmer wurden sie. Einer der Trainer nahm sie beiseite und versuchte, sie zu beschwichtigen. Er sagte ihr, sie solle sich keine Sorgen machen; wenn sie daran arbeite, würde sie den Bogen bald raus haben. Aber Regina war nicht in der Lage, ihre Befürchtungen zu verbergen.

Die Situation spitzte sich zu, als die Sportler und Trainer in Seoul ankamen. Eine bekannte Sprinterin beschwerte sich über Reginas verpatzte Stabwechsel. Sie schlug vor, Regina durch eine Mannschaftskameradin aus ihrem Leichtathletikverband in North Carolina zu ersetzen. Regina stellte verärgert fest, daß diese Sportlerin sie nicht nur bei den Trainern, sondern auch bei der Presse angeschwärzt hatte. Die peinliche Geschichte stand jetzt schwarz auf weiß in der Zeitung. In der Woche vor dem Wettkampf war Regina nicht mehr sicher, ob sie in Seoul überhaupt die Chance erhalten würde, an den Start zu gehen. Der Traum der letzten sechs Jahre drohte wie eine Seifenblase zu zerplatzen. Zu diesem Zeitpunkt schlug ihr der Trainer vor, sich mit mir in Verbindung zu setzen.

Bei der Arbeit mit Regina erfuhr ich, daß ihre Probleme mit dem Stabwechsel schon in der High School begonnen hatten. Sie hatte den Stab einmal bei einer Landesmeisterschaft fallen lassen, was ihre Schule den Titel kostete. Danach reagierte sie übervorsichtig und ver-

krampft, vor lauter Angst, einen Fehler zu begehen, wodurch sich ihre Leistungen immer mehr verschlechterten. Und in Seoul blieben Regina nur noch wenige Tage, um die Übergabetechnik zu verbessern.

Mir war bewußt, daß kreatives Denken Regina die besten Chancen bot, aus den eingefahrenen Gleisen auszubrechen. Statt sich beim Stabwechsel als Versagerin zu sehen, mußte sie ihre Denkweise grundlegend ändern. Meine Rolle bestand darin, ihr bei der Entwicklung eines positiven Selbstbilds zu helfen. Sie sollte sich als eine Staffelläuferin sehen, die das Holz reibungslos und ohne Stabverlust übergab.

Als erstes mußte Regina lernen, den Blick nicht auf ihre Mißerfolge zu fixieren. Ich wollte von ihr wissen, was für sie das Schlimmste bei einem Stabverlust sei. Sie erwiderte: »Daß ich alle enttäusche, meine Familie, meine Freunde, meine Mannschaftskameradinnen. Sie verlassen sich doch auf mich.«

Ich bat Regina, sich vorzustellen, daß die Olympischen Spiele vorüber waren und daß sie nach Hause zurückkehrte. Sie hatte den Stabwechsel verpatzt, genauso, wie sie befürchtet hatte. Wie würden ihre Familienangehörigen und ihre Freunde reagieren? Nachdem sie sich einige Minuten darauf konzentriert hatte, sich die Situation auszumalen, erklärte sie überrascht, daß sich alle bemühten, ihr über die Enttäuschung hinwegzuhelfen. Niemand machte ihr Vorwürfe; sie beteuerten, daß sie Regina liebten und stolz darauf waren, daß sich ihr Traum erfüllt hatte, bei einer Olympiade dabeizusein.

Als nächstes forderte ich Regina auf, sich die Reaktion ihrer Mannschaftskameradinnen und Trainer vorzustellen, wenn sie den Stab im Finale fallen ließ. Sich dieser Situation mental zu stellen fiel ihr schwerer, aber nach einer Weile erklärte sie, auch ihre Kolleginnen wären sehr bemüht, sie zu trösten. »Mit den meisten bin ich befreundet. Sie können nachempfinden, wie ich mich jetzt fühle. Ich sehe, wie sie mich in den Arm nehmen und versuchen, mich aufzumuntern, mir sagen, ich solle den Kopf nicht hängen lassen.« *Regina merkte infolge der Visualisierungsübung, daß auch bei einem verpatzten Stabwechsel die Welt nicht unterging. Die Zuneigung ihrer Familie und Freunde, die ein unterstützendes Netz bildeten, blieb ihr trotzdem erhalten. Diese Erkenntnis trug dazu bei, daß Regina sich entspannte und ihre Versagensängste schwanden. Danach war Regina soweit, den nächsten*

Schritt einzuleiten und ein positives Selbstbild als Staffelläuferin zu entwickeln.

Vielleicht sagen Sie jetzt: »Das darf doch nicht wahr sein! Er hat sie gebeten, sich einen Stabverlust im Finale vorzustellen, und dadurch soll sich ihre Übergabetechnik gebessert haben? Ich käme nie auf die Idee, mir das auszumalen, wovor ich panische Angst habe; damit beschwöre ich die Katastrophe ja geradezu herauf.« Falsch. Ich habe nämlich festgestellt, daß die offene Konfrontation mit unseren heimlichen Ängsten von entscheidender Bedeutung ist, wenn es gilt, negative Einstellungs- und Verhaltensmuster grundlegend zu ändern. Einer der Gründe dafür, daß wir uns an den Status quo klammern, ist darin zu suchen, daß wir Angst haben, unseren schlechten Gewohnheiten ins Auge zu blicken, und sie lieber verdrängen. Wir denken nicht einmal mehr darüber nach und hoffen, daß sich die Probleme still und leise von alleine lösen.

Ich kann Ihnen versichern, daß sich schlechte Gewohnheiten nicht von selber in Wohlgefallen auflösen, das haben mir meine langjährigen Erfahrungen als Sportpsychologe und Berater bestätigt. Man muß ein Problem in Angriff nehmen, sich aktiv um Veränderung bemühen. Das setzt gleichwohl voraus, daß man sich die schlechten Gewohnheiten bewußtmacht und aus einer realistischen Warte betrachtet. Da wir viel Zeit darauf verwenden, allem aus dem Weg zu gehen, was uns ängstigt oder unangenehm ist, entwickeln wir bei der Einschätzung des Problems oft unlogische und unrealistische Überzeugungen. Genau diesen Punkt mußte Regina noch einmal genau unter die Lupe nehmen, nämlich die Fehlvorstellung, daß ihre ganze Welt aus den Fugen geraten würde, wenn sie bei den Olympischen Spielen die Stabübergabe verpatzte. Tief in ihrem Innern war sie der Ansicht, daß man sie nicht mehr mögen und ihr diesen Fehler nie verzeihen würde. Es ist fast unmöglich, gute Leistungen zu erbringen, wenn man sich mit solchen Ängsten und Befürchtungen herumplagt.

Nun, da Regina imstande war, das Problem lockerer zu sehen, konnte sie die Aufgabe in Angriff nehmen, ihr Selbstbild als Staffelläuferin positiv zu verändern. Ich fragte sie, welche Eigenschaften ihr besonders wichtig waren. Sie erklärte, daß ihr viel daran lag, als zuverlässige Läuferin gesehen zu werden, fehlerfrei bei der Übergabe – wie ein

Roboter. Als nächstes stellte sich Regina vor, wie sie im Wechselraum fehlerlos das Staffelholz entgegennahm und übergab. Zuerst fiel ihr diese Übung schwer. Immer wieder drängte sich ihr das Bild des Stabverlusts auf. Doch sobald das geschah, hielten wir inne, und sie spulte die Szene so lange ab, bis sie den gelungenen Stabwechsel vor sich sah.

Regina wiederholte die Visualisierungsübung in den nächsten Tagen immer wieder. Morgens, mittags und abends prägte sie sich mental die gelungenen Stabwechsel ein. Es dauerte nicht lange, bis sich ihre Leistungen im Training verbesserten. Nach mehrmaligen, fehlerlosen Übergaben kam der Trainer zu ihr, um ihr zu gratulieren. Am nächsten Tag wurde sie offiziell als Mitglied der Sprintstaffel aufgestellt. Regina war selig, aber sie übte auch weiterhin das kreative Denken. Bis zum Wettkampftag prägte sie sich immer wieder mental den genauen Bewegungsablauf ein, bis der Wechsel wie am Schnürchen erfolgte. Als der Lauf begann, sagte sich Regina immer wieder »Ich bin ein Roboter«, bevor sie an der Reihe war.

Ich wünschte, ich könnte die Geschichte mit einem Happy-End abschließen, aber wie so oft im Sport hatte sie ein bittersüßes Ende. Die US-Sprintstaffel schaffte den Sprung ins Halbfinale, das sie haushoch gewann, wobei Regina eine phantastische Leistung erbrachte. Eine der gegnerischen Mannschaften legte jedoch Protest ein, weil der Stabwechsel bei zwei von Reginas Mannschaftskameradinnen nicht mehr innerhalb des Wechselraums erfolgt sei. Nach der Überprüfung der Wettkampfaufzeichnung wurde Reginas Staffel disqualifiziert.

Regina war zwar enttäuscht, aber sie war stolz auf ihre persönliche Leistung. Ich traf sie einige Monate später in den USA; sie erzählte mir, daß es ihr sehr gutgehe. Sie hatte eine Anstellung als Nachwuchsführungskraft in einem großen Unternehmen gefunden. Sie war glücklich über den begeisterten Empfang, den ihr Freunde und Familienmitglieder bei der Rückkehr der Olympiamannschaft bereitet hatten – genauso, wie sie es sich in Seoul vorgestellt hatte.

Reginas Leistung zeigt, wie kreatives Denken zur Entwicklung eines Selbstbildes beitragen kann, das den Erfolg vorprogrammiert. Wie sieht Ihr Selbstbild und Ihr Bild über die Welt um Sie herum aus? Der letzte Schritt im Prozeß des kreativen Denkens besteht darin, zu erforschen, welche Möglichkeiten Sie in Ihrem Leben haben. Richten Sie Ihr Augenmerk nicht auf die vermeintlichen Grenzen, die Ihnen gesetzt sind. Wenn Sie genug Selbstvertrauen entwickeln, können Sie diese Grenzen sprengen und über sich selbst hinauswachsen. Die Fähigkeit, sich bildlich vorzustellen, was Sie erreichen wollen, ist der erste Schritt auf dem Weg zum Erfolg.

Tips für das kreative Denken

- Manche Leute glauben, Visualisierungsübungen ließen sich nur im Zustand völliger Entspannung durchführen. Weit gefehlt! Spitzensportler benutzen sehr häufig mentale Bilder, um sich auf den Wettkampf einzustimmen und vorzubereiten. Ihnen bleibt unmittelbar vorher keine Zeit für eine langwierige Relaxation, aber sie sind trotzdem in der Lage, sich den Erfolg mental vor Augen zu führen. Das Großartige an unserer Vorstellungskraft ist, daß man sie überall und jederzeit in Gang setzen kann.
- Wenn Sie sich nicht *vorstellen* können, wie Sie etwas tun sollen, dann wird es Ihnen höchstwahrscheinlich auch nicht gelingen. Lassen Sie sich also zunächst eine klare Beschreibung geben, damit Sie Ihr mentales Bild deutlicher gestalten können. Wenn Sie den Umgang mit einem neuen Computerprogramm lernen müssen und nicht verstehen, wie es funktioniert, bitten Sie einfach den Schulungsleiter, es anhand eines Beispiels zu veranschaulichen. Lebhafte Beschreibungen und viele Beispiele fördern den Lernprozeß.
- Wenn Sie etwas Schritt für Schritt lernen, sollten Sie gelegentlich den gesamten Prozeß mental Revue passieren lassen. Damit erhalten Sie ein besseres Gefühl für den Ablauf der Aufgabe. Ein Golfneuling lernt beispielsweise etwas über Abschlag, Rückschwung, Schulterdrehung, Hüftdrehung und Durchschwung, immer eins nach dem anderen. Er sollte sich jedoch von Zeit zu Zeit auch das Gefühl für den gesamten Be-

wegungsablauf ins Gedächtnis rufen, denn sonst läuft er Gefahr, sich eine Technik anzueignen, die abgehackt und unzusammenhängend wirkt.

• Bevor Sie eine Aufgabe in Angriff nehmen, sollten Sie diese immer in allen Einzelheiten mental proben. Sehen und spüren Sie, wie Sie das Projekt erfolgreich abschließen. Damit wächst Ihr Selbstvertrauen. Eine Stabhochspringerin, die an einer Olympiade teilnimmt, prägt sich zum Beispiel, bevor sie losläuft, den Bewegungsrhythmus beim mentalen Überspringen der Latte ein.

• Denken Sie daran, daß kreatives Denken einige Übung erfordert. Stellen Sie sich am Anfang vertraute Situationen vor, und malen Sie diese so lange aus, bis sie lebendig und real erscheinen. Sobald Sie die Technik beherrschen, werden Sie feststellen, daß Sie sich damit hervorragend auf alle erdenklichen Herausforderungen vorbereiten können, von der Planung eines schwierigen Interviews bis hin zum Einüben neuer Tanzschritte oder zur Entspannung vor einer Prüfung. Ich werde in den nachfolgenden Kapiteln noch mehrmals auf die Fähigkeit des kreativen Denkens zurückkommen, die eine wichtige Rolle beim Erlernen der sieben anderen Erfolgsstrategien spielt. Die Beherrschung Ihrer Vorstellungskraft ist eine grundlegende Voraussetzung dafür, daß Sie Ihre persönliche Höchstleistungszone erreichen.

Zusammenfassung

So lernen Sie, kreativ zu denken

Schritt 1: Entwickeln Sie Ihre Vorstellungskraft
Schritt 2: Malen Sie sich aus, wie Sie Ihre Ziele erreichen
  • Vorausplanen
  • Phantasievoll lernen
  • Problemlösungen visualisieren
Schritt 3: Entwickeln Sie ein erfolgreiches Selbstbild

Produktivitätsanalyse:
Denken Sie wie ein Gewinner

Einer der denkwürdigsten Augenblicke, den ich bei Olympischen Spielen miterlebt habe, war der »Kampf der Brians« 1988. Brian Orser, kanadischer Eiskunstlaufmeister, hatte 1984 in Sarajewo die Silbermedaille gewonnen und war amtierender Weltmeister. Brian Boitano, in den USA die Nummer eins, hatte die Weltmeisterschaft 1986 gewonnen. Beide galten in Calgari als Favoriten, und sie wurden ihrem Ruf mit herausragenden Leistungen gerecht. Bei Olympischen Spielen sieht man im Eiskunstlauf selten Darbietungen von Weltformat, weil der Druck, unter dem die Athleten stehen, ungeheuer groß ist. Aber Orser und Boitano zeigten brillante, geradezu virtuose Programme. In einer sehr knappen Entscheidung erkannten die Preisrichter Boitano die Goldmedaille zu.

Nach dem Wettbewerb gab Brian Boitano eine faszinierende Beschreibung des inneren Kampfes ab, dem ein Athlet in einer so nervenaufreibenden Situation ausgesetzt ist. »Es war hart, weil eine innere Stimme mir immer wieder sagte, Das ist er, der große Tag, die Olympischen Spiele, *während eine andere Stimme mir zuflüsterte,* Tu einfach so, als wäre es irgendein x-beliebiger Wettbewerb. Du weißt doch, wie's geht, du hast es doch schon tausendmal gemacht. *Das war ein richtiges Kräftemessen, ein Tauziehen. Ich habe mir gesagt:* Langsam, immer schön eins nach dem anderen, dann kann gar nichts schiefgehen. *Es war ein Ringen mit mir selbst, ein erschöpfender innerer Dialog. Der Druck war unvorstellbar, größer hätte er nicht sein können. Ich bin stolz auf mich, daß ich diesen Streß bewältigt und dazu noch das beste Gesamtergebnis in meinem ganzen Leben erzielt habe.*

Was versteht man unter Produktivitätsanalyse?

Brian Boitanos Erfolg war kein Zufall. Die Stimme, die ihm sagte, *Das ist er, der große Tag, die Olympischen Spiele,* hätte seine Konzentration auf den bevorstehenden Wettkampf stören und leistungshemmend wirken können. Aber die andere Stimme behielt die Oberhand. *Du weißt, wie's geht, du hast es doch schon tausendmal gemacht.* Boitano wandte die Technik der Produktivitätsanalyse an, um seine Darbietung steuern zu können.

Wie wir an Reginas Beispiel im vorherigen Kapitel gesehen haben, kann ein erfolgreiches Selbstbild zum Erfolg führen, während ein negatives Selbstbild den Mißerfolg leicht anzieht. Im letzten Kapitel haben Sie gelernt, wie Sie selbstzerstörerischen Überzeugungen mit Hilfe Ihrer Vorstellungskraft zu Leibe rücken, um Ihre Ziele zu erreichen. In diesem Kapitel werden wir uns mit der Art und Weise befassen, wie erfolgreiche Menschen verbale und logische Gedanken einsetzen, um zum Ziel zu kommen.

Die Produktivitätsanalyse ist die Fähigkeit, negative Gedanken, die Ihr Leistungsniveau beeinträchtigen, durch produktive zu ersetzen, die als Sprungbrett in Ihre persönliche Höchstleistungszone dienen. Jeder Mensch besitzt eine Art »innere Stimme«. Sie meldet sich in Gedanken zu Wort, wenn Sie sich mitten in einer Aufgabe befinden. Manchmal ist diese innere Stimme hilfreich, oft beeinflußt sie unsere Leistung jedoch negativ. Häufig merken wir gar nicht, daß diese innere Stimme zu uns spricht. Aber Champions aus allen Lebensbereichen wissen, daß dieser innere Dialog, vor allem in kritischen Situationen, Erfolg und Mißerfolg bewirken kann.

Zwei Sportler, mit denen ich vor den Olympischen Spielen in Barcelona gearbeitet habe, veranschaulichen, welchen Einfluß diese innere Stimme auf unsere Leistung hat. Beide hatten mit einem körperlichen Handicap zu kämpfen, einer schweren Verletzung, die sie sich ein Jahr vor der Olympiade zugezogen hatten. Der eine, Eric, war Bodenturner und in das Olympische Trainingszentrum in Colorado Springs gekommen, um seine

Schulterverletzung in der angeschlossenen Rehaklinik auszukurieren. Der andere, Alan, war Radrennfahrer, der bei einem Sturz eine langwierige Knieverletzung davongetragen hatte. Beide hatten eine schwere Verletzung, aber ihre Reaktionen auf die Zwangspause waren völlig verschieden.

Eric nahm jede Chance wahr, »am Ball« zu bleiben. Obwohl er sechs Monate nicht trainieren konnte, sah er bei allen Mannschaftstrainings zu und leistete seinen Teamkollegen Hilfestellung bei ihren Übungen. Er arbeitete daran, seine Kondition zu verbessern, und bat einen der Trainer, ein spezielles Kraft- und Ausdauertraining für ihn auszuarbeiten. Eric ergriff jede Gelegenheit, vorwärtszukommen. Er kam zu mir, weil er seine Visualisierungsfähigkeit verbessern wollte. Jeden Tag sah er sich mehrere Stunden lang Videoaufzeichnungen von den besten Bodenturnern der Welt an und malte sich aus, wie er das gleiche Programm absolvierte. Nach seinen Plänen befragt, erzählte Eric mir, er rechne fest damit, sich für die Olympiade zu qualifizieren. »Ich sage mir immer wieder, daß ich es schaffen kann, wenn ich nur will. Ich sage mir, daß sich mir hier eine einmalige Gelegenheit bietet, Kraft, Kondition und Ausdauer zu trainieren, auch ohne auf die Matte zu gehen. Wenn der Arzt mir in ein paar Monaten mitteilt, daß ich wieder an den Geräten trainieren darf, dann möchte ich so gut wie möglich vorbereitet sein.« Keiner, der Eric kannte, war überrascht, daß er sein Ziel ein Jahr später erreichte. Er sicherte sich einen Platz in der olympischen Mannschaft und kam in Barcelona unter die ersten zehn – eine bemerkenswerte Leistung.

Alan suchte mich auf, weil er unter Depressionen litt. Er war verbittert wegen der Entscheidung der Trainer, die ihn genötigt hatten, am Unfalltag aufs Rad zu steigen. »Eigentlich war das mein Ruhetag«, erklärte er. »Aber der Trainer wollte mich unbedingt als Schrittmacher für einige der jüngeren Burschen in unserer Mannschaft haben. Hätte ich mich an diesem Tag nicht aufs Rad gesetzt, wäre das nie passiert. Jetzt ist meine Chance, mich für die Olympiamannschaft zu qualifizieren, beim Teufel. Eine solche Gelegenheit bietet sich mir vielleicht nie wieder.«

Ich versuchte Alan zu bewegen, seine Möglichkeiten während der Rehabilitation aus der produktiven Warte zu sehen, aber er schaffte es nicht, über seine Pechsträhne hinauszudenken. Es waren noch mehr als 16 Monate bis zu den Olympischen Spielen, aber Alan hatte sich ausschließlich auf die verlorene Trainingszeit fixiert. Natürlich kam es, wie es kommen mußte: Die Rehabilitation erwies sich auf medizinischer und sportlicher Ebene als ein langwieriger Prozeß, und als Alan wieder an Radrennen teilnehmen durfte, konnte er nicht mehr an seine alten Leistungen anknüpfen. Den Traum von der Aufnahme in die Olympiamannschaft mußte er begraben.

Der entscheidende Unterschied zwischen Eric und Alan war die Art, wie sie mit sich selbst sprachen. Erics innere Stimme war hoffnungsvoll und optimistisch, sie war produktiv. Alans Stimme klang dagegen pessimistisch und düster. Die Leistungen, die beide nach der Rehabilitation erbrachten, spiegelten die innere Stimme wider. Eric konnte an seine alten Erfolge anknüpfen, Alan erlebte die Enttäuschung, mit der er gerechnet hatte. Ich habe eben dieses Phänomen, daß Hochleistungssportler letztlich so gut sind, wie sie erwarten, unzählige Male beobachten können. Das gilt nicht nur für den Sport, sondern für Menschen in allen Lebensbereichen.

Ihre innere Stimme kann über Erfolg und Mißerfolg entscheiden! Deshalb hat das verbale Denken, die innere Stimme, eine so große Bedeutung, wenn es gilt, über einen langen Zeitraum Bestleistungen zu erbringen. Viele meiner Klienten üben beispielsweise eine sehr streßbeladene Tätigkeit aus. Sie haben das Gefühl, ständig unter Leistungsdruck zu stehen. Daher ist es wichtig, sich bewußtzumachen, daß nicht der Beruf den Streß verursacht; Sie selbst sind es! Ihre innere Stimme legt fest, ob Sie eine Situation als stressig empfinden oder nicht.

Im Olympischen Trainingszentrum in Colorado Springs gibt es ein Sprichwort:

Der einzige Streß, den es gibt, ist der Streß, den man sich selbst macht.

Wie man eine Produktivitätsanalyse durchführt

Drei grundlegende Schritte erleichtern Ihnen die Durchführung einer Produktivitätsanalyse:

Produktivitätsanalyse

Schritt 1: Achten Sie auf Ihre innere Stimme
Schritt 2: Machen Sie konstruktiven Gebrauch von Ihrer Selbstkritik
Schritt 3: Ersetzen Sie negative Gedanken durch produktive Gedanken

---

Als erstes müssen Sie sich Ihrer inneren Stimme bewußt werden. Sobald Sie einen Draht zu Ihrer Denkweise entwickelt haben, werden Sie die typischen negativen Gedanken, die Ihre Leistungsfähigkeit hemmen, (Ihren »inneren Kritiker«) auf Anhieb erkennen.

Der nächste Schritt besteht darin, diejenigen Bereiche in Ihrem Leben zu ermitteln, in denen Sie Verbesserungen anstreben. Der Trick ist, sich die eigenen Schwächen offen einzugestehen, ohne zu hart mit sich selbst ins Gericht zu gehen. Nur wenn Sie Ihre Defizite als solche erkennen und ausgleichen, sind Sie imstande, Spitzenleistungen zu erbringen. Außerdem können Sie auf diese Weise andere überrunden, die sich blind an den Status quo klammern. Ihr innerer Kritiker kann dabei helfen, Sie auf veränderungsbedürftige Bereiche hinzuweisen.

Ihren Leistungsgipfel erreichen Sie aber nur dann, wenn Sie die negativen Denkschablonen, die Sie entdeckt haben, über Bord werfen und durch produktive Alternativen ersetzen. Lassen Sie uns diese drei Schritte nun eingehender betrachten.

Schritt 1: Achten Sie auf Ihre innere Stimme

Der erste Schritt besteht darin, sich die Bedeutung der inneren Stimme für Ihr Leben und Ihre täglichen Aktivitäten vor Augen zu führen. Manche Menschen neigen ohnehin dazu, Selbstgespräche zu führen. Wenn ich sie bitte, einen dieser inneren Dialoge zu beschreiben, sind sie meistens in der Lage, ihn wortwörtlich zu wiederholen. Aber viele machen sich nicht bewußt, wann und wie sie mit sich selbst reden. Sie müssen »passen«, wenn sie mir ihre Gedanken in einer bestimmten Situation beschreiben sollen. Wenn Sie einen guten Draht zu Ihrer inneren Stimme entwickelt haben oder gerade dabei sind, Ihre Antennen in dieser Richtung auszufahren, können Sie es zu wahrer Meisterschaft in der Produktivitätsanalyse bringen.

Wenn Sie einmal verstärkt darauf achten, *wie* Sie denken, werden Sie merken, daß Ihre Gedanken häufig in Form eines inneren Dialogs ablaufen, als hörten Sie zwei verschiedenen Personen zu, die sich unterhalten. Brian Boitano hat diese verbale Auseinandersetzung sehr treffend als Tauziehen beschrieben.

Der Kritiker

Vielleicht ist Ihnen aufgefallen, daß die eine der beiden inneren Stimmen häufig negativ eingestellt, schuldbewußt oder nicht in der Lage ist, den Mund zu halten. Ich nenne sie den Kritiker. Er meldet sich beinahe automatisch zu Wort. Er gibt ungebeten zu allem »seinen Senf« dazu und bewirkt damit in aller Regel, daß Sie sich nicht wohl in Ihrer Haut fühlen, wenn Sie seine Ratschläge mißachten. Es war die Stimme des inneren Kritikers, die Brian Boitano hörte, als er sich sagte: Das ist der Tag, auf den ich so lange gewartet habe, die Olympischen Spiele.

Wenn der Kritiker Ihre innere Stimme in Situationen kontrolliert, in denen erstklassige Leistungen gefordert sind, werden Sie unweigerlich schlechtere Leistungen erbringen. Die Sportpsychologin Judy Van Raalte und ihre Kollegen am Springfield

College haben die Auswirkungen des inneren Dialogs in einer Studie untersucht, an der 24 der besten Nachwuchstennisspieler der USA teilnahmen. Das Spielverhalten der jungen Spieler wurde bei zwei Turnieren der United States Tennis Association genau beobachtet. Es stellte sich heraus, daß diejenigen Probanden, die ihre Leistungen lautstark bemängelten, häufiger Punkte in kritischen Phasen des Spiels verloren. Sie sagten Dinge wie: »Du bist heute lahm wie eine Schnecke!«, »Wieso muß ich den Aufschlag schon wieder verpatzen?« oder »Mein Gott, das ist ja entsetzlich.«

Die verbalen Äußerungen und Reaktionen der besten Spieler waren im Gegensatz dazu kontrollierter und konstruktiver. Sie feuerten sich beispielsweise mit den Worten an: »Auf geht's!«, »Jetzt werde ich's dir aber zeigen!« oder »Komm, beweg dich!« Interessanterweise schnitten Probanden, die auf die Frage »Haben Ihre Selbstgespräche das Spielergebnis beeinflußt?« mit »ja« antworteten, wesentlich besser ab, als diejenigen, die mit »nein« antworteten. Die Spieler, die an die Kraft ihrer inneren Stimme glaubten, waren die Gewinner.

Wie Sie negative Gedanken erkennen

Eine wirksame Produktivitätsanalyse beruht zum großen Teil auf der Fähigkeit, die negativen Denkschablonen Ihres inneren Kritikers ausfindig zu machen und sie durch produktive Gedanken zu ersetzen, die Ihnen helfen, Ihre Höchstleistungszone zu erreichen. Wir alle haben im Laufe der Jahre negative Denkmuster entwickelt, die in Erfahrungen während unserer Kindheit und Jugend wurzeln.

Es gibt eine sehr wirksame Methode, Gedanken zu identifizieren, die die Leistung beeinträchtigen. Sie wurde von den Sportpsychologen und Forschern Sue Jackson und Glyn Roberts von der University of Illinois in einem Experiment erprobt, um College-Sportler auf die Bedeutung ihrer inneren Stimme aufmerksam zu machen. Sie baten 200 Studenten, sich an ihre Ge-

danken während der besten und der schlechtesten Leistung ihrer sportlichen Laufbahn zu erinnern.

Jackson und Roberts stellten fest, daß 66 Prozent der Befragten während der Bestleistung an die Aktivität selbst dachten. Sie
richteten ihr Augenmerk in jeder Phase auf die Bewegungen, die
sie gerade ausführten. Eine Tennisspielerin beschrieb beispielsweise ihre Gedanken in ihrem besten Match folgendermaßen:

*Vor dem Spiel habe ich mir einige Ziele aufgeschrieben. Eines war,
wirklich Spaß dabei zu empfinden, und ein anderes, mich voll auf den
Ball zu konzentrieren. Ich nahm mir vor, diese Ziele zu erreichen und
nicht an das Ergebnis zu denken. Ich versuchte, einen Punkt nach dem
anderen zu gewinnen und nur auf den Ball zu achten, ihn immer mit
den Augen zu verfolgen. Ich war sicher, daß ich gut abschneiden würde; über Sieg oder Niederlage habe ich eigentlich nicht richtig nachgedacht, weil ich völlig auf die Aufgabe konzentriert war, die ich in diesem Augenblick bewältigen mußte. Für mich existierte in diesem Augenblick nichts anderes mehr. Es gab nur mich selbst, den Ball und
sonst nichts. Ich hatte das Gefühl, den Ablauf des Spiels von Anfang
bis Ende voll unter Kontrolle zu haben.*

Bei der Schilderung ihrer schlechtesten Leistung erklärten sage
und schreibe 88 Prozent der Befragten, daß sie ständig an den
Ausgang des Wettkampfs gedacht hatten. Sie waren so fixiert
auf das Ergebnis, daß sie sich nicht darauf konzentrieren konnten, was sie im Augenblick taten. Ein Läufer schilderte seine Gedanken während des Rennens so:

*Im Hinterkopf hatte ich den Gedanken: Da kann ich nicht mithalten.
Gehöre ich wirklich hierher? Ich war überhaupt nicht richtig bei der
Sache. Mein Blick schweifte dauernd ab. Ich weiß noch, einmal dachte
ich, daß ich eigentlich weiter vorne im Pulk laufen sollte. Aber dann
sagte ich mir,* Ach, was soll's, du qualifizierst dich ja sowieso
nicht. *Statt mich auf das Rennen zu konzentrieren, ließ ich zu, daß
mich die Angst vor dem Ergebnis lähmte.*

Sind auch Ihnen solche Situationen vertraut? Erfolgreiche Athleten konzentrieren sich innerlich ganz auf die Aufgabe, die sie bewältigen müssen. Die nachfolgende Übung hat sich bei vielen Spitzensportlern bewährt; sie dient dazu, sich die Bedeutung der eigenen Gedanken für die Leistung bewußtzumachen. Versuchen Sie es selbst.

Gedanken, die Ihnen während Ihrer besten und während Ihrer schlechtesten Leistung durch den Kopf gegangen sind

Denken Sie an einen Bereich, in dem Sie erfolgreicher sein möchten. Womit haben Sie in dem Bereich Probleme? Ein Golfspieler kann beispielsweise absolut Spitze beim Abschlag sein, aber Probleme mit dem Einlochen haben.

Denken Sie an eine Zeit zurück, in der Sie Ihr Problem souverän bewältigt haben. Ich habe beispielsweise mit Terri, einer Freizeitgolferin, gearbeitet, der das Einlochen des Balls nicht gelingen wollte. Ich bat sie, sich an eine Situation zu erinnern, in der das Einlochen sehr gut geklappt hatte. Sie schrieb alle produktiven Worte oder Gedanken, die ihr in dieser Situation durch den Kopf gegangen waren, in ihrem Leistungsjournal auf. Machen Sie es genauso. Helfen Sie Ihrer Erinnerung, indem Sie die Technik des kreativen Denkens anwenden, um diesen Tag so deutlich wie möglich zu visualisieren.

Hier sind die Gedanken, die Terri aufgeschrieben hat:

- Spaß haben. Diese Golfrunde ist ohnehin für die Katz, deshalb kann ich nur aus meinen Fehlern lernen.
- Wenn du auf dem Grün bist, Informationen wie ein Schwamm aufsaugen. Auf Gelände, Windverhältnisse, Ballgeschwindigkeit achten; abschätzen, aus welcher Position du den Ball am liebsten einlochen würdest.
- Gut überlegen, welchen Schläger du zum Einlochen nimmst, und dann los. Es kann gar nichts mehr schiefgehen!

So, und nun erinnern Sie sich an die schlimmste Erfahrung, die Sie in Ihrer Problemsituation gemacht haben. Rufen Sie sich eine Zeit ins Gedächtnis zurück, in der alles schiefzulaufen schien, so daß Sie am Ende völlig frustriert oder am Boden zerstört waren. Nutzen Sie auch hier Ihre Fähigkeit, kreativ zu denken und noch einmal nachzuempfinden, was an diesem rabenschwarzen Tag in Ihnen vorging. Schreiben Sie nun alle negativen Gedanken in Ihr Leistungsjournal.

Hier ist die Liste der negativen Gedanken, an die sich Terri erinnerte:

- Du könntest heute die Schallmauer 100 durchbrechen! Aber dafür müßtest du den Ball schon ziemlich gut treffen.
- Das ist doch zu schaffen; diesen Ball müßte ich eigentlich ins Loch befördern.
- Was ist bloß los mit mir? Letztes Jahr hat es viel besser geklappt.
- Du bist zu nervös. Trödel nicht rum, schlag einfach, ohne lange zu überlegen.

Wenn Sie Ihrer inneren Stimme lauschen, sind Sie in der Lage, bestimmte Denkmuster aufzuspüren, die leistungsfördernd beziehungsweise leistungshemmend wirken. Dieses Wissen ermöglicht Ihnen, Denkstrategien zu entwickeln, die Ihnen helfen, Ihr Leistungsoptimum zu verwirklichen. Terri verbesserte ihre Technik, als sie sich ermahnte, unverkrampfter zu spielen und den Bewegungsablauf beim Einlochen genau zu beobachten. Sobald sie hektisch wurde, weil sie nur noch über das Ergebnis des Schlags nachdachte, ließ ihre Treffsicherheit nach.

Denken Sie nun an eine weitere Schwierigkeit, die Sie gerne meistern würden. Wählen Sie dabei einen Lebensbereich, der sich vom ersten unterscheidet. Führen Sie die beiden Schritte durch, die ich für das erste Problem beschrieben habe: Rufen Sie sich eine Zeit ins Gedächtnis zurück, in der Sie die Aufgabe optimal bewältigt haben, und schreiben Sie alle Gedanken auf, die Ihnen dabei durch den Kopf gegangen sind. Anschließend visualisieren Sie eine Situation, in der Ihre Leistung katastrophal war; notieren Sie auch jetzt wieder Ihren inneren Dialog.

Vergleichen Sie nun die produktiven und die negativen Gedanken in den beiden unterschiedlichen Problembereichen. Einige Dinge, die Sie sich gesagt haben, waren wahrscheinlich sehr unterschiedlich. Aber einige der Gedanken waren sich vermutlich auch sehr ähnlich. Diese können in vielen verschiedenen Situationen leistungsfördernd sein. Die übereinstimmenden negativen Dinge sind wahrscheinlich in den meisten Situationen leistungshemmend.

Fangen Sie an, positive und negative Gedanken in ein kleines Notizbuch einzutragen, das Sie im Idealfall immer bei sich haben sollten. Man kann schließlich nie wissen, wann man einen negativen Gedanken entdeckt oder eine Möglichkeit findet, ein Problem konstruktiv zu lösen.

Bitten Sie Ihren Partner oder einen guten Freund, Ihnen beim Aufspüren von Denkmustern zu helfen. Erzählen Sie ihnen von den beiden Problemen, die Sie für die Übung ausgewählt haben, und bitten Sie um Rückmeldungen: »Du kennst mich doch ganz gut. Was sage ich in solchen Situationen normalerweise?« Vielleicht überrascht es Sie, daß Personen, die Sie gut kennen, soviel über Ihre innere Stimme wissen. Das liegt daran, daß die Ansichten des Kritikers auch in die Gespräche mit anderen einfließen.

Wenn Sie sich Ihrer inneren Stimme bewußt geworden sind, werden Sie die Auswirkungen Ihrer Gedanken auf Ihr Verhalten erkennen. Sie werden feststellen, daß produktives Denken zum Erfolg führt, während eine negative Grundeinstellung schwachen, wenn nicht sogar katastrophalen Ergebnissen Vorschub leistet.

Schritt 2: Machen Sie konstruktiven Gebrauch von Ihrer Selbstkritik

Nachdem Sie die negativen Gedanken Ihres inneren Kritikers erkannt haben, müssen Sie diese durch eine positivere Einstellung über Ihre Leistung ersetzen. Diese Alternative bezeichne ich als konstruktives oder produktives Denken.

Was versteht man unter der Fähigkeit, konstruktiv zu denken? Das Gegenteil von negativen Gedanken, oder? Statt der Schwarzmalerei überzeugen Sie sich selbst davon, daß schon alles gutgehen wird. Die Kraft des positiven Denkens wird dann schon den Rest besorgen. Der Glaube versetzt bekanntlich Berge, also müssen Sie nur fest an den Erfolg glauben!

Leider ist es nicht ganz so einfach. Sonst gäbe es mit Sicherheit nur noch erfolgreiche Menschen. Nein, konstruktives Denken bedeutet, mit Hilfe der inneren Stimme einen Weg zu finden, der uns zu unseren Zielen führt. Bisweilen läßt es sich dabei nicht vermeiden, kritisch, ja sogar hart gegen sich selbst zu sein. Ich werde es Ihnen erklären.

Warum positives Denken nicht ausreicht

Eines der größten Ammenmärchen in unserer heutigen Zeit ist die Behauptung, wir könnten allein durch die Kraft des positiven Denkens zu Ruhm und Reichtum gelangen. Im Rahmen meiner Arbeit mit Athleten höre ich viele Reden, die den einzelnen motivieren sollen. Ein weitverbreiteter Irrglaube ist die Annahme, daß man automatisch Erfolg hat, wenn man sich das bildlich vorstellen kann. »Stellen Sie sich vor, wie Sie den größten Traum Ihres Lebens verwirklichen«, empfahl ein Motivationsexperte, dessen Vortrag ich mir angehört hatte. »Und wenn Sie wirklich daran glauben, dann wird Ihr Traum in Erfüllung gehen.«

Aber positives Denken allein bewirkt wenig. Wir alle wünschen uns, daß unsere Träume in Erfüllung gehen, wenn wir nur fest genug daran glauben. Leider sieht die Wirklichkeit anders aus. Was uns ans Ziel unserer Wünsche bringt, ist harte Arbeit, und es gibt nichts, was Mühe und Training ersetzen könnte.

Der Sportler Bob Foth faßte die Probleme des positiven Denkens klar zusammen. Er hatte gerade an einem ganztägigen Workshop teilgenommen, der von einem Motivationstrainer abgehalten wurde. Bob zählt zu den besten Schützen der USA: Er hat mehrere Weltcup-Ausscheidungen gewonnen und 1992 bei den Olympischen Spielen in Barcelona die Silbermedaille geholt. Als ich ihn auf das Thema ansprach, erklärte er, daß er ratlos und verwirrt sei.

»Wie kann man von mir erwarten, daß ich andauernd positiv denke? Ich trainiere jeden Tag mehrere Stunden, und meine Leistungen kritisch zu überprüfen gehört einfach dazu. Ich muß meine Fehler unter die Lupe nehmen und analysieren, warum ich nicht gut in Form bin. Ich muß sehr selbstkritisch sein, anders kann ich meine Technik und Konzentrationsfähigkeit nicht verbessern. Wenn Schwachstellen vorhanden sind, gilt es, sie aufzuspüren und auszumerzen. Wenn ich am Schießstand stehe, will ich das Gefühl haben, daß ich ein besserer Schütze bin und mich gründlicher vorbereitet habe als der Mann neben mir. Ich kann mir keine Schwächen leisten. Was hätte ich davon, wenn ich immer nur positiv dächte? Was ich lernen muß, ist, meine Leistungen objektiv zu beurteilen, und das schließt Selbstkritik ein.«

Dieser Athlet brachte das Problem mit dem Mythos des positiven Denkens unverblümt auf den Punkt. Wenn wir uns verbessern wollen, müssen wir uns unsere Schwächen und Defizite objektiv vor Augen führen. Nur wenn wir sie erkennen, sind wir imstande, nach Möglichkeiten zu suchen, Abhilfe zu schaffen. Dabei bringt positives Denken uns nicht weiter; gefordert ist hier eine Denkstrategie der Art, wie ich sie bei allen erfolgreichen Menschen entdeckt habe, nämlich die Fähigkeit, die eigene Leistung konstruktiv zu bewerten, sie kritisch, aber nicht aus einer negativen Perspektive zu betrachten.

Lassen Sie Ihren inneren Kritiker für Sie arbeiten

Es überrascht Sie vielleicht zu erfahren, daß Sie Ihren inneren Kritiker auf äußerst positive Weise einsetzen können. Wie? Indem Sie ihn darauf drillen, Schwächen aufzuspüren. Erst wenn Sie wissen, woran es bei Ihnen hapert, haben Sie die Chance, nach Verbesserungsmöglichkeiten zu suchen.

Der innere Kritiker ist nicht zuletzt deshalb so überzeugend, weil in seinen Argumenten ein Körnchen Wahrheit steckt. *Mach dieses Mal bloß nicht den gleichen Fehler wie bei deiner letzten Präsentation*, hören wir seine mahnende Stimme.

Zugegeben, Sie haben bei Ihrer letzten Präsentation vor Kunden tatsächlich wenig überzeugend gewirkt. Aber das bedeutet noch lange nicht, daß Ihre Fähigkeiten als Redner jedesmal zu wünschen übriglassen. Ihr innerer Kritiker hat noch nicht zur Kenntnis genommen, daß Veränderung möglich ist.

Sie sollten sich also seine Dienste zunutze machen, um Ihre Leistungen zu verbessern. Betrachten Sie Ihre negativen Gedanken durch eine realistische, objektive Brille. Haben Sie wirklich ein Problem? Könnten Sie in diesem Bereich besser sein? Wenn ja, dann warten Sie nicht lange, sondern packen Sie an!

Die Präsentationsschwäche ließe sich beispielsweise durch den Erwerb von Fähigkeiten überwinden, die Ihnen mehr Sicherheit bei einem Auftritt vor Publikum verleihen. Vielleicht können Sie an einem Rhetorikkurs teilnehmen. Oder ein Kollege, der schon gute Vorträge hält, erklärt sich auf Ihre Bitte hin bereit, Sie in die Geheimnisse der Kundenpräsentation einzuweihen. Es gibt meistens zahlreiche Möglichkeiten. Aber Problemlösungen fallen Ihnen nur ein, wenn Sie sich mit den negativen Gedanken Ihres Kritikers auseinandersetzen.

Machen Sie sich bewußt, daß er in der Vergangenheit lebt, nicht in der Gegenwart. Wenn Sie Fortschritte machen, dauert es eine Weile, bis er sich an Ihr neues Ich gewöhnt hat. Wenn Ihnen also Fehler unterlaufen, nehmen Sie diese zur Kenntnis und sagen Sie sich, daß Sie einen Bereich ermittelt haben, in dem Sie an sich arbeiten müssen. Beschließen Sie zu lernen, was erforderlich ist, um dieses Problem ein für allemal vom Tisch zu bringen. Und danach hören Sie auf, sich den Kopf darüber zu zerbrechen! Sollten Sie dagegen zu der Schlußfolgerung gelangt sein, daß es im Gegensatz zur Ansicht Ihres inneren Kritikers nichts mehr zu verbessern gibt, dann müssen Sie lernen, ihn zu ignorieren.

Wie gelingt es Ihnen, den inneren Kritiker zu ignorieren, der sich mitten in einer wichtigen Situation bemerkbar macht? Das ist Thema des nächsten Schritts der Produktivitätsanalyse. Auch wenn Sie ihn beim Aufspüren von Leistungsmängeln einsetzen, müssen Sie Ihre negativen Gedanken abbauen. Vor allem in Situationen, in denen Leistung gefordert ist, bringt Sie negatives Denken keinen Schritt weiter.

Schritt 3: Ersetzen Sie negative Gedanken durch produktive Gedanken

Um Ihre Höchstleistungszone zu erreichen, müssen Sie negative Gedanken (die leistungshemmend wirken) durch produktive (die Leistung fördern) ersetzen. Viele erfolgsgewohnte Menschen haben festgestellt, daß sie ihre Ziele leichter erreichen, wenn sie ihre negativen Gedanken »ausradieren«. Ich werde Ihnen zeigen, wie man dabei vorgeht.

Am besten merzen Sie unerwünschte negative Gedanken aus, wenn Sie Ihre Aufmerksamkeit auf die gewünschten produktiven Gedanken richten. Gewöhnen Sie sich an, negative Gedanken schnell zu bemerken und sie unverzüglich durch produktive zu ersetzen. Und das geht folgendermaßen:

Wie Sie negative Gedanken durch produktive Gedanken ersetzen

Kehren wir noch einmal zu der Liste der negativen Gedanken zurück, die Sie für die Übung »Gedanken, die Ihnen während Ihrer besten und während Ihrer schlechtesten Leistung durch den Kopf gegangen sind« notiert haben. Wählen Sie einen Leistungsbereich aus, der Ihnen Probleme bereitet.

Nehmen Sie ein leeres Blatt Papier und ziehen Sie in der Mitte eine senkrechte Linie. In die linke Spalte schreiben Sie nun die negativen Gedanken, die Sie in dieser Situation haben.

Rechts notieren Sie neben jedem destruktiven einen konstruktiven Gedanken als Ersatz. Überlegen Sie, wie Sie Ihrer negativen inneren Stimme am besten widersprechen können.

Hier einige Beispiele, falls Sie Angst davor haben, Vorträge zu halten:

Negative Gedanken	Produktive Gedanken
Das wird bestimmt ein Fiasko.	*Das ist eine gute Gelegenheit, meine neuen Fähigkeiten als Redner zu üben.*
Niemand interessiert sich für das. was ich zu sagen habe.	*Das Thema fasziniert mich. Ich werde die Zuhörer mit meiner Begeisterung anstecken.*
Ich habe einen ganz nervösen Magen. Ich fühle mich hundeelend.	*Ich bin aufgeregt. Daß ich ein Kribbeln im Bauch spüre, ist ganz natürlich.*

Nehmen Sie sich die Zeit, produktive Gedanken aufzulisten, mit denen Sie zufrieden sind. Und keine Angst vor Experimenten. Wenn Ihnen nach einer Weile etwas Besseres einfällt, notieren Sie auch diese Idee. Bitten Sie andere um Ratschläge und Tips. Tragen Sie das Blatt ein paar Tage lang ständig bei sich und arbeiten Sie immer dann an Ihrer Liste, wenn Ihnen etwas Neues dazu einfällt.

Der nächste Schritt besteht darin, das produktive Denken zur Gewohnheit werden zu lassen. Wiederholung oder Übung ist dabei die beste Methode.

Wenn Ihnen beispielsweise davor graut, frei vor Publikum zu reden, sollten Sie vor dem Spiegel üben. Als erstes gilt es, kreativ zu denken und sich auszumalen, daß Sie sich in einem Raum voller Zuhörer befinden. Versuchen Sie, das Lampenfieber, das

Sie normalerweise in solchen Situationen überfällt, wirklich nachzuempfinden. Wenn Sie sich die Szene lebhaft genug vorstellen, hören Sie vermutlich auch wieder die negativen Kommentare Ihres inneren Kritikers. Sobald Sie merken, daß Sie wieder negativ denken, sagen Sie sich die produktiven Ersatzgedanken mit fester Stimme laut vor. Es macht nichts, wenn Sie sich zunächst albern dabei vorkommen. Sie üben, genau wie ein Spitzensportler, der seine Leistungen verbessern will.

Beim nächsten Mal, wenn Sie Ihre Rede auswendig lernen und proben, sprechen Sie sich Ihre produktiven Gedanken gleich zu Anfang laut vor. Falls Sie diese mehrmals wiederholen müssen, um Ihr Selbstvertrauen zu stärken, tun Sie sich keinen Zwang an. Sie allein bestimmen das Lerntempo.

Und zum Schluß stellen Sie sich vor, wie Sie die Rede halten, und dabei sagen Sie Ihre produktiven Gedanken stumm auf, nur für sich selbst. Äußern Sie nie einen negativen Gedanken, den Sie nicht sofort durch einen produktiven ersetzen könnten.

Sie können diese Methode in jeder Situation anwenden. Immer, wenn Sie sich bei negativen Gedanken ertappen (und das werden Sie), bemühen Sie sich bewußt, produktiv zu denken. Verlieren Sie nicht die Geduld, wenn Sie feststellen, daß sich trotz der Übung noch negative Gedanken einschleichen. Vergessen Sie nicht, daß es Jahre gedauert hat, bis Sie dorthin gelangt sind, wo Sie sich heute befinden. Ersticken Sie Ihren negativen Gedanken im Keim und beginnen Sie, einen produktiven Gedanken zu formulieren. Sie werden erstaunt sein, wie sich Ihre Leistungen verbessern, wenn Sie diese Methode beherrschen.

Manchmal ist es schwer, negative Gedanken zu bekämpfen und hilfreiche Alternativen zu entwickeln. Zur Unterstützung Ihrer Lernfortschritte finden Sie im folgenden einige Vorschläge und Tips.

Tips, die das produktive Denken fördern

Die Strategie des produktiven Denkens zielt darauf ab, eine Atmosphäre zu schaffen, die Ihnen gestattet, Ihr Leistungsoptimum zu erreichen. Dadurch haben Sie die größten Chancen, erfolgreich zu sein. Während Sie sich verändern und weiterentwickeln, verändern sich auch Ihre produktiven Gedanken. Die nachfolgenden Vorschläge basieren auf meinen persönlichen Erfahrungen mit Olympiateilnehmern und Profisportlern.

Konzentrieren Sie sich auf die Gegenwart

Produktive Gedanken bewirken, daß Spitzensportler ihr Augenmerk ausschließlich auf die bevorstehende Aufgabe und ihre eigenen Aktivitäten richten. Gedanken an die Vergangenheit oder Zukunft werden dabei ausgeklammert. Ein Beispiel: *Dies ist ein ganz neuer Wettkampf. Die letzten Leistungen vergessen und mich auf mein Erfolgskonzept konzentrieren. Ich weiß ganz genau, was ich tun muß, um Spitzenleistungen zu erbringen. Also los, auf ein Neues.*

Denken Sie an Ihre aktionsorientierten Ziele

Um den Fluß der produktiven Gedanken zu fördern, sollten Sie sich vergewissern, daß Sie Ihr Augenmerk auf die Maßnahmen richten. Zerbrechen Sie sich nicht den Kopf über das Endergebnis. Ein Beispiel: *Ich habe keinen Einfluß darauf, welchen Platz ich belegen werde. Was ich dagegen sehr wohl steuern kann, ist meine eigene Leistung. Ich werde mich allein auf die aktionsorientierten Ziele für diesen Wettkampf konzentrieren.*

Suchen Sie ständig nach Verbesserungsmöglichkeiten

Das ist ein Rat, den ich immer wieder von sehr leistungsstarken Menschen aus allen Lebensbereichen bekomme. Sobald sie die schlechte Gewohnheit, sich ständig mit anderen zu vergleichen, ablegen, werden sie auf ihrem Weg zum Erfolg durch die stetige Suche nach persönlichen Fortschritten geleitet. Dies ist ein wichtiges Element der Produktivitätsanalyse.

Die Sportpsychologen Bob Rotella und seine Kollegen von der University of Virginia liefern ein anschauliches Beispiel für diese Strategie. Sie studierten das Wettbewerbsverhalten von Skifahrern in Nordamerika und stellten fest, daß den erfolgreichsten Athleten etwas gemein war. Nachdem sie sich die Rennstrecke genau angesehen hatten, gingen sie diese noch einmal ab und prägten sich den Verlauf Abschnitt um Abschnitt genau ein. In der Zeit zwischen der Streckenbegehung und dem Weg zum Start legten sie eine Strategie für die Bewältigung der Strecke fest.

Ein guter Skifahrer könnte sich beispielsweise vornehmen, eine bestimmte vereiste und steile Kurve vorsichtig anzufahren. Die weniger erfolgreichen versuchten dagegen nur, vor Beginn des Rennens positiv zu denken. Das schadet natürlich nicht, aber sie vergeudeten kostbare Zeit, die sie besser damit genutzt hätten, sich auf die bevorstehende Herausforderung vorzubereiten. Wie wir im Kapitel über das kreative Denken gesehen haben, reicht es nicht aus, sich ein positives Ergebnis vorzustellen. Man braucht ein Konzept, das den Weg zum Ziel klar skizziert.

Seien Sie sich selbst gegenüber ehrlich, wenn Sie diejenigen Bereiche ermitteln, die Sie verbessern müssen, um Ihre Ziele zu erreichen.

Halten Sie Ausschau nach dem Silberstreifen am Horizont

Viele Spitzensportler, die an Olympischen Spielen teilgenommen haben, sind in der Lage, eine schwierige Situation als Chance und nicht als Katastrophe zu betrachten. Diese Perspektive gestattet ihnen, auch angesichts widriger Umstände ihre positive Grundhaltung und ihren Elan zu bewahren, statt mutlos und niedergeschlagen zu reagieren. Mit dieser Einstellung gelingt es ihnen, in ihrer Höchstleistungszone zu bleiben und wieder zu ihren gewohnten Spitzenleistungen zurückzufinden.

Ein anschauliches Beispiel dafür habe ich erlebt, als ich vor den Olympischen Spielen in Seoul einen Workshop für die amerikanische Bogenschützenmannschaft durchführte. Wir sprachen über leistungshemmende Faktoren, zum Beispiel Schießen bei starkem Wind, und die erfahrenen Athleten stimmten darin überein, daß solche Bedingungen die Treffsicherheit enorm beeinträchtigen. Ein Teammitglied, ein dreizehnjähriges Mädchen, das weder groß war noch stark genug wirkte, um den riesigen Bogen, der bei Olympischen Spielen verwendet wird, auch nur zu spannen, mischte sich plötzlich in die Unterhaltung ein und erklärte, es mache ihr Spaß, bei starkem Wind zu schießen. Ihre älteren Mannschaftskameraden sahen sie an, als wäre sie nicht ganz bei Trost.

»Ich denke mir, bei starkem Wind hat die Hälfte meiner Rivalen höchstwahrscheinlich schon aufgegeben«, sagte sie. »Also muß ich mich nur noch gegen 50 Prozent behaupten. Und ich trainiere zu Hause häufig bei Wind. Immer, wenn's stürmt, schnappe ich mir den Bogen und laufe hinaus, um zu üben. Deshalb weiß ich, daß ich bei Wind ganz gut bin. Insgesamt mag ich es gerne, wenn der Wind kräftig bläst.« Die anderen schwiegen und dachten über ihre Worte nach. Diese junge Sportlerin hat eine große Zukunft vor sich, dachte ich. Mit dieser Fähigkeit, aus jeder Situation das Beste zu machen, kann sie gar nicht falsch liegen.

Ich sollte mit meiner Prognose recht behalten: Im darauffolgenden Jahr qualifizierte sie sich für die Olympiamannschaft. Gemeinsam mit ihren Teamkollegen gewann sie die Bronzemedaille im Mannschaftswettbewerb. In den nächsten Jahren hielt sie ständig einen der oberen Ränge bei Wettkämpfen in den USA und war 1992 wieder bei den Olympischen Spielen dabei.

Ich habe festgestellt, daß diese Perspektive nicht angeboren ist. Wir lernen diese Grundeinstellung von anderen. Wenn Sie eine schwierige oder entmutigende Aufgabe bewältigen müssen, sollten Sie über Ihre Stärken nachdenken, auf die Sie in dieser spezifischen Situation zurückgreifen können. Welche Aspekte der Herausforderung könnten Ihnen einen Vorteil verschaffen? Wenn es sich um ein kniffliges Problem handelt, fällt es Ihnen vielleicht schwer, auf Anhieb Lösungsmöglichkeiten zu finden. Nehmen Sie sich also Zeit für ein Brainstorming: Schreiben Sie alle Ideen, die Ihnen spontan einfallen, ungeordnet und ohne Werturteil auf. Bitten Sie andere um Rat. Vielleicht macht jemand zufällig eine Bemerkung, die Ihnen ermöglicht, das Problem plötzlich in einem ganz neuen Licht zu sehen wie bei der jungen Bogenschützin im Workshop.

Denken Sie daran: Nachdem Sie dieses Buch gelesen haben, werden Sie jede schwierige, entmutigende oder deprimierende Situation als Chance betrachten, Ihre physischen und mentalen Fähigkeiten praktisch zu erproben und weiter zu verbessern. Und nur Übung macht den Meister.

Untermauern Sie Ihren Erfolg durch positive Verstärkung

Wenn ich Sportlern beim Training zusehe, höre ich oft den Satz: »Ja, so mache ich es richtig!« … und zwar dann, wenn ein Athlet etwas besonders gut gemacht hat! Spitzensportler bestätigen ihre guten Leistungen durch positive Rückmeldungen. Damit steuern sie der natürlichen Neigung entgegen, sich auf Fehler zu konzentrieren (*Was bin ich blöd. Wie konnte mir ein so dummer Fehler unterlaufen*). Immer, wenn Sie stolz auf Ihre Leistung sind, sollten Sie einen Moment innehalten und den Erfolg in Gedanken noch einmal durchspielen. Und dann sagen Sie sich: »Genau so ist es richtig!«

Seien Sie sich selbst gegenüber ehrlich

Ein positiver innerer Dialog hilft nicht, wenn Sie *im Grunde nicht daran glauben, was Sie sagen*. Spitzensportler feuern sich mit den Worten an: *Komm schon, du schaffst es. Das hast du schließlich schon*

121

tausendmal trainiert. Mach's einfach nochmal so ... Das wirkt, weil sie bestimmte Bewegungsabläufe tatsächlich unzählige Male geübt haben. Sie machen sich nichts vor, sondern sind sich selbst gegenüber ehrlich. Für sie ist das ein guter, produktiver Gedanke, denn er erinnert sie an die harte Arbeit, die sie bereits geleistet haben, und stärkt ihr Selbstvertrauen.

Stellen Sie sich die Folgen vor, wenn Sie sich sagen würden, *Komm schon, du hast das schon fünfmal gemacht, zweimal mit Erfolg, und dreimal ging's daneben.* Ihr Selbstvertrauen untermauern Sie damit sicherlich nicht.

Konzentrieren Sie sich also lieber auf die Bereiche, in denen Sie berechtigtes Selbstvertrauen haben dürfen. Wenn Sie Schwachpunkte entdecken, notieren Sie diese, um auf eine Verbesserung hinzuarbeiten. Sie müssen die harte Arbeit im Vorfeld bereits geleistet haben, um an Ihre Fähigkeiten *glauben* zu können; sie fallen Ihnen nicht in den Schoß. Beim produktiven Denken gibt es weder Abkürzungen noch andere Mätzchen.

Konzentrieren Sie sich auf die Dinge, die Sie beeinflussen können

Einer meiner Lieblingsaussprüche, der dem Baseball-Star Satchel Paige zugeschrieben wird, bringt diese Empfehlung auf den Punkt. Er soll gesagt haben: »Wenn sich etwas deinem Einfluß entzieht, hat es keinen Zweck, sich darüber den Kopf zu zerbrechen, weil du nicht imstande bist, es zu ändern. Und wenn du etwas beeinflussen kannst, hat es ebensowenig Zweck, sich darüber den Kopf zu zerbrechen, weil du imstande bist, es zu ändern.« Ist das nicht eine wundervolle Lebensphilosophie?

Spitzensportler sehen sich laufend Faktoren gegenüber, die sich ihrer Kontrolle entziehen, als da sind Wetter, Schiedsrichter, Gegner, Wettkampfbedingungen usw. Weniger erfolgreiche Athleten lassen sich von diesen Unwägbarkeiten aus dem Konzept bringen. Die Sieger stellen sie für den Augenblick hintan und konzentrieren sich auf den einzigen Faktor, der über Erfolg und Mißerfolg entscheidet, nämlich sich selbst.

Hier ist ein weiteres Beispiel, das Ihnen zeigt, wie Sie mit Hilfe produktiver Gedanken die externen, nicht beeinflußbaren Faktoren außer acht lassen. Ich hatte mit Al, einem Geschäftskollegen, über die Auswirkungen des Personalabbaus in zahlreichen Unternehmen gesprochen, und er erklärte mir, wie es ihm gelingt, sich angesichts des stetigen Wandels auf das Wesentliche zu konzentrieren. Da ich seine Selbstgespräche faszinierend finde, möchte ich Sie daran teilhaben lassen.

Da unsere Firma derzeit an allen Ecken und enden Personal einspart, frage ich mich, ob ich nicht ebenfalls schon auf der Abschußliste stehe. Ach, was soll's! Darüber kann ich mir keine grauen Haare wachsen lassen. Überall finden derzeit radikale Veränderungen statt, die mir unzählige Chancen bieten zu zeigen, was in mir steckt. Und falls sie mich wirklich entlassen sollten, werde ich, wenn ich hier mit vollem Einsatz arbeite, um so leichter vermittelbar sein.

Betrachten Sie Fehler als eine Lernchance

Menschen, deren Leistungen zu wünschen übriglassen, empfinden jeden Fehler als eine Katastrophe. Erfolgreiche Menschen begrüßen Fehler dagegen als eine Gelegenheit, etwas dazuzulernen. Die Sportpsychologen Ron Smith und Frank Smoll führten eine Studie mit mehreren hundert Trainern von Nachwuchsmannschaften durch, um zu ermitteln, welche Eigenschaften die besten Trainer auszeichnet. Sie stellten fest, daß der entscheidende Faktor die Fähigkeit ist, auf Fehler aufmerksam zu machen und unverzüglich mit Problemlösungen aufzuwarten.

Dragomir Cioroslan, Nationaltrainer der US-Gewichtheber, erzählte mir, daß der Umgang mit Fehlern ein wichtiger Teil des Trainingsprozesses ist. »Wenn man bei einem Gewichtheber einen Fehler im Bewegungsablauf entdeckt, muß man ihm gleich darauf Möglichkeiten präsentieren, die Mängel schnellstmöglich zu beheben«, erklärte er. »Selbst wenn ich Fehler korrigiere, konzentriere ich mich darauf, den Athleten positive Rückmeldungen zu geben. Das stärkt ihr Selbstvertrauen und motiviert sie, sich um Spitzenleistungen zu bemühen.«

Wenn Sie produktiv denken wollen, müssen Sie sich Fehler offen und ehrlich eingestehen. Gehen Sie nicht in die Defensive. Man wird Sie eher respektieren, wenn Sie Fehler zugeben, ohne sie zu kaschieren oder anderen die Schuld in die Schuhe zu schieben. Und danach sollten Sie sich die Frage stellen: »Was habe ich aus diesem Fehler gelernt? Was muß ich ändern, um es beim nächsten Mal besser zu machen?« Diese Art, mit Problemen umzugehen, wird Sie Ihrer Höchstleistungszone näherbringen.

Wenn Sie diesen Ratschlägen folgen, werden Sie feststellen, daß Sie negative Gedanken durch produktive ersetzen können, eine unschätzbar wertvolle Fähigkeit. Die Veränderung festgefahrener Denkmuster setzt häufig eine Veränderung des eigenen Weltbilds voraus. Für manche ist dies eine furchterregende Herausforderung. Aber wenn Sie sich in einer Sackgasse befinden oder mit Ihrem derzeitigen Leistungsniveau unzufrieden sind, kann es sich lohnen, die Herausforderung anzunehmen. In der folgenden Geschichte lernen Sie einen Mann kennen, der den Mut besaß, seine innere Stimme grundlegend zu ändern. Er hat alle Ideen und Konzepte, über die wir bisher gesprochen haben, erfolgreich angewendet.

Franks negative Einstellung

Der Leiter der Personalabteilung einer Konstruktionsfirma bat mich um Rat, was er mit einem schwierigen Mitarbeiter machen sollte. Frank, ein Ingenieur, gehörte zu den alten Hasen im Unternehmen, niemand besaß mehr Erfahrung im Bereich des Produktdesign und der Leitung von Forschungsprojekten als er. Aber den Kollegen fiel es schwer, mit ihm auszukommen, so daß die Firma in Erwägung zog, ihn zu entlassen. Er hatte an den Vorschlägen anderer ständig etwas aus-

*zusetzen, obwohl er selbst so gut wie gar keine eigenen Ideen beisteu-
erte. Der Personalchef suchte mich auf, um sich nach einer letzten
Möglichkeit zu erkundigen, die Zusammenarbeit mit Frank fruchtba-
rer und reibungsloser zu gestalten.*

*Ich setzte mich mit Frank in Verbindung und bat um ein persönli-
ches Gespräch. Er stimmte zu, und eine Woche später trafen wir uns
in seinem Büro. Der Mann war mir auf Anhieb sympathisch. Er wirkte ganz und gar nicht wie der miesepetrige Tyrann, den ich mir nach
der Beschreibung vorgestellt hatte, sondern schien eher wortkarg und
verunsichert zu sein. Er machte sich große Sorgen. Ihm waren Gerüch-
te von seiner möglichen Entlassung zu Ohren gekommen, und er wußte, mit 55 war es nicht so leicht, anderswo eine vergleichbare Position
zu finden. Als wir über seine Rolle im Unternehmen sprachen, bemerkte ich, daß sein innerer Kritiker das Kommando führte, so daß er
sich nur schwer eine andere Möglichkeit der Zusammenarbeit mit seinen Kollegen vorstellen konnte. Ich fragte ihn, ob er sich ein oder zwei
Monate regelmäßig mit mir treffen wolle, um zu sehen, ob ich ihm helfen könne, und er stimmte zu.*

*Beim nächsten Treffen schilderte mir Frank, was er über seine Fir-
ma dachte. Er hatte das Gefühl, daß sie in den vergangenen Jahren zu
schnell expandiert war und daß die »Typen in Schlips und Nadelstreifen« zu großen Einfluß gewonnen hatten. Seiner Meinung nach hatte
man Aspekten wie Marketing und Gewinnträchtigkeit einen zu hohen
Stellenwert beigemessen, während grundlegende Bereiche wie die Kon-
struktionsabteilung, die Forschung und das Produktdesign stiefmüt-
terlich behandelt wurden. Er war vor allem wütend darüber, daß man
ihn bei Beförderungen schon dreimal übergangen hatte. Sein Vorge-
setzter hatte jüngere Ingenieure vorgezogen, die nach Franks Meinung
weniger kompetent waren.*

*Infolgedessen hatte sich Frank immer mehr in sein Schneckenhaus
zurückgezogen. Da seine unpopulären Ansichten unweigerlich auf
Kritik stießen, hielt er damit zunehmend hinter dem Berg. Er hatte das
Gefühl, daß die Projekte, mit denen man ihn in letzter Zeit betraute,
nicht mehr so interessant waren, und so war er insgesamt ziemlich unglücklich mit seiner Arbeit. Seinen Vorgesetzten entging das nicht. Er
ertappte sich manchmal selbst dabei, wie er seinen Frust an seinen Kol-*

*legen und Mitarbeitern ausließ, aber er wußte nicht, wie er seine Ge-
fühle ändern sollte.*

*Franks grundlegendes Problem bestand darin, daß er eine »negati-
ve Grundhaltung« entwickelt hatte. Ich hatte vorher schon viele ähnliche Fälle erlebt. Oft betrifft es kompetente, zuverlässige Menschen,
die nicht in der Lage sind, sich Veränderungen im Arbeitsleben anzu-
passen. Was Frank betraf, so war ihm seine negative Grundhaltung
durchaus bewußt.*

*Warum änderte er sich dann nicht? Vielleicht, weil er der Überzeu-
gung war, daß die Qualität seiner Arbeit mehr zählen müßte als seine
Einstellung: »Wie können Sie mich entlassen, wo ich doch der beste
Ingenieur bin, den Sie verdammt noch mal in diesem Laden haben?«
beklagte er sich.*

*Mit dieser Überzeugung befand er sich auf dem Holzweg. In einer
Umfrage erklärten 90 Prozent der befragten amerikanischen Führungskräfte, daß der Hauptgrund für die Entlassung eines Mitar-
beiters eine negative Grundhaltung sei. Im offiziellen Kündigungsschreiben ist davon natürlich nicht die Rede. Hier werden Gründe wie
Leistungsdefizite, die Anzahl der Fehlstunden oder mangelhafte Kommunikation mit Vorgesetzten und Kollegen genannt.*

*Ich wußte, daß es nichts gebracht hätte, Frank nahezulegen, seine
Einstellung zu ändern. Ich mußte ihm dabei helfen, zu verstehen, welche Auswirkung seine negativen Gedanken auf die Arbeit hatten. Bei
unseren folgenden Gesprächen lernte er, auf seine innere Stimme zu
hören. Frank griff die Idee bereitwillig auf. Er wußte ja selbst bereits,
daß seine innere Stimme ein Problem war, weil sie ihn nachts nicht
schlafen ließ. Und er büßte viel Schlaf ein, weil ihn die Sorgen um die
Zukunft nicht zur Ruhe kommen ließen.*

*Ich bat Frank aufzuschreiben, was er zu sich selbst sagte, wenn er
am Arbeitsplatz in eine Konfliktsituation geriet. Er sollte zwei Tage
lang nach jeder Stunde ein paar seiner Gedanken notieren. Hier ein
Auszug:*

- *Ich weiß mehr über dieses Projekt als dieser X. Wie kommt er dazu,
  mir zu sagen, wo's langgeht?*
- *Ich kann diesen Kerl nicht ausstehen, und jetzt muß ich bei diesem*

Projekt auch noch mit ihm zusammenarbeiten. Er ist befördert worden, obwohl das eigentlich mir zustand. Immer, wenn ich ihn sehe, kommt mir wieder die Galle hoch.

• Die Arbeit macht keinen Spaß mehr. Man drückt mir die unwichtigsten Projekte aufs Auge, niemand hört mir zu, und ich kann mir an allen zehn Fingern ausrechnen, daß sie mich bald rausschmeißen werden.

• Ich arbeite mehr als alle anderen. Aber wer dankt es einem schon, wenn man sich für die Firma ein Bein ausreißt?

• Ich werde diesen Lackaffen in Nadelstreifen nicht die Stiefel lecken, um vorwärtszukommen. Ich mache bei solchen Spielchen nicht mit. Ich schaffe es auch auf meine Weise.

Franks vollständige Liste war um einiges länger, und sie bot ihm hinreichend Gelegenheit, etwas zu ändern. Ich bat ihn, nach bestem Wissen zu beurteilen, wie sich jeder dieser Gedanken auf seine Leistung auswirkte. Zuerst war er felsenfest davon überzeugt, daß seine persönlichen Anschauungen nichts mit der Qualität seiner Arbeit zu tun hatten. Ich bat ihn, sich vorzustellen, daß ein jüngerer Kollege zu ihm kam und ihn um einen Rat fragte. »Wie sähe Ihre Reaktion aus, wenn er Ihnen anvertraute, daß er solche Gedanken hat?« wollte ich wissen.

Frank erkannte, daß er dem Mann geraten hätte, das Arbeitsumfeld positiver zu sehen. »So schlimm, wie Sie es darstellen, ist es gewiß nicht. Und falls Sie es doch so empfinden, dann würde ich an Ihrer Stelle schnellstens kündigen.« Diese Erkenntnis stellte einen wichtigen Wendepunkt in unserer Zusammenarbeit dar. Sobald Frank sich bewußtgemacht hatte, daß er bei einem Arbeitsplatzwechsel vielleicht glücklicher sein würde, hatte er das Gefühl, seine berufliche Zukunft besser im Griff zu haben.

Nun forderte ich Frank auf, Gedanken zu Papier zu bringen, die ihm an seinem Arbeitsplatz eine Hilfe sein könnten. Ihnen ist sicher aufgefallen, daß ich mich nicht auf eine Diskussion darüber eingelassen habe, wer in der ganzen Angelegenheit im Recht beziehungsweise im Unrecht war. Franks Chef war bereits mehrfach in diese Falle getappt. Bei Frank konnte man auf diese Weise aber keine Verhaltensänderung bewirken, weil er davon überzeugt war, daß er recht hatte.

Ich konzentrierte mich statt dessen auf das grundlegende menschliche Bedürfnis nach Anerkennung der eigenen Leistung. Ich wußte, daß Frank in seiner Firma vorwärtskommen wollte, und er war bereit, mit mir gemeinsam auf dieses Ziel hinzuarbeiten.

Wir feilten also an Franks Ideen, konstruktiv zu denken. Hier sind einige der Gedanken, mit denen Frank seinen inneren Dialog künftig produktiver gestalten wollte:

- *Meine langjährigen Erfahrungen werden bei diesem Projekt von Nutzen sein, aber ich kann nicht alle Antworten aus dem Ärmel schütteln. Ich werde mir die Vorschläge meiner Kollegen in Ruhe anhören und es nicht von vornherein darauf anlegen, ein Haar in der Suppe zu finden. Danach werde ich meine eigenen Idee auf positive Weise äußern.*
- *Ich kann ihm nicht vorwerfen, daß er befördert worden ist, obwohl das eigentlich mir zugestanden hätte. Niemand würde ein solches Angebot ausschlagen. Ich kann mich höchstens in der Personalabteilung beschweren, dort sitzen die richtigen Ansprechpartner.*
- *In beruflicher Hinsicht steht nicht alles zum besten, aber in meinem Leben gibt es eine Menge anderer positiver Aspekte. Ich liebe meine Frau, habe ein gemütliches Zuhause, gelte in meinem Metier als hochkompetent. Statt mir dauernd Sorgen um die Zukunft zu machen, werde ich meine Energie lieber in die Verbesserung meiner Arbeitsleistung investieren.*
- *Es wäre schön, mehr Anerkennung für meine Arbeit zu erhalten, aber das wichtigste ist, daß ich selbst damit zufrieden bin. Ich arbeite viel, weil ich es selbst so will.*
- *Ich muß mich nicht auf die Art der »Nadelstreifen-Typen« einlassen, um konstruktiv mit ihnen zusammenzuarbeiten. Sie möchten, daß ich mehr Enthusiasmus zeige, und ich würde gerne Projekte übernehmen, die wirklich wichtig sind. Ich bin sicher, daß wir einen gemeinsamen Nenner finden werden.*

Sobald Frank eine überzeugende Liste mit konstruktiven Gedanken erstellt hatte, dachte er jeden Morgen vor der Arbeit fünf Minuten lang darüber nach. Auch nach der Mittagspause ging er wieder fünf Mi-

nuten in Klausur. Frank schrieb außerdem ein kurzes Computerpro-
gramm, das jede Stunde einen dieser produktiven Gedanken auf dem
Bildschirm einblendete. Sobald er ihn gelesen und verinnerlicht hatte,
blendete er ihn wieder aus. Nach und nach begann er, seine negativen
Gedanken durch konstruktive zu ersetzen.

Ich traf Frank in den nächsten sechs Monaten nur noch gelegentlich.
Aber die Rückmeldungen, die ich von anderen erhielt, bestätigten auf
beeindruckende Weise, daß er sich auf dem richtigen Weg befand. Der
Personalchef, der den Kontakt hergestellt hatte, rief mich an, um mir
zu sagen, daß Frank »wie verwandelt« sei. Er könne nicht glauben, daß
ein Mensch imstande sei, sich so grundlegend zu ändern. Andere Kol-
legen waren über Franks verblüffende Wandlung ebenfalls hocher-
freut, und er wurde gebeten, die Leitung von mehreren Projekten zu
übernehmen. Mit dem Erfolg, den er erzielte, wuchs auch die Verant-
wortung, die man ihm übertrug. Innerhalb von zwölf Monaten erhielt
er endlich die Beförderung, die er sich gewünscht hatte. Heute, drei
Jahre später, ist er Leiter des gesamten Forschungsprogramms seines
Unternehmens.

Ich weiß, wieviel Mut Frank brauchte, um sich zu verändern. Er
war der Überzeugung gewesen, seine alte Weltsicht sei die richtige, und es gab keine Gewähr dafür, daß die neue Sichtweise
die Situation verbessern würde. Doch das Risiko, das er einging,
als er seine kritische Denkweise verbannte, zahlte sich vielfach
aus.

Sie haben, mit Frank verglichen, einen großen Vorteil. Sie wissen bereits, wie wichtig es ist, Ihre persönliche Höchstleistungszone zu erreichen, um auf Dauer erfolgreich zu sein. Stellen Sie
sich vor, was Sie durch diesen Wissensvorsprung mit der Produktivitätsanalyse erreichen können. Kommen Sie den negativen Denkgewohnheiten auf die Spur, die Sie davon abhalten, Ihre Ziele im Beruf, bei Hobbys und Freizeitaktivitäten oder auf
zwischenmenschlicher Ebene zu verwirklichen. Ersetzen Sie jeden einzelnen Hemmschuh durch einen konstruktiven Denk-
ansatz, und Sie werden sehen, daß Sie zu größeren Erfolgen im-

stande sind, als Sie sich je haben träumen lassen. Ich habe diese Veränderung bei vielen Menschen gesehen, und ich weiß, daß auch Sie dazu in der Lage sind.

Tips zur Produktivitätsanalyse

- Viele Athleten haben ihr eigenes Motto entwickelt, um sich selbst zu Höchstleistungen zu motivieren. Oft reicht es bereits aus, wenn die Sportler dieses Motto lesen, um sich in ihrem Entschluß zu bestärken, mit vollem Einsatz zu kämpfen.
  Der Bogenschütze Jay Barrs hat beispielsweise zwei Lieblingsmaximen: »Wenn du nicht vorne bist und das Feld anführst, ändert sich der Ausblick nie« und »Wer keinen Staub aufwirbelt, muß Staub schlucken.«
- Norm Bellingham vertraute mir in einem Gespräch einige seiner bevorzugten Gedanken an, die er von seinen Konkurrenten »abgekupfert« hatte: »Der Engländer Richard Fox zählt zu den besten Paddlern in unserer Disziplin«, erklärte Norm. »Zwei Dinge, die er gesagt hat, sind mir in Erinnerung geblieben. Sie lauten: ›Hüte dich davor, denselben Fehler zweimal zu machen‹ und ›Ich möchte so trainieren, daß ich mit neunzig Prozent meiner Leistung im Wettkampf so gut bin wie andere mit hundert Prozent.‹«
- Einer meiner Lieblingssprüche stammt aus dem Kinofilm ›Eine Klasse für sich‹. Tom Hanks spielt darin einen ehemaligen Baseballstar, der während des Zweiten Weltkriegs als Manager einer Frauen-Baseballmannschaft ein Comeback hat. An einer Stelle des Films eröffnet eine Spielerin Hanks, daß sie das Team verläßt, weil der Sport »einfach zu hart ist«. Hanks starrt sie an und erwidert: »Jeder weiß, daß Baseballspielen hart ist, und genauso muß es auch sein, denn sonst könnte es ja jeder. Genau darin liegt doch der Reiz der Sache.« Hanks redet im Film über Baseball, aber diese Einstellung läßt sich auf jede Tätigkeit beziehen.

Im folgenden finden Sie einige Sätze, die ich im Laufe der Zeit gesammelt habe. Vielleicht können Sie den einen oder anderen für sich nutzen. Immer, wenn Sie merken, daß sich negative Gedanken einschleichen, halten Sie sich einen dieser konstruktiven Leitgedanken vor Augen oder formulieren Sie statt dessen Ihre eigenen:

Ich setze mich immer hundertprozentig ein.

Sobald ich mir ein Ziel setze, bin ich bestrebt, es auch zu verwirklichen.

Ich bin stolz darauf, stets mein Bestes zu geben, selbst wenn ich mein Ziel nicht erreiche.

Wenn ich mich einer Herausforderung gegenübersehe, bemühe ich mich immer um persönliche Höchstleistungen.

Ich traue mir zu, mit jedem Problem fertigzuwerden.

Ich finde es wunderbar, zu gewinnen, aber mein Ziel besteht letztlich darin, mein Leistungspotential voll auszuschöpfen.

Mir gefällt die derzeitige Situation nicht besonders, aber ich kann damit umgehen.

Ich muß nicht in allem perfekt sein, um meine Ziele zu erreichen. Was zählt, ist die Bereitschaft, sich anzustrengen und sein Bestes zu geben.

Die Dinge sind nicht so gelaufen, wie ich es mir gewünscht hätte, aber davon geht die Welt nicht unter. Ich freue mich auf die nächste Chance, die sich mir bietet; dann mache ich es besser.

Ich kann das Verhalten anderer Menschen nicht ändern. Aber ich kann meine Reaktion darauf ändern.

Das Leben ist zu kurz, um sich deswegen aufzuregen.

Ich werde die Erfolge in meinem Leben auskosten. Ich weiß, daß der Erfolg nicht ewig währt, also muß ich die Stunde nutzen und ihn jetzt voll genießen.

Ich weiß, daß ich auch im Streß Ruhe bewahren kann. Das ist gar nicht so schwer.

Ich weiß, daß es mir gelingt, in jeder Situation die Kontrolle über mich zu behalten. Und ich weiß, wie ich mein Leistungsoptimum erreiche.

Ich führe ein harmonisches, ausgewogenes Leben.
Ich bin bestrebt, ständig etwas dazuzulernen. Es gibt immer Möglichkeiten, die eigenen Leistungen zu verbessern.
Meine Fehler sind eine hervorragende Informationsquelle. Sie zeigen mir, in welchen Bereichen ich meine Stärken ausbauen kann.
Der einzige Streß, den es für mich gibt, ist der Streß, den ich mir selbst mache.

Welche Leitsprüche inspirieren und motivieren Sie? Widmen Sie ihnen eine eigene Seite in Ihrem Leistungsheft. Schreiben Sie Ihre Lieblingssprüche außerdem auf kleine Kärtchen und plazieren Sie diese an einer Stelle, wo Sie sie jeden Tag sehen können.
Sie sollten diese Regeln von Zeit zu Zeit lesen und darüber nachdenken. Sie werden feststellen, daß sie eine große Hilfe dabei sind, auch in Ihrem Leben eine merkliche Wende zum Besseren einzuleiten. Und denken Sie daran: Die Wahl der Leitgedanken, die Ihnen als Orientierungshilfe im Leben dienen sollen, liegt ganz allein bei Ihnen. Treffen Sie eine konstruktive Wahl!

Zusammenfassung

Wie Sie eine Produktivitätsanalyse durchführen

Schritt 1: Achten Sie auf Ihre innere Stimme
Schritt 2: Machen Sie konstruktiven Gebrauch von Ihrer Selbstkritik
Schritt 3: Ersetzen Sie negative Gedanken durch produktive Gedanken

Ruhe bewahren:
Entspannung in Streßsituationen

Ich interviewte den Olympiasieger im Bogenschießen, Jay Barrs, während eines Trainings der amerikanischen Nationalmannschaft. Ich wollte von ihm wissen, wie er sich vor dem Finale gefühlt hatte, als es für ihn um die Goldmedaille ging. »Ich hatte furchtbares Lampenfieber und war unheimlich aufgeregt«, erklärte er. »Aber da ich mich ja gründlich auf diesen Moment vorbereitet hatte, war das ein gutes Gefühl. Da ich noch drei Schuß hatte, wußte ich, daß ich ganz nahe daran war, in der Wertung die Führung zu übernehmen. Ich ging zur Abschußlinie, und ich erinnere mich, daß ich mich über das Mikrophon eines Fernsehreporters gebeugt und gesagt habe: »Soundcheck, eins, zwei, drei.« Ich fühlte mich cool. Aber dann kam der erste Pfeil zu weich, eine Sieben. Vor dem zweiten Schuß bin ich immer besonders nervös, deshalb konzentrierte ich mich darauf, genau ins Schwarze zu treffen, und es gelang mir. Es war eine Neun.

Mein Gefühl beim letzten Schuß läßt sich kaum mit Worten beschreiben. Ich spürte meinen Körper unterhalb der Taille gar nicht mehr, so angespannt war ich. Ich hatte das Gefühl zu schweben. In dem Moment, als mir der Pfeil vom Bogen glitt, wußte ich, daß ich die Zehn treffen würde. Die drei Pfeile müssen laut Vorschrift innerhalb von zweieinhalb Minuten abgeschossen werden, aber meine waren bereits nach 31 Sekunden verschossen. Später erfuhr ich, daß der koreanische Champion, Park Sung-soo, erst einen einzigen Pfeil abgeschossen hatte, als ich bereits fertig war, es war eine Sieben. Er hätte also zwei Zehnen gebraucht, um zu gewinnen. Er schoß zwei Neunen.«

Ich fragte Jay, welche Faktoren dazu beigetragen hatten, 1988 die Goldmedaille zu gewinnen. »Vor allem mein mentales Training. Ich war imstande, Spitzenleistungen in dieser Situation zu erbringen, weil ich mich so oft darauf vorbereitet hatte. Zu Hause, in Arizona, habe ich während des Trainings versucht, mich in die Situation hineinzuversetzen, das Kribbeln im Bauch und die Gänsehaut am ganzen Körper zu spüren, die man bei den Olympischen Spielen im Finale hat. Ich sagte mir, Mit den letzten drei Schüssen holst du dir die Goldmedaille, *und dann spürte ich, wie meine Nerven blank lagen, trotz der Affenhitze und der einsamen Umgebung, in der ich geübt habe. In Gedanken hörte ich den schrillen Ton der Pfeife, die signalisiert, daß wir an die Abschußlinie gehen müssen, und das Lärmen der Zuschauer. Ich konnte den Druck, der auf mir lastete, bis in alle Einzelheiten spüren. Und ich sagte mir,* Du brauchst drei gute Pfeile! Denk nicht an die Treffer, gib einfach drei gute Schüsse ab. *Und genau das habe ich mir auch gesagt, als ich in Seoul an den Start ging. Die mentale Vorbereitung hat sich gelohnt.«*

Jay Barrs Vorbereitung machte sich in der Tat bezahlt. Er gewann die Goldmedaille im Bogenschießen bei den Olympischen Spielen in Seoul, als er 26 Jahre alt war. Er holte 338 Punkte von 360 möglichen in der letzten Runde.

Was bedeutet Ruhe bewahren?

Haben Sie einmal Olympische Spiele im Fernsehen gesehen und sich gefragt, wie sich die Sportler wohl fühlen mögen, wenn sie an den Start gehen und wissen, daß Millionen Menschen ihnen zusehen? Waren Sie auch erstaunt, wie ruhig und gelassen sie in einer so streßbefrachteten Situation wirkten? Wie schaffen es die Athleten, unter solchen Bedingungen ohne Lampenfieber an den Start zu gehen? Ich werde Ihnen ein Geheimnis verraten: Der Schein trügt.

Wenn Sie mich hinter die Kulissen der Olympischen Spiele begleiten könnten, würden Sie eine große Anzahl von Leuten sehen, deren Nerven zum Zerreißen gespannt sind. Sportler gehen rastlos auf und ab, rutschen unruhig auf ihren Stühlen hin und her, beklagen sich über Startverzögerungen bei ihrem Wettkampf. Sie wirken angespannt und hektisch, ringen sich mit zusammengebissenen Zähnen ein Lächeln ab oder rennen pausenlos auf die Toilette. Die Spannung liegt förmlich in der Luft. Hochleistungssportler reagieren genauso wie alle anderen Menschen auf streßreiche Situationen. Sie haben Lampenfieber, wenn sie zum Start gehen, um sich vor den Augen des Publikums mit ihren Konkurrenten zu messen. Keiner der Spitzensportler, mit denen ich gearbeitet habe, sei es ein Weltmeister oder ein Olympiasieger, ist vor einem wichtigen Wettkampf frei von Nervosität. Keiner von ihnen besitzt Nerven wie Drahtseile.

Der entscheidende Unterschied zwischen diesen Champions und den meisten Menschen besteht darin, *daß sie gelernt haben, Ruhe zu bewahren und sich zu konzentrieren, wenn der Streß am größten ist.* Sie geraten nicht in Panik, wenn die Anspannung wächst, und wenden spezifische Strategien an, um ihre Nerven unter Kontrolle zu halten. Trotz des enormen Drucks wissen sie, wie sie ihre Bestleistung erbringen können.

Die Fähigkeit, Ruhe zu bewahren, ist außerordentlich wichtig, wenn man die Höchstleistungszone erreichen will. Wer diese Technik beherrscht, kann:

- lernen, wie man angesichts einer Herausforderung, beispielsweise vor einer Präsentation oder Rede, ruhig bleibt und Selbstvertrauen ausstrahlt
- stressige Situationen produktiv und professionell in den Griff bekommen
- sein Bestes geben, selbst unter größter Belastung und wenn andere die Leistungen beurteilen

Goldmedaillen werden nicht durch Zufall gewonnen; die Olympiateilnehmer bereiten sich gründlich durch mentales Training auf den Druck vor, dem sie bei der Veranstaltung ausgesetzt sind. Viele nutzen ihr Lampenfieber sogar auf konstruktive Weise – als Triebfeder für bessere Leistungen. Das folgende Beispiel zeigt, wie zwei Goldmedaillengewinner den Streß bei der Olympiade bewältigen.

Joe und Scotts spektakulärer Sieg in Barcelona

Eine der überraschenden Goldmedaillen für die amerikanische Mannschaft in Barcelona holten die Kanuten Scott Strasbaugh und Joe Jacobi mit ihrem Kanadier. Dem Team hatte man kaum Chancen eingeräumt, nachdem es bei europäischen Wettbewerben im Vorjahr keine besonders guten Leistungen erbracht hatte. Dazu kam, daß beide aufgrund von Verletzungen Ende 1990 ziemlich lange Trainingspausen hatten einlegen müssen.

Ihre Gegner bei der Olympiade, allen voran die Franzosen und Tschechoslowaken, waren kampferprobte Mannschaften, die eine beachtliche Reihe von Erfolgen erzielt hatten. Zur Verblüffung aller waren die beiden Amerikaner nach dem ersten Durchgang die schnellsten auf der Wildwasserstrecke von La Seu d'Urgeill. Für Joe und Scott war es eine Herausforderung, diesen Überraschungserfolg im zweiten Durchgang zu wiederholen. Bei Wildwasserstrecken hat jede Mannschaft zwei Durchgänge, wobei man die Zeiten nicht addiert, sondern nur die schnellste Zeit wertet. Jeder ihrer Gegner hätte die Bestzeit im zweiten Durchgang also übertrumpfen können.

Als ich mit Jacobi über die hervorragende Leistung beim ersten Durchgang sprach, führte er sie auf die Fähigkeit zurück, sich vor dem Start rundum zu entspannen. »Der Streß während der Olympischen Spiele läßt einen an viele falsche Dinge denken. Zwei Wochen lang waren wir in einer ziemlich schlechten mentalen Verfassung. Man denkt dauernd über die Medaillen oder die Strecke nach, und man wird ständig von den Medien behelligt; ich gebe zu, wir haben zugelassen, daß uns dieser Druck an die Nieren ging. Aber fünf Minuten vor dem Start gelang es uns, das Blatt zu wenden. Scott hat das geschafft, als er zu mir sagte: ›Komm, was soll's, entspann dich. Wenn wir schon mal hier sind, können wir genausogut unseren Spaß dabei haben.‹ Genau dieser Satz war der Auslöser. Von diesem Moment an ging es uns nur noch darum zu sehen, wie gut wir mit der Strecke zurechtkommen würden.«

Ich fragte Joe, ob ihre Technik beim ersten Durchgang perfekt gewesen sei. »Weit gefehlt«, erwiderte er. »Uns sind mehrere Fehler unterlaufen; ehrlich gesagt, bei Tor 20 wären wir um ein Haar gekentert.

*Aber die Herausforderung bei einem Wildwasserslalom besteht darin,
so wenig Fehler wie möglich zu machen, und falls doch mal einer passiert, sich so schnell wie möglich wieder zu berappeln. Mit unserer
Konzentration nach dem ersten Durchgang stand alles zum besten.
Aber unser Trainer, Fritz Haller, sorgte dafür, daß uns der Erfolg nicht
zu Kopf stieg. Er zog seinen Notizblock raus und zeigte uns die Fehler,
die uns unterlaufen waren. Fritz erklärte uns, daß wir ohne Zeitver-
besserung bei der Verteilung der Medaillen leer ausgehen würden. ›Ihr
habt da draußen eine Menge Fehler gemacht‹, meinte Fritz. ›Geht lieber nicht davon aus, daß ihr in der nächsten Runde wieder soviel Glück
habt.‹ Und er hatte recht mit seiner Einschätzung. Zwei Boote waren
im zweiten Durchlauf schneller als wir im ersten.«*

*Joe und Scott mußten rund zweieinhalb Stunden warten, bis sie wie-
der an den Start gehen konnten. Viel Zeit, um die innere Anspannung
bis ins Unerträgliche zu steigern. Ich wollte wissen, wie Joe mit diesem
Druck fertiggeworden war.* »Ich habe Atemübungen gemacht«, *erwiderte er.* »Ich habe mehrere Sekunden den Atem angehalten und mir
dann bei jeder Ausatmung die Worte ›entspannen, Energie tanken, bereit sein‹ vorgesagt. Das habe ich Dutzende von Malen wiederholt,
während wir auf den zweiten Durchgang warteten. Dann sind wir
rausgegangen, haben uns aufgewärmt und uns die Slalomstrecke noch
einmal mental eingeprägt, Abschnitt für Abschnitt. Wir wußten, daß
wir nicht viel ändern mußten, nur eine noch idealere Linie zwischen
den Toren finden und die Tore besser anfahren.«*

*Im zweiten Durchlauf lief es noch besser als im ersten. Doch beim
letzten Tor sah es ganz so aus, als würden sie es nicht korrekt passieren, was Strafpunkte zur Folge gehabt hätte. Da verrenkte Joe plötzlich
seinen Körper und ruschte so knapp unter dem Pfosten durch, daß
kaum eine Handbreit Platz blieb. Am Schluß zeigten die Kameras, wie
Joe siegessicher die Hand in die Höhe riß. Aber es befanden sich noch
zehn weitere Boote am Start, und jedes von ihnen hätte die beiden Amerikaner vom ersten Platz verdrängen können. Aber niemandem gelang
das Kunststück.* »Als wir durch die Ziellinie fuhren, wußte ich nicht,
ob wir gewonnen hatten, aber ich war vor allem froh, daß wir bei der
Olympiade unser Bestes gegeben hatten«, *erklärte Joe.* »Das war es,
was wirklich für uns zählte. Ich werde nie vergessen, wie die Presse-*

leute auf uns zukamen und applaudierten – das war ein tolles Erlebnis. Die Reporter fragten uns nachher, ob wir vor dem zweiten Durchgang miteinander geredet hätten. Das einzige, was Scott sagte, war: ›Was ist, willst du jetzt ins Boot steigen?‹

Die Geschichte von Joe und Scott zeigt, wie wichtig es ist, einen kühlen Kopf zu bewahren, wenn man unter Druck steht. Die Kombination aus technischem Können und der Fähigkeit, Ruhe zu bewahren, kann bei den Olympischen Spielen den Unterschied zwischen Sieg und Niederlage ausmachen. Spitzensportler nehmen diese Fähigkeit als Teil der Erfolgsstrategie sehr ernst. Auch Sie können lernen, einen kühlen Kopf zu bewahren, wenn es darauf ankommt.

Lernen Sie, Ruhe zu bewahren

Drei Schritte sind erforderlich, um diese Technik zu beherrschen.

Ruhe bewahren

Schritt 1: Die Nervosität akzeptieren
Schritt 2: Sich mental und körperlich entspannen
Schritt 3: In Streßsituationen Ruhe bewahren

Schritt 1: Die Nervosität akzeptieren

Fast jeder von uns hat in bestimmten Situationen schon unter Nervosität oder Lampenfieber gelitten. Es kann uns vor einer wichtigen Prüfung überfallen, vor einem Vorstellungsgespräch oder angesichts eines Vortrags, bei dem der Firmenchef höchstpersönlich anwesend sein wird. Plötzlich schwirrt uns eine Fülle unerwünschter Gedanken im Kopf herum, die uns von der

Konzentration auf die bevorstehende Aufgabe ablenken: Ich bin mit meinen Nerven am Ende, das reinste Wrack. Das muß ja schiefgehen. Was mache ich bloß, wenn ich vor lauter Aufregung meinen Text vergesse? O Gott, das wird eine einzige Katastrophe! Solche Gedanken sind normalerweise mit entsprechenden physischen Symptomen gepaart. Ihnen ist übel, der Magen rebelliert, Sie leiden unter Atembeschwerden, Herzklopfen, Muskelverspannung oder Schwindel- und Taubheitsgefühl in den Gliedern.

Es ist ziemlich offensichtlich, daß solche Gedanken und die damit einhergehenden physischen Reaktionen Ihre Leistung erheblich beeinträchtigen können. Sie verheddern sich vielleicht mitten im Vorstellungsgespräch oder verlieren den Faden vor den Leuten, die Sie mit Ihrer Präsentation beeindrucken wollten. Oder Sie geraten in Panik, wenn Sie eine Prüfungsfrage nicht beantworten können und geben vorzeitig auf.

Die meisten von uns haben Angst vor Nervosität, und, was noch wichtiger ist, wir wissen nicht, wie wir damit umgehen sollen. Viele Menschen suchen Rat bei mir, weil diese innere Anspannung *effektive Leistungen hemmt*. Die zwei Probleme, die immer wieder auftreten, sind: die Neigung, streßbefrachteten Situationen nach Möglichkeit aus dem Weg zu gehen, und in Panik auszubrechen, wenn sich der Druck aufbaut. Beide Probleme sind die Folge unwirksamer Strategien, Nervosität und Lampenfieber zu bewältigen. Ich werde die beiden Probleme nun beschreiben und dann Möglichkeiten aufzeigen, wie man sie vermeiden kann, indem man lernt, Ruhe zu bewahren.

Vermeidungstaktik

Viele Menschen versuchen, sich dem unangenehmen Lampenfieber zu entziehen, indem sie streßbefrachtete Aufgaben so weit wie möglich meiden. Wenn weder ein Termin vorgegeben ist noch eine hohe Dringlichkeitsstufe besteht, neigen wir dazu, schwierige Dinge auf die lange Bank zu schieben.

Ein Student, der weiß, daß er für ein wichtiges Examen büffeln muß, wartet mit dem Lernen bis auf den letzten Drücker. Er schafft es vielleicht gerade noch, sich mit seinen Büchern hinzusetzen, aber dann findet er viele Ausreden, um das Lernen doch hinauszuzögern. Ihm fällt plötzlich ein, daß er sich vorher unbedingt noch ein weiteres Buch aus der Bibliothek beschaffen muß, oder sämtliche Kugelschreiber sind leer, oder das Papier droht ihm auszugehen. Oder es fällt ihm ein, daß er seinen Haushalt auch mal wieder auf Vordermann bringen müßte. Immer kommt etwas »Dringenderes« dazwischen.

Diese Vermeidungstaktik kommt sehr häufig vor. Es handelt sich um eine gefährliche Angewohnheit, denn wenn man bis zum letzten Moment wartet, bevor man eine Aufgabe in Angriff nimmt, ist man doppelt hektisch, weil die Zeit drängt. Die Vermeidungsspezialisten versuchen, ihre Ängste weitgehend zu verringern, indem sie diese in eine möglichst kurze Zeitspanne zwängen. Auch wenn die Arbeit vielleicht trotzdem noch erledigt wird, läßt die Qualität oft zu wünschen übrig, und man kann nicht erkennen, zu welchen Leistungen der Verzögerungsspezialist tatsächlich fähig wäre. Auf lange Sicht schießt er mit diesem Qualitätsdefizit ein Eigentor, wenn zum Beispiel eine Beförderung ins Haus steht oder Bestleistungen gefragt sind.

Panikstimmung

Eine zweite charakteristische Reaktion auf Lampenfieber sind Panikgefühle. Sie treten auf, wenn Sie nicht wissen, wie Sie Ihre Nerven beruhigen sollen, die in Streßsituationen mehr oder weniger stark in Mitleidenschaft gezogen sind. An Erfolg ist angesichts eines solchen Gefühlsaufruhrs gar nicht zu denken. Folgende Merkmale sind typisch für die Panikstimmung:

- **Sie »erstarren« und haben das sprichwörtliche Brett vor dem Kopf.**
- **Ihre Gedanken beginnen zu rasen.** Zu viele Gedanken kämp-

fen gleichzeitig um Ihre Aufmerksamkeit, so daß Sie sich nicht sammeln oder auf etwas konzentrieren können.

- **Sie haben das Gefühl, daß Ihnen die Kontrolle über die Situation entgleitet.** Fähigkeiten und Sachkenntnisse, die für Sie absehbar waren, erscheinen Ihnen plötzlich unzuverlässig und unzureichend.
- **Sie treffen unüberlegte Entscheidungen.** Abgelenkt und verwirrt durch die emotionalen Turbulenzen vergessen Sie, auf wichtige Einzelheiten zu achten. Ein Beispiel ist der Basketballspieler Chris Webber aus Michigan, der Ende 1993 bei der NCAA-Meisterschaft in den letzten Sekunden des Spiels eine Auszeit beantragte. Seine Mannschaft hatte jedoch keine Auszeiten mehr übrig, und so kam North Carolina in Ballbesitz und gewann das Spiel.
- **Sie werden hektisch.** Weil Panikgefühle unangenehm sind, versuchen Sie, die leidige Aufgabe so schnell wie möglich hinter sich zu bringen.

Keins dieser Merkmale wirkt leistungsfördernd. Die Athleten, mit denen ich arbeite, bestätigen, diese Symptome an Tagen zu beobachten, an denen sie keine gute Leistung erbringen. Wenn auch Ihnen eins dieser Merkmale vertraut ist, können Sie von der Technik profitieren, die Athleten anwenden, um Ruhe zu bewahren.

Wie Spitzensportler mit Lampenfieber umgehen

Das Gerücht, daß bei Lampenfieber automatisch Leistungsdefizite auftreten, ist nicht wahr. Meine eigenen Untersuchungen haben gezeigt, daß auch die erfolgreichsten Athleten vor jedem wichtigen Wettkampf nervös sind. Aber den meisten gelingt es, trotz ihrer Nervosität sehr gute Ergebnisse zu erzielen. Wenn man ehrgeizig ist, ist es ganz normal, wenn man sich Sorgen macht. Spitzentrainer wissen aus Erfahrung, daß Lampenfieber ein natürliches Element im Sport und in jeder Wettbewerbssituation ist. Sie werden vielmehr skeptisch, wenn ihre Schützlinge die Ruhe selbst sind! Ein renommierter Coach fragte seine Football-Mannschaft jedesmal vor Spielbeginn, ob sie nervös sei. »Wenn jemand verneinte, wurde ich nervös«, erzählte er. »Und die Leute, die offen zugaben, daß ihnen mulmig zumute war, erwiesen sich dann fast immer als die besten Spieler.«

Das liegt daran, daß Lampenfieber ein Leistungsansporn sein kann. Haben Sie sich je gefragt, warum ausgerechnet bei Weltmeisterschaften und Olympiaden so viele Weltrekorde aufgestellt werden? Der Grund ist, daß die Athleten ihre innere Anspannung für ihre Leistung zu nutzen wissen. Die Nervosität, die wir vor einer wichtigen Herausforderung empfinden, ist eine Überlebensstrategie des Körpers. Er bereitet uns auf die bevorstehende Situation vor: Der Puls wird schneller, der Blutdruck steigt, Atemfrequenz und Muskelspannung erhöhen sich, um den Körper optimal für den »Kampf« zu rüsten.

Unsere Urahnen in grauer Vorzeit besaßen keine ausgeklügelten Waffen, um sich gegen Raubtiere, Feinde und eine unwirtliche Umgebung zur Wehr zu setzen; sie überlebten nur dank ihrer größeren Intelligenz und aufgrund der Fähigkeit, Gefahren vorauszusehen. Die instinktgesteuerte Reaktion in Gefahrensituationen (das, was wir heute Nervosität nennen) vermittelte ihnen einen zusätzlichen Energieschub, um den Körper auf Kampf oder Flucht vorzubereiten.

Der Adrenalinstoß kann auch heute sehr förderlich sein, wie man bei erfolgreichen Athleten immer wieder sieht. Er läßt sich in sinnvolle Bahnen lenken und in zusätzliche Energie verwandeln, die das Leistungsniveau erhöht. Sicher fallen Ihnen Situationen ein, in denen Sie ziemliches Lampenfieber hatten, aber trotzdem imstande waren, eine tolle Leistung zu erbringen. Wichtig ist, daß man in diesen Situationen sein Selbstvertrauen nicht verliert.

Spitzensportler sind sich dieser Tatsache bewußt und rechnen damit, daß sie vor einem wichtigen Wettkampf Lampenfieber haben. Marjorie Jackson, die herausragende australische Sprinterin, die 1952 bei den Olympischen Spielen in Helsinki sowohl den Hundert- als auch den Zweihundert-Meter-Lauf gewann, wurde nach ihrem letzten Rennen (während der Commonwealth Games 1954 in Vancouver) interviewt. »Ich war noch nie in meinem ganzen Leben so nervös«, gestand sie. Marjorie hatte sich in dieser Situation gesagt: *Was willst du eigentlich? Das ist doch ein gutes Zeichen. Wahrscheinlich wirst du einen neuen Weltrekord aufstellen.* Und genau das gelang ihr, als sie die 220 Yards in 24,0 Sekunden lief. Sie brach damit den alten Weltrekord, der bei 24,2 Sekunden lag und von der holländischen Sprinterin Fanny Blankers-Koen aufgestellt worden war.

Jackson registrierte ihre Nervosität, aber sie steigerte sich nicht in eine Panik hinein. Statt dessen blieb sie ganz selbstbewußt (»Wahrscheinlich wirst du einen neuen Weltrekord aufstellen«). Sie wendete eine der im folgenden beschriebenen Methoden an, die dabei helfen, einen kühlen Kopf zu bewahren: Nicht gegen die Aufregung vor einem Wettkampf ankämpfen; es ist völlig in Ordnung, nervös zu sein!

Was unterscheidet diese Spitzensportler von uns? Sie haben gelernt, ihre Nervosität als Antriebsfeder zu nutzen, die sie zu einer neuen Leistungsstufe bringen kann. Sie gehen einer Wettbewerbssituation nicht aus dem Weg, denn sie wissen, daß sie sich durch das Kräftemessen mit anderen nur verbessern können. Und sie wenden bestimmte Entspannungstechniken an, um Panik zu vermeiden.

Auch Sie können diese Techniken lernen. Ich werde Ihnen zeigen, wie Sie *Ihre Nervosität als natürliches Element des Wettbewerbsprozesses akzeptieren können.* Sie werden außerdem erfahren, wie Sie auch dann einen kühlen Kopf bewahren, wenn alle anderen ihn verlieren. Der Trick besteht darin, keine Panikstimmung aufkommen zu lassen, wenn Druck auf Ihnen lastet. Als erstes müssen Sie jedoch einige Entspannungstechniken lernen, die Sie »im Ernstfall« anwenden können.

Schritt 2: Sich mental und körperlich entspannen

Um erfolgreich zu sein, müssen Körper und Geist reibungslos zusammenarbeiten. Angst- und Panikgefühle beeinträchtigen dieses harmonische Zusammenspiel. Unser Verstand kann eine Leistung weder genießen noch optimal steuern, wenn er ständig abgelenkt ist und sich Gedanken darüber macht, was alles passieren könnte. Und wenn der Körper zu angespannt ist, kann er seinerseits die Aufgabe nicht mehr gut bewältigen. Athleten und Sportpsychologen haben verschiedene Strategien entwickkelt, um das Lampenfieber unter Kontrolle zu bringen.

Die folgenden Entspannungstechniken werden wir genauer betrachten:

1. Tiefe Bauchatmung
2. Muskelentspannung
3. Zentrieren
4. Visualisierung
5. Autogenes Training
6. Selbstmotivation

Es gibt keine Entspannungstechnik, die als »einzig wahre« gelten könnte. Athleten haben herausgefunden, daß viele verschiedene Methoden ihnen dabei helfen, ruhig und konzentriert zu bleiben. Neben den hier beschriebenen erfreuen sich heute auch Yoga, Tai Chi und Zen großer Beliebtheit. Wenn Sie gute Erfahrungen mit anderen Entspannungsmethoden gemacht haben, um so besser. Und denken Sie daran: die Methode, die Sie in Streßsituationen anwenden, um einen kühlen Kopf zu bewahren, zählt weniger als die Tatsache, daß Sie über ein wirksames Instrumentarium verfügen.

Ich werde bisweilen gefragt, ob körperliche oder mentale Entspannungsübungen besser sind. Einige Techniken, wie die tiefe Bauchatmung, scheinen vor allem auf eine Verbesserung der physischen Befindlichkeit abzuzielen, während bei anderen, wie beispielsweise der Visualisierung, der Akzent auf dem mentalen Wohlbefinden liegt. Ich denke, daß es keine Rolle spielt, womit man anfängt. Wichtig ist allein, daß Sie sich nach der Übung körperlich und geistig entspannt und ruhig fühlen sollten. Lassen Sie sich daher bei der Wahl der Methode(n) von Ihren persönlichen Neigungen und Präferenzen leiten.

Alle Techniken werden Schritt für Schritt beschrieben. Das erleichtert Ihnen den Erwerb der Fähigkeit, Körper und Geist zu entspannen.

Ich schlage Ihnen vor, alle Methoden mehrmals durchzuprobieren, um zu sehen, mit welcher oder welchen Sie am besten zurechtkommen. Sie werden vielleicht feststellen, daß eine Übung, die Ihnen zunächst wenig reizvoll erschien, sich als sehr wirksamer Weg zu Ihrer Höchstleistungszone erweist. Wenden Sie diesen Ansatz so lange an, bis Sie ihn mit schlafwandlerischer Sicherheit beherrschen. Sie können sich auch verschiedene Techniken aneignen und von Fall zu Fall entscheiden, welche am besten für eine spezifische Situation geeignet ist.

Es ist sehr hilfreich, sich kurz vor Beendigung der Entspannungsübungen eine »Weckaufforderung« vorzusprechen. Kurz vor Schluß sagen Sie laut: »Wenn ich jetzt die Augen öffne, fühle ich mich hellwach und ausgeruht.« Atmen Sie einige Male tief ein und aus, öffnen Sie die Augen, und dann recken und strecken Sie sich ausgiebig. Bevor Sie mit etwas Neuem beginnen, vergewissern Sie sich noch einmal, ob Sie auch wirklich hellwach und konzentriert sind. Sie müssen keine Tiefenentspannung erreichen, um persönliche Bestleistungen zu erbringen. Vielmehr können Sie die Techniken dazu nutzen, Streß und Panikstimmung vorzubeugen.

1. Tiefe Bauchatmung

Viele der Probleme, die Spitzensportler mit innerer Anspannung und Lampenfieber haben, stehen in Zusammenhang mit der Atmung. Es kommt sehr häufig vor, daß sich die Atemfrequenz verändert, wenn der Wettkampf einen kritischen Punkt erreicht. Unbewußt verringern die Sportler die Häufigkeit der Atemzüge und halten länger die Luft an. Das hat zur Folge, daß sich die Muskulatur verkrampft und die Anzahl der Herzschläge sich erhöht, was das physische Leistungsvermögen beeinträchtigt.

In Streßsituationen sollten Sie genau entgegengesetzt reagieren. Es ist besser, tief und regelmäßig zu atmen. Durch die Sauerstoffzufuhr lockern sich die Muskeln, und die Herzfrequenz bleibt konstant niedrig. Das Ergebnis ist ein harmonischer Bewegungsablauf.

Die Arbeit mit Menschen aus allen Lebensbereichen hat mir gezeigt, daß die schlechte Atmung ein weitverbreitetes Problem ist. Schauspieler, Musiker, Referenten und andere sind ebenso davon betroffen wie Sportler. Das Problem läßt sich jedoch überwinden, wenn man sich eine gute Atemtechnik aneignet.

Es bringt nicht das geringste, wenn Sie sich ständig fragen, ob Sie richtig oder falsch atmen. Wenn Sie sich über einen so natürlichen Vorgang wie die Atmung den Kopf zerbrechen, verkrampfen Sie sich in aller Regel schon und machen erst recht alles verkehrt. Am besten ist es also, die richtige Atmung so lange zu trainieren, bis sie unbewußt und automatisch erfolgt. In der nächsten Übung werde ich Ihnen zeigen, wie Sie richtig atmen. Die Bauchatmung ist ein wirksames Mittel, um ruhig zu bleiben.

Wenn Sie sich in einer Streßsituation befinden, erinnern Sie sich daran, tief und gleichmäßig zu atmen. Atmen Sie einige Male tief ein und aus, bevor Sie Ihren Vortrag halten. Während der Pausen oder bei kurzen Unterbrechungen sagen Sie sich ein Schlüsselwort wie »durchatmen« oder »entspannen«, um sich daran zu erinnern, weiterhin tief zu atmen.

Lernen Sie, kräftig zu atmen, indem Sie gleich jetzt die folgende Übung machen.

Tiefe Bauchatmung

Wählen Sie für alle Entspannungsübungen eine bequeme Position. Legen Sie sich auf einer festen Unterlage auf den Rücken, oder setzen Sie sich mit leicht geöffneten Beinen auf einen Stuhl, wobei die Handflächen locker auf den Oberschenkeln ruhen.

Bitten Sie jemanden, Ihnen die folgenden Anweisungen vorzulesen. Oder sprechen Sie den Text auf Band und spielen Sie die Aufzeichnung ab, während Sie sich entspannen.

Schließen Sie die Augen. Konzentrieren Sie sich auf Ihren Atem. Spüren Sie, wie die Luft in den Lungen ein- und ausströmt. Achten Sie eine Weile nur auf Ihren Atemrhythmus.

Spüren Sie nun, wie die Luft in Ihre Lungen einströmt, und während Sie tief einatmen, führen Sie die Luft bis hinunter in die Lungenspitzen. Spüren Sie, wie sich die Lunge von unten bis oben mit frischer Luft füllt. Erzwingen Sie nichts, bleiben Sie locker und lassen Sie den Atem einfach fließen. Atmen Sie mehrmals auf diese Weise.

Nun folgen ein paar Atemzüge in den Bauch hinein. Es sollte sich so anfühlen, als würde sich Ihr Bauch beim Einatmen mit Luft füllen. Verzichten Sie zu diesem Zeitpunkt darauf, die Brustmuskulatur zum Atmen zu benutzen. Halten Sie den Atem einen Moment lang an, atmen Sie dann langsam aus.

Kehren Sie nun wieder zu einer gleichmäßigen, ruhigen Atmung zurück. Spüren Sie einfach der sanft ein- und ausströmenden Luft nach. Atmen Sie nicht sehr tief, sondern achten Sie nur auf Ihre natürliche Atmung, die Sie nun mindestens eine Minute lang fortsetzen.

Nun erfolgen wieder ein paar tiefe Atemzüge in den Bauch hinein; lassen Sie die frische Luft tief in die Lungen hineinströmen, in das Zentrum, zur Energiequelle des Körpers. Bei jeder Ausatmung lassen Sie Spannungen und Nervosität mit der Atemluft aus Ihrem Körper herausströmen. Lassen Sie Spannungen und Nervosität los.

Kehren Sie erneut zu Ihrer natürlichen Atmung zurück. Nehmen Sie sich einen Moment Zeit, um dem Gefühl der Entspannung nachzuspüren und es zu genießen. Achten Sie darauf, wie sich Ihr Körper fühlt, nachdem Anspannung und Nervosität mit der Ausatmung herausgeströmt sind.

Gleich wird die Übung zu Ende sein. Sie nehmen das Gefühl der Harmonie, der inneren Ruhe und Entspannung mit. Sie sind nun bereit, jede Herausforderung in Angriff zu nehmen, der Sie sich gegenübersehen.

Atmen Sie dreimal tief ein und aus. Benutzen Sie Ihre Bauchmuskeln, um die Luft bis tief hinunter in die Lunge zu ziehen; spüren Sie dabei die Energie und Kraft, die in Sie hineinströmen und sich von Ihrer Körpermitte in alle Teile Ihres Körpers ausbreiten. Sie sind bereit. Sie fühlen sich gut. Erholt und voller Tatendrang. Öffnen Sie die Augen und genießen Sie die neue Energie.

Für Ihr Leistungsjournal

Notieren Sie Ihre Gedanken zu der Übung, die Sie gerade gemacht haben.

- Was ist Ihnen bei Ihrer normalen Atmung aufgefallen?
- War Ihr natürlicher Atemrhythmus am Ende der Übung anders als am Anfang?
- Wie haben Sie sich bei der tiefen Bauchatmung gefühlt?
- Wie haben Sie sich beim Einatmen gefühlt?
- Wie haben Sie sich beim Ausatmen gefühlt?
- Was wollen Sie an Ihrer Atmung verbessern, um in Leistungssituationen effektiver zu sein?
- Wie fühlen Sie sich nun nach Beendigung der Übung?
- Wie nützlich könnte die Bauchatmung für das Erreichen Ihrer Höchstleistungszone sein?

Sie können sich diese Fragen nach allen Entspannungsübungen stellen. Notieren Sie sich zu jeder Technik etwas in Ihrem Leistungsjournal.

2. Muskelentspannung

Nun werden Sie erfahren, wo sich die einzelnen Muskelgruppen befinden und wie Sie diese innerhalb kürzester Zeit entspannen können. Am Anfang dauert die Übung ungefähr eine halbe Stunde. Mit der Zeit wird es Ihnen gelingen, Verspannungen in den größeren Muskelgruppen innerhalb von Minuten zu beseitigen. Sportler benutzen diese Methode, um vor allem diejenigen Muskeln zu lockern, die im Wettkampf besonders beansprucht werden. Schwimmer nutzen diese Technik beispielsweise, um Arm-, Schultern- und Beinmuskulatur zu entspannen.

Sie werden feststellen, daß die Muskelentspannung nicht nur Ihren Körper auf eine Herausforderung vorbereitet, sondern gleichzeitig auch mental entspannt. Wenn Sie beispielsweise einen Vortrag halten sollen, macht sich die innere Anspannung bei Ihnen vielleicht vor allem im Magen und im Rückenbereich bemerkbar. Wenn Sie diese Muskelgruppen mit Hilfe der beschriebenen Methoden lockern, werden Sie feststellen, daß auch Ihre Nervosität abnimmt.

Sie sollten die folgende Übung mindestens viermal wöchentlich über einen Zeitraum von mehreren Wochen absolvieren, so lange, bis Sie mit der Technik gut vertraut sind. Danach können Sie versuchen, die gleiche Wirkung in einer kürzeren Zeitspanne zu erzielen. Und zum Schluß wenden Sie die Muskelentspannung in einer realen Streßsituation an.

Muskelentspannung

1. Suchen Sie sich einen ruhigen Ort, wo Sie nach Möglichkeit ungestört sind. Legen Sie sich mit geschlossenen Augen auf den Rücken. Leise, ruhige Musik im Hintergrund ist eine Entspannungshilfe, aber kein Muß. Später können Sie diese Übung auch im Sitzen und mit offenen Augen durchführen und am Ende sogar, während Sie sich mit anderen Dingen beschäftigen.

2. Konzentrieren Sie sich darauf, Ihren Atemrhythmus zu verlangsamen. Atmen Sie tief ein, halten Sie die Luft drei bis fünf Sekunden an, und nun ATMEN SIE LANGSAM AUS. Führen Sie diese tiefe Atmung so lange aus, bis Sie spüren, daß Sie ruhiger werden. Ihr Atem sollte langsam und gleichmäßig fließen, bevor Sie zur eigentlichen Muskelentspannung übergehen.

3. Beginnen Sie mit dem Nacken: die Nackenmuskeln fest ANSPANNEN, indem Sie das Kinn langsam gegen die Brust drücken, bis Sie die Spannung deutlich merken. Die Spannung drei Sekunden lang halten. Spüren Sie, wo sich die Muskeln befinden und wie sich die Kontraktion in diesem Bereich anfühlt. Jetzt langsam LOCKERLASSEN. Lassen Sie alle Verspannungen los. Fühlen Sie, wie sie aus Ihren Muskeln strömt, die nun locker und entspannt sind. Machen Sie sich den UNTERSCHIED zwischen dem Gefühl der Anspannung und der Entspannung bewußt.

(Wie fest Sie die Muskeln anspannen, liegt allein bei Ihnen. Der Prozeß sollte nicht schmerzhaft oder unangenehm sein. Falls Sie mit einer bestimmten Muskelgruppe schon früher Probleme hatten, die sich auch bei der Übung bemerkbar machen, lassen Sie das ANSPANNEN einfach weg und konzentrieren sich ausschließlich darauf, die Muskulatur zu LOCKERN.

Wiederholen Sie diesen Prozeß (ANSPANNEN – SPANNUNG HALTEN – LOCKERN) mit der Nackenmuskulatur. Lassen Sie alle Anspannung aus dem Körper und den Muskeln hinausströmen, so daß Sie rundum locker und entspannt sind. Genießen Sie das Gefühl.

Setzen Sie sich mit gerader Wirbelsäule hin; spüren Sie, wie die Nackenmuskeln den Kopf stützen, wobei Ihr Kopf und das Kinn leicht angehoben sind. Wiederholen Sie nun den Prozeß ANSPANNEN – HALTEN – LOCKERN, indem Sie das rechte Ohr langsam in Richtung Ihrer rechten Schulter bringen und dadurch die Nackenmuskulatur dehnen. Die Spannung HALTEN, dann LOCKERN. Spüren Sie, wie die Verspannung sich langsam löst.

Nun führen Sie die gleichen Schritte auf der linken Seite

durch. Wiederholen Sie die Übung so lange, bis sich die Nackenmuskeln rundum locker und angenehm entspannt anfühlen.

4. Als nächstes ist die Schultermuskulatur an der Reihe. Die Muskeln ANSPANNEN, indem Sie die Schultern zu den Ohren hochziehen. Die Spannung drei Sekunden lang HALTEN. Spüren Sie, wo die Muskeln liegen und wie sich die Kontraktion in diesem Bereich anfühlt. Nun die Muskeln LOCKERN.

Wiederholen Sie diesen Prozeß (ANSPANNEN – HALTEN – LOCKERN) mit der Schultermuskulatur. Lassen Sie alle Anspannung aus Ihrem Körper strömen und genießen Sie das Gefühl.

5. Nun, da Sie den grundlegenden Muskelentspannungsprozeß kennen (ANSPANNEN – HALTEN – LOCKERN), bearbeiten Sie alle beschriebenen Muskelgruppen nach der gleichen Methode; die einzelnen Schritte sollten ZWEIMAL für jede Muskelgruppe durchgeführt werden. (Falls sich die Muskeln immer noch hart und verspannt anfühlen, können Sie den Zyklus ANSPANNEN – HALTEN – LOCKERN beliebig oft wiederholen):

6. Die Armmuskeln ANSPANNEN – HALTEN – LOCKERN, rechts und links im Wechsel, indem Sie die Hand zur Schulter führen. Spüren Sie die Muskelkontraktion und den Unterschied, wenn Sie wieder lockerlassen.

7. Die Armmuskeln ANSPANNEN – HALTEN – LOCKERN, rechts und links im Wechsel, indem Sie Hand und Arm so weit wie möglich ausstrecken.

8. Die Handmuskeln ANSPANNEN – HALTEN – LOCKERN, indem Sie eine Faust machen.

9. Die Handmuskeln ANSPANNEN – HALTEN – LOCKERN, indem Sie die Finger möglichst weit spreizen.

10. Die Brustmuskeln ANSPANNEN – HALTEN – LOCKERN, indem Sie Schultern und Arme kräftig nach hinten ziehen und den Kopf in den Nacken legen, bis Sie die Anspannung in der Brustmuskulatur spüren.

11. Die Bauchmuskeln ANSPANNEN – HALTEN – LOCKERN, indem Sie den Bauch fest einziehen. Lassen Sie die Bauchmuskeln danach völlig los.

12. Die Pomuskulatur ANSPANNEN–HALTEN–LOCKERN, indem Sie die Muskeln fest zusammenziehen.

13. Die Oberschenkelmuskulatur ANSPANNEN–HALTEN–LOCKERN indem Sie die Muskeln fest anspannen.

14. Die Beinmuskulatur ANSPANNEN–HALTEN–LOCKERN, indem Sie die Füße fest gegen den Boden drücken (falls Sie sitzen).

15. Die Beinmuskulatur ANSPANNEN–HALTEN–LOCKERN, indem Sie die Knie durchdrücken und die Beine fest gegen den Boden pressen (falls Sie liegen).

16. Die Beinmuskulatur ANSPANNEN–HALTEN–LOCKERN, indem Sie die Zehen vom Körper wegstrecken und die Fußspitzen so weit wie möglich nach oben ziehen.

17. Die Fußmuskulatur ANSPANNEN–HALTEN–LOCKERN, indem Sie die Zehen nach oben strecken.

18. Die Fußmuskulatur ANSPANNEN–HALTEN–LOCKERN, indem Sie die Zehen weit spreizen.

19. Nun kehren wir wieder zum Kopf zurück, um alle Verspannungen in diesem Bereich zu lösen. Die Stirnmuskeln ANSPANNEN–HALTEN–LOCKERN, indem Sie die Stirn stark runzeln. Lassen Sie alle Verspannungen im Stirnbereich los.

20. Die Gesichts- und Kiefermuskeln ANSPANNEN–HALTEN–LOCKERN, indem Sie Grimassen schneiden.

21. Die Muskeln rund um den Mund ANSPANNEN–HALTEN–LOCKERN, indem Sie den Mund so weit wie möglich öffnen. Spüren Sie vor allem die Spannung im Unterkiefer. Dann lockerlassen.

22. Suchen Sie Ihren Körper mental nach verbliebenen Verspannungen ab. Falls sich irgendein Bereich noch nicht rundum locker anfühlt, wiederholen Sie die drei Schritte ANSPANNEN–HALTEN–LOCKERN zweimal oder häufiger in diesem Bereich. Auch wenn Sie bestimmte Muskelgruppen besonders gründlich lockern möchten, können Sie diese im Anschluß nach der gleichen Methode bearbeiten.

23. Jetzt ist es an der Zeit, auszuruhen und gar nichts zu tun. Werden Sie sich Ihrer Atmung bewußt, spüren Sie, wie der Atem

in Ihren Körper hinein- und wieder hinausströmt. Lassen Sie sich ein paar Minuten Zeit, um das Gefühl zu genießen.

24. Wählen und wiederholen Sie ein Schlüsselwort oder einen Satz, um damit auch in Zukunft das Gefühl der inneren Ruhe auszulösen. Das kann so etwas wie »ruhig«, »harmonisch«, »tief entspannt« oder ein anderes Wort sein, das Sie bevorzugen.

Der gesamte Entspannungsprozeß nimmt in der Regel nicht mehr als 10 bis 20 Minuten in Anspruch. Bei entsprechendem Training und einiger Übung lernen Sportler beispielsweise, sich innerhalb von Sekunden zu entspannen.

Wenn Sie sich in einer Streßsituation schnellstmöglich physisch und mental entspannen müssen, wiederholen Sie Ihren Schlüsselbegriff mehrmals. Konzentrieren Sie sich darauf, die wichtigsten Muskelgruppen zu entspannen. Bei einer Computerprogrammiererin wären das vor allem Hals- und Schultermuskulatur, bei einem Referenten Bauch- und Brustmuskeln. Erwarten Sie nun aber nicht, daß Sie die Technik sofort beherrschen. Es dauert vielleicht mehrere Monate, bis Sie die Entspannung problemlos durchführen können. Denken Sie daran, daß Sie Zeit und Mühe investieren müssen, um Ihre physischen und mentalen Fähigkeiten zu vervollkomnen.

3. Zentrieren

Die Technik des Zentrierens ist vor allem für Streßsituationen geeignet, weil die Methode schnell durchzuführen und sehr wirksam ist. Sie wurde von Sportpsychologen speziell dafür entwickelt, wenn nur wenig Zeit zur Verfügung steht. Mit ein wenig Übung können Sie diese Methode anwenden, um Verkrampfungen und Verspannungen innerhalb von Sekunden zu lösen. Der Olympiasieger Bob Foth erzählte mir, daß er sich mit dieser Methode schnell entspannen kann, während er vorher viel mehr Zeit für die Muskelentspannungstechnik aufwenden mußte.

Sie können sich jederzeit zentrieren, wenn Sie in einer Leistungssituation mal ein paar Minuten Pause haben. Die Methode ist besonders hilfreich, wenn es gilt,

- sich erneut auf eine Sache zu konzentrieren
- nach einem Fehler wieder in seinen Rhythmus zu kommen
- nach einer starken Emotion das innere Gleichgewicht wiederzufinden.

Die folgende Übung sollten Sie so lange wiederholen, bis Sie völlig vertraut mit ihr sind und sich gut dabei fühlen. Erst dann erproben Sie die Methode in Streßsituationen. Je häufiger Sie die Übung machen, desto leichter fällt Sie Ihnen im Ernstfall.

Zentrieren

Um diese Technik wirksam anzuwenden, sollten Sie vorher die Bauchatmung beherrschen.

1. Nehmen Sie eine Körperhaltung ein, als wollten Sie sich gegen jemanden zur Wehr setzen, der vor Ihnen steht und Sie wegzuschieben versucht. Die Füße stehen schulterbreit auseinander. Die Wirbelsäule ist gerade. Prüfen Sie die Position des Kinns: Es sollte ganz gerade, weder eingezogen noch hochgereckt sein. Spüren Sie nun, wo sich der Schwerpunkt Ihres Körpers befindet. Wenn Ihre Haltung stimmt, liegt er ziemlich tief und trägt dazu bei, Ihre Stabilität zu erhöhen. Spüren Sie, wie sich Ihr Körpergewicht gleichmäßig auf die gesamte Länge des Fußes verteilt; es ruht weder auf den Zehen noch auf den Fersen.

2. Atmen Sie tief ein, wie Sie es bei der Bauchatmung gelernt haben. Während Sie die Lungen vom Bauch aus mit Luft füllen (nicht durch Brustatmung!), sprechen Sie das Wort: »Ein«.

3. Atmen Sie langsam durch den Mund aus. Lassen Sie die Luft mit einem hörbaren Seufzer ausströmen. Fühlen Sie, wie sich Ihr Körper beim Ausatmen entspannt. Spüren Sie, wie Ihr Körperschwerpunkt noch weiter nach unten verlagert. Sagen Sie das Wort »entspannen«, während Sie ausatmen.

4. Wiederholen Sie diese Schritte zweimal. Spüren Sie, wie Verkrampfungen und Verspannungen mit dem Atem aus Ihrem Körper strömen.

5. Sobald Sie die Übung beendet haben, beginnen Sie mit Ihrer Aufgabe. Nur zu, Sie sind bestens vorbereitet!

Das Zentrieren kann Ihnen helfen, in verschiedenen Situationen zu innerer Ruhe und Harmonie zu finden. Ein Basketballspieler, der sich eine Zeitlang auf der Reservebank ausruht, profitiert beispielsweise davon, wenn er diese Technik anwendet, bevor er das Spielfeld wieder betritt. Er könnte sie auch benutzen, um locker zu bleiben, wenn er an die Freiwurflinie geht. Und sie leistet ihm außerdem gute Dienste, wenn er sich nach einer Spielpause wieder konzentrieren muß.

4. Visualisierung

Ihre Vorstellungskraft ist ein wirksames Instrument, das Ihnen hilft, Ihre Ziele zu erreichen oder in streßbefrachteten Situationen einen kühlen Kopf zu bewahren. Eine sehr beliebte Strategie von Leistungssportlern ist, sich mental in eine »Idylle« hineinzuversetzen.

Denken Sie an eine Szene, die Sie als harmonisch und friedvoll empfinden. Das kann ein schneeweißer Sandstrand sein, an dem Sie liegen, ein stiller Herbstwald, in dem Sie spazierengehen, oder eine Bergwiese, auf der Sie sitzen. Malen Sie die Landschaft in Ihrer Phantasie naturgetreu aus. Ziehen Sie sämtliche Register Ihres kreativen Denkens und ergänzen Sie das mentale Bild mit Farben, taktilen Reizen, Gerüchen und Gefühlen. Stellen Sie sich vor, Sie befänden sich mitten in dieser Situation. Genießen Sie die Erfahrung. Stellen Sie sich vor, wie entspannt Sie sich fühlen, in Harmonie mit sich selbst und der Welt.

Untermauern Sie dieses Gefühl der inneren Ruhe und Harmonie durch positive Bestärkungen. Sie könnten beispielsweise sagen:

Ich fühle mich in Einklang mit mir und der Welt.
Ich fühle mich rundum zufrieden.
Ich fühle mich warm und entspannt.
Ich fühle mich wie neugeboren, voller Energie.
Ich fühle mich innerlich ruhig und stark.
Meine Lebensgeister sind wieder erwacht.

Beim ersten Mal dauert es vielleicht eine Weile, bis Sie dieses Bild in allen Einzelheiten vor sich sehen und sich hineinversetzen können. Lassen Sie sich Zeit (rechnen Sie anfangs mit 10 bis 15 Minuten). Mit ein wenig Übung sind Sie bald imstande, die Szenerie in rund einer Minute abzuspulen und dabei zu entspannen. Ein guter Tip: Tragen Sie ein Foto oder eine Ansichtskarte von dem Ort bei sich, an dem Sie gerne wären. Sie können immer dann einen Blick darauf werfen und sich vorstellen, Sie befänden sich dort, wenn Sie innerlich zur Ruhe kommen müssen. Wenn Ihnen partout nicht einfällt, wie Ihre eigene Idylle beschaffen sein sollte, versuchen Sie es doch einmal mit folgender Visualisierung:

Visualisieren Sie eine Idylle

Stellen Sie sich vor, daß Sie sich auf dem Land befinden. Die Sonne scheint, und Sie gehen in einen schattigen Wald hinein. Der Himmel ist strahlend blau, hoch droben ziehen weiße Federwölkchen dahin. Sie fühlen sich in Einklang mit der Welt und sich selbst. Versetzen Sie sich in dieses Bild hinein; sehen Sie sich unter dem schützenden Blätterdach der Bäume entlangspazieren. Achten Sie auf alle Sinneswahrnehmungen: Wie sieht das Gras unter Ihren Füßen aus? Können Sie irgendwo in der Nähe eine Quelle oder einen Bach rauschen hören? Stellen Sie sich vor, wie Sie die unverbrauchte Waldluft tief einatmen. Die Gerüche in der freien Natur sind würzig und wohltuend. Bücken Sie sich, spüren Sie das kühle Gras und die frische Erde unter Ihren Fingern.

Stellen Sie sich nun vor, wie Sie eine Decke ausbreiten. Sie legen sich hin und genießen die Idylle ringsum, können sich an ihr nicht sattsehen. Sie sind so erfüllt von innerem Frieden und Harmonie, daß für Sorgen und trübe Gedanken kein Raum mehr bleibt. Nehmen Sie sich die Zeit, diesen Augenblick voll zu genießen. Kein Telefon läutet, keine Besprechung wartet auf Sie. Sie können ausruhen und den Alltag vergessen. Spüren Sie, wie sich das Gefühl der Entspannung langsam in allen Teilen Ihres Körpers ausbreitet. Lassen Sie alle Anspannung los. Stellen Sie sich vor, wie sich die verkrampften Muskeln lockern, wie die Verspannung aus Ihnen herausfließt.

Während Sie die Entspannung genießen, überprüfen Sie Ihren Körper mental; stellen Sie fest, ob noch irgendein Bereich schmerzt oder verspannt ist. Richten Sie Ihre Aufmerksamkeit auf diesen Bereich und lassen Sie die Spannung hinausfließen. Fühlen Sie, wie sie durch wohlige Schwere und Wärme ersetzt wird. Verinnerlichen Sie das Bild dieses idyllischen Nachmittags in der freien Natur; spüren Sie, wie sich ein Gefühl der inneren Ruhe in Ihrem ganzen Körper ausbreitet. Lassen Sie Verspannung und Müdigkeit los. Nehmen Sie Harmonie und Heilung auf.

Atmen Sie dreimal tief ein. Spüren Sie die Energie und den Tatendrang, die jetzt mit jedem Atemzug Ihren Körper durchströmen. Sie fühlen sich wunderbar ausgeruht. Öffnen Sie die Augen und genießen Sie das Gefühl, rundum erfrischt zu sein. Nehmen Sie diese innere Harmonie und Ruhe von Ihrem Phantasieausflug in Ihren Alltag mit. Wenn Sie sich wieder an die Arbeit machen, fühlen Sie sich erholt und wie neugeboren.

5. Autogenes Training

Diese Entspannungstechnik wurde in Europa entwickelt, und Sportpsychologen hinter dem »Eisernen Vorhang« entdeckten viele Anwendungsmöglichkeiten. Sie war sehr beliebt bei Athleten aus der ehemaligen Sowjetunion und Ostdeutschland.

Beim Autogenen Training geht man davon aus, daß der Körper stark auf Suggestionen reagiert. Man erreicht einen Zustand der Entspannung durch die Wiederholung einer Reihe verbaler Suggestionen. Als Student hörte ich zum ersten Mal von der Wunderwirkung dieser Methode, und da ich grundsätzlich skeptisch bin, muß ich etwas selbst testen, bevor ich mich überzeugen lasse. Ich probierte das Autogene Training also in unserem Psychologie-Labor aus. Als ich mich bequem hingesetzt und die autosuggestive Formel »*Mein Arm ist schwer und warm*« mehrmals wiederholt hatte, zeigte ein Sensor, der meine Hauttemperatur an der Hand maß, einen Anstieg um zwei Grad an! Wenn man lernt, diese Methode zu beherrschen, kann man einen erstaunlich tiefen körperlichen und psychischen Entspannungszustand herbeiführen.

Lernen Sie Autogenes Training

Nehmen Sie eine bequeme Position ein. Vergewissern Sie sich, daß Sie während dieser Übung nicht gestört werden. Am besten setzen Sie sich auf einen Sessel oder Stuhl mit Armlehnen. Wirbelsäule und Hals sind gerade, sie werden von der Rückenlehne gestützt; die Arme liegen entspannt auf der Lehne.

Atmen Sie mehrmals tief und gleichmäßig ein und aus und lösen Sie die Verspannungen in Ihrem Körper. Überprüfen Sie, ob Sie bequem sitzen. Schlagen Sie die Beine nicht übereinander und ballen Sie die Fäuste nicht.

Seien Sie bereit, alles wahrzunehmen, was nun geschieht. Lassen Sie alle Gedanken an die Geschehnisse des heutigen Tages oder in Ihrem Leben los. Versuchen Sie, alle Gedanken auszuschalten. Fragen Sie sich nicht einmal, ob Sie die Übung richtig machen. Werden Sie von innen heraus ruhig und leer.

Konzentrieren Sie sich als erstes auf die Arme. Beginnen Sie mit dem Arm, den Sie überwiegend benutzen. Sagen Sie sich:

Mein rechter (oder linker) Arm wird schwer.

Wiederholen Sie den Befehl viermal. Halten Sie zwischen den Sätzen ein paar Sekunden lang inne. Dann wiederholen Sie den Befehl für den anderen Arm, insgesamt viermal. Sagen Sie sich nun:

Beide Arme werden schwer.
Wiederholen Sie den Satz viermal.

Das war's! Machen Sie diese Übung anfangs sechsmal am Tag, ungefähr ein bis zwei Minuten lang. Wenn Sie das Autogene Training ernsthaft lernen wollen, können Sie davon ausgehen, daß Sie die Methode in rund sechs Monaten beherrschen. Erweitern Sie nach einer Woche die Konzentrationsübungen, beispielsweise mit den Sätzen:

Mein rechtes (oder linkes) Bein wird schwer (viermal).
Mein linkes Bein wird schwer (viermal).
Beide Beine werden schwer (viermal).

Nach einer weiteren Woche konzentrieren Sie sich darauf, daß Ihre Arme und dann Ihre Beine »warm und schwer« werden. Wiederholen Sie die Autosuggestion so oft, bis die gewünschte Wirkung erzielt ist. Wenn Sie Ihr Programm durch immer weitere Entspannungsübungen ergänzen, können Sie die Länge auf annähernd eine halbe Stunde ausdehnen und es ein- oder zweimal am Tag durchführen.

Weitere, häufig verwendete Formeln sind:
Mein Herz schlägt ruhig und gleichmäßig.
Mein Atem wird ruhig und regelmäßig.
Mein Bauch wird warm.
Meine Stirn wird kühl.

Fügen Sie diese Leitsätze Ihrem normalen Ablauf nach und nach hinzu. Überstürzen Sie nichts. Es braucht seine Zeit, bis man das Autogene Training beherrscht. Ich habe festgestellt, daß bei manchen meiner Klienten dabei ungewöhnliche, teilweise sogar unangenehme Körperempfindungen hervorgerufen wurden. Dazu gehörten beispielsweise Juckreiz, Schwindelgefühl, Hitze- oder Kältegefühl, Kopfschmerzen oder sogar eine Art Schock in abgemilderter Form. Experten sprechen hier von »Autogenen Entladungen«. Es besteht kein Grund zur Panik, falls solche Symptome bei Ihnen auftreten. Sie sind eine natürliche Begleiterscheinung des Trainings und gehen nach kurzer Zeit vorüber. Mit zunehmender Übung werden sie höchstwahrscheinlich seltener auftreten.

Wenn Sie diese Methode beherrschen, möchten Sie vielleicht dazu übergehen, eigene Formeln zu verwenden, die auf Ihre Bedürfnisse abgestimmt sind. Eine Programmiererin, die stundenlang in verkrampfter Haltung vor dem Computer sitzt, könnte beispielsweise hinzufügen:

Mein Hals und meine Schultern werden warm und schwer. Und ein Asthmatiker konzentriert sich vielleicht auf den Befehl: *Meine Brust wird warm, und mein Hals wird kühl.*

Weitere Vorschläge können Sie in Fachbüchern finden.

6. Selbstmotivation

Die Fähigkeit, sich mit aufmunternden Worten durch eine streßreiche Situation zu steuern, ist sehr wichtig, um ruhig zu bleiben. Vielleicht erinnern Sie sich an eine Zeit, als Sie das genaue Gegenteil getan und sich bei einem Wettbewerb oder bei einer Prüfung selbst »verrückt gemacht« haben. Jay Barrs, der Bogenschütze, der bei den Olympischen Spielen 1988 eine Goldmedaille gewann, erzählte mir, wie er sich 1992 infolge seines inneren Dialogs um eine Medaille gebracht hatte. Er hatte nicht intensiv genug für die Olympischen Spiele in Barcelona trainiert und sich nur mit knapper Mühe für die Olympiamannschaft qualifizieren können. Während er seine Konkurrenten beobachtete, redete Jay sich immer wieder ein, *Ich bin viel schlechter als die anderen, ich hab gegen sie nicht die geringste Chance.* Natürlich kam es, wie es kommen mußte: Jay Barrs schied aus. Erst danach sah sich Jay seine Konkurrenten genauer an. Zu spät erkannte er, daß in Wirklichkeit keiner besser war als er. Hätte er eine positivere Einstellung gehabt, wäre es ihm vielleicht möglich gewesen, seinen Sieg von 1988 zu wiederholen.

Wichtig ist bei der Selbstmotivation, daß Sie nicht so tun müssen, als wären Sie perfekt, wenn es darum geht, eine Aufgabe zu bewältigen. Spitzensportler wissen von Anfang an, daß sie bei Olympischen Spielen nervös und angespannt sein werden. Sie berücksichtigen dieses Wissen während der Vorbereitung. Sie benutzen aufmunternde Worte, um mit Ängsten und Lampenfieber *fertigzuwerden*, statt so zu tun, als existierten diese Gefühle überhaupt nicht. Im Rahmen meiner Arbeit mit erfolgreichen Sportlern habe ich immer wieder festgestellt, daß man nicht unbedingt vor Selbstvertrauen strotzen muß, um erfolgreich zu sein. Solange man weiß, daß man das eigene Nervenkostüm im Ernstfall unter Kontrolle bringen kann, ist man zu guten Leistungen fähig. Ich habe Ihnen gezeigt, wie Sie mit Hilfe der Produktivitätsanalyse konstruktive Selbstgespräche führen können. Und die Entspannungsübungen können bewirken, daß Sie auch in streßbefrachteten Situationen Ruhe bewahren.

Andere Techniken, um Ruhe zu bewahren

Ich möchte noch zwei weitere Entspannungsmethoden erwähnen. Die eine ist das »Biofeedback«. Hier wird der Körper an sogenannte Biofeedbackgeräte angeschlossen, die physiologische Funktionen wie Blutdruck und Pulsfrequenz messen. Normalerweise nehmen wir diese Funktionen nicht bewußt wahr, und schenken ihnen auch keine Beachtung. Wissenschaftler haben entdeckt, daß man sie durch Konzentration beeinflussen kann. Sie können zum Beispiel lernen, Ihre Körpertemperatur zu erhöhen oder zu senken, Ihren Puls und sogar die Gehirnströme zu verändern.

Es ist zu erwarten, daß neue Technologien eine breitgefächerte Palette weiterer Entspannungstechniken mit sich bringen werden. Schon jetzt gibt es zahlreiche Videofilme, Audiocassetten und CD-ROMs mit genauen Anweisungen für verschiedenste Entspannungsmethoden im Handel, und das Trainingsangebot wird ständig ergänzt. Biofeedback und verwandte Technologien sind ausgezeichnete Methoden, um physische und mentale Entspannung zu fördern. Aufgrund der aufwendigen technischen Ausrüstung, die man dafür benötigt, ist sie für die meisten Menschen allerdings nicht zugänglich.

Eine weitere Methode, die dabei helfen kann, Ruhe zu bewahren, ist das Gebet. Beten ist zwar keine Entspannungsmethode, aber viele Athleten haben festgestellt, daß sie Streßsituationen dadurch besser bewältigen. Ihr Gottvertrauen sorgt nicht nur für die nötige innere Ruhe, sondern eröffnet ihnen auch eine Perspektive, die sie davon ablenkt, sich immer wieder über die Ergebnisse Gedanken zu machen. Wenn Sie einen starken Glauben haben, sollten Sie überlegen, ob nicht auch ein Gebet Ihr Lampenfieber zu dämpfen vermag.

Der dritte Schritt unserer Technik, Ruhe zu bewahren, besteht darin, im Ernstfall praktisch umzusetzen, was Sie geübt haben. Dadurch können Sie in der Höchstleistungszone bleiben, und zwar ganz streßfrei.

Schritt 3: In Streßsituationen Ruhe bewahren

Ich habe mit vielen Leuten zusammengearbeitet, die ihr Lampenfieber bekämpfen mußten, um Spitzenleistungen erbringen zu können. Die Angst vor Wettbewerbs- und Beurteilungssituationen befällt nicht nur Sportler, sondern auch Schauspieler, Musiker, Reporter, Piloten, Anwälte und zahllose andere Menschen. Die gute Nachricht ist, daß Sie mit einer der Entspannungsmethoden, die in Schritt 2 beschrieben sind, die leistungshemmenden Auswirkungen dieser Nervosität überwinden können. Sobald Sie die Technik beherrschen, können Sie diese im Ernstfall anwenden. Ich werde Ihnen zeigen, wie.

Wie Sie sich erinnern werden, ist es nur ein Mythos, daß Spitzensportler »Nerven wie Drahtseile« haben. Aber eine Spitzensportlerin läßt nicht zu, daß ihr Lampenfieber ihr einen Strich durch die Rechnung macht und ihr Leistungsvermögen im Wettkampf beeinträchtigt. Hier einige Vorschläge, die Ihnen helfen, Ihre Nerven in Streßsituationen unter Kontrolle zu halten.

Wie Sie mit Nervosität umgehen

Das Geheimnis besteht darin, damit zu rechnen, daß Sie nervös sein werden. Erinnern Sie sich an die Läuferin Marjorie Jackson? Sie war vor ihrem letzten Rennen ungeheuer nervös. Aber sie hielt sich vor Augen, daß Lampenfieber auch seine guten Seiten haben und als Motor für einen neuen Weltrekord dienen könnte. Sie benutzte die Strategie der Selbstmotivation, um die innere Anspannung von einer anderen Warte aus zu betrachten. Sie sah nicht die negativen, sondern die positiven Aspekte.

Machen auch Sie sich diese Denkweise zu eigen. Machen Sie sich klar, daß es ganz normal ist, in einem Wettbewerb oder einer Prüfung nervös zu sein. Es mag Leute geben, die vor einem wichtigen Ereignis die Ruhe selbst sind, aber das sind Ausnahmen. Wenn Sie wie wir alle sind und nervös werden, dann nehmen Sie es zur Kenntnis; betrachten Sie es als gutes Zeichen. Vielleicht kommen Sie sich anfangs albern vor, aber mit einiger Übung werden Sie erkennen, daß Ihnen die innere Anspannung enorme Vorteile bringen kann. Sie fördert Ihre Konzentration, beschleunigt Ihre Wahrnehmungs- und Reaktionsfähigkeit und sorgt genau im richtigen Augenblick für einen Adrenalinstoß, der sich in Energie umsetzen läßt.

Auf die Frage, wie es dem Olympiasieger Jay Barrs gelingt, vor einem Wettkampf so ruhig und gelassen zu bleiben, lacht dieser nur. Obwohl er den Spitznamen »Mr. Ice« erhalten hat, ist er nach eigener Aussage genauso nervös wie alle anderen. »Ich bekomme oft zu hören, ich hätte auf dem Schießstand ausgesehen, als könne mich nichts aus der Ruhe bringen, aber das täuscht. Ich bin bei einem wichtigen Wettkampf schrecklich nervös, aber ich sage mir immer wieder, daß dieses Lampenfieber ein unerläßlicher Leistungsanreiz ist. Was sich in mir aufbaut, ist eine spannungsgeladene und keine angstbefrachtete Nervosität.« Auch Sie können lernen, diese Wettbewerbsstrategie erfolgreich umzusetzen. Also nicht nervös werden, sondern Spannung aufbauen.

Sportler von Weltformat akzeptieren die Nervosität als natürliches Element des Wettbewerbs, und diese Sichtweise sollten auch Sie sich zu eigen machen. Aber was ist, wenn Ihre Nerven Sie im Stich lassen, Ihr Magen immer nervöser wird und Sie keinen klaren Gedanken mehr fassen können? Dann ist der Zeitpunkt gekommen, an dem Sie die Entspannungstechniken anwenden, die Sie in Schritt 2 kennengelernt und inzwischen hinreichend geübt haben.

Wie Sie Panik vermeiden

Die Sportpsychologen Graham Jones und Lew Hardy haben festgestellt, daß die Leistungen von Athleten, die während eines Wettkampfs in Panik geraten, sehr schlecht ausfallen. Es ist, als würde man abrutschen und von einer Klippe in die Tiefe stürzen: Sobald Panik entsteht, gibt es kein Zurück mehr. Um zu erforschen, ob sich diese Panikstimmung bereits im Vorfeld verhindern läßt, haben der Sportpsychologe Ian Maynard und seine Kollegen Fußballspielern eine Kombinationstechnik aus Muskelentspannung und Bauchatmung beigebracht. Nach acht Übungswochen waren die Sportler in der Lage, ihr Lampenfieber während eines Spiels um 30 Prozent zu mindern und ihre Leistungen dadurch merklich zu verbessern.

Viele Athleten haben von mir gelernt, bestimmte Entspannungsstrategien anzuwenden, um in Streßsituationen ruhig zu werden. Dadurch läßt sich Panik vermeiden, selbst wenn der Druck sehr groß ist.

Der Panikzustand ist fast das Gegenteil davon, in der Höchstleistungszone zu sein. Deshalb ist es wichtig, die physischen und mentalen Techniken zu lernen, um die Panik von vornherein zu vermeiden. Doch was machen Sie, wenn mitten in einer Wettbewerbs- oder Prüfungssituation etwas schiefläuft? Wie kommen Sie wieder auf die Beine, wenn Sie bei einer wichtigen Präsentation plötzlich den Faden verloren haben, wenn Ihr Herz so heftig klopft, daß Sie das Gefühl haben, es müsse bald zerspringen?

Sie können diesen Beklemmungszustand überwinden, wenn Sie eine Kurzversion Ihrer Entspannungsmethode durchführen. Wenn Sie regelmäßig geübt haben, sind Sie imstande, im Ernstfall nahezu automatisch darauf zurückzugreifen. Die Bauchatmung verlangsamt beispielsweise die Herzfrequenz, lockert verspannte Muskeln und erhöht die Sauerstoffzufuhr im Blut – genau das brauchen Sie, um ruhiger zu werden. Sobald Sie merken, daß Sie nicht mehr weit von einer Panik entfernt sind, setzen Sie unverzüglich Ihre Entspannungsstrategie ein. Wenn Sie sich schon beim ersten Anflug von Angst und Nervosität daran erinnern, daß Sie wirksame Entspannungstechniken beherrschen, verringern Sie automatisch den Streß und verbessern Ihre Leistung.

In der konkreten Situation bleibt Ihnen oft nicht viel Zeit, auf unverhoffte Herausforderungen und Probleme zu reagieren. Mitten in einer Präsentation stellt ein Kunde vielleicht eine vertrackte Frage, auf die Sie gänzlich unvorbereitet sind. Oder Sie werden während des Vorstellungsgesprächs gebeten, Problemlösungen für eine Situation zu entwickeln, mit der Sie überhaupt nicht vertraut sind. In solchen Fällen gerät man leicht aus der Fassung und macht Fehler, obwohl man gerade dann blitzschnell reagieren müßte.

Zwei Strategien werden Ihnen dabei helfen, unvorhergesehene Herausforderungen und Probleme zu bewältigen. Die eine besteht darin, für alle Fälle eine kurze, wirksame Entspannungsmethode in petto zu haben. Die tiefe Bauchatmung und das Zentrieren haben sich hier besonders gut bewährt. Die zweite Strategie besteht darin, die gewählte Entspannungstechnik so oft wie möglich in Situationen zu üben, in denen es nicht so sehr darauf ankommt. Wenn es Ihnen gelingt, bei kleineren Krisen die Nerven zu behalten (wenn jemand Sie im Straßenverkehr beim Überholen schneidet, oder wenn der neue Videorecorder, den Sie gerade erst für teures Geld erstanden haben, den Geist aufgibt), wächst Ihr Selbstvertrauen, daß Sie auch dann einen kühlen Kopf bewahren, wenn's wirklich ums Ganze geht.

Ein Fehler, den viele machen, ist, Streßsituationen um jeden Preis zu vermeiden. Auch ihn kann man mit Hilfe der Entspannungstechniken, die Sie gelernt haben, in den Griff bekommen.

Wie man Vermeidungsstrategien kippt

Vermeidungsstrategien bringen uns vielleicht kurzfristig Erleichterung in einer Wettbewerbssituation. Aber auf lange Sicht verursachen sie häufig genau die Mißerfolge, an die wir nicht denken wollten. Ein Mitarbeiter, der mit dem Abfassen seines schriftlichen Berichts bis zur allerletzten Minute wartet, wird vermutlich etwas abliefern, das seinen tatsächlichen Fähigkeiten nicht entspricht. Wir wissen, daß wir dieses Verhalten ändern müssen, aber wie?

Die Antwort besteht darin, mit Hilfe Ihrer neu erworbenen Entspannungsmethoden eine Aufgabe locker und energiegeladen in Angriff zu nehmen.

Jedes langfristige oder wichtige Projekt wirkt auf den ersten Blick furchteinflößend, also entscheiden Sie als erstes einmal, was Sie *heute* noch tun müssen. Um sich auf den Weg zum Ziel einzustimmen, atmen Sie ein paarmal tief durch und lassen Ihre Ängste los. Spüren Sie, wie Sie entspannt und ruhig werden. Ihre Gedanken sind ganz klar. Lassen Sie Ihre Sorgen über die Zukunft ziehen, und konzentrieren Sie sich auf das Heute. Selbst Spitzensportler müssen vor einer Trainingseinheit auf diese Weise entspannen und sich konzentrieren. Das hilft ihnen dabei, die bevorstehende Aufgabe so effektiv wie möglich auszuführen.

Das wichtigste bei der Fähigkeit, Ruhe zu bewahren, ist, daß Sie die Techniken in den Situationen anwenden, in denen es um

etwas geht. Es ist schön und gut, wenn Sie imstande sind, bei ge-
dämpftem Licht auf dem Bett liegend zu entspannen, aber das
allein ebnet Ihnen nicht den Weg zum Erfolg! Sie müssen auch
wissen, wie Sie vor Publikum oder bei einem schwierigen Examen Bestleistungen bringen. In solchen Situationen ist Entspannung Trumpf! Durch die Fähigkeit, ruhig zu bleiben, bleiben Sie ständig in Ihrer Höchstleistungszone. Denken Sie daran,
wie effektiv Sie sein können, wenn es Ihnen gelingt, in Streßsituationen die Nerven zu behalten. Also fangen Sie gleich heute
an, das Erlernte praktisch umzusetzen.

Um Ihnen ein paar letzte Tips mit auf den Weg zu geben,
möchte ich Ihnen noch ein Beispiel aus meiner Beratungspraxis
schildern. Die größte Hürde für den Erfolg war hier die Prü-
fungsangst. Und die Lösung bestand darin, den Betroffenen zu
zeigen, wie man im Ernstfall ruhig bleibt.

Probleme im Cockpit

*Vor einigen Jahren wurde ich von einer Fluggesellschaft angesprochen.
Sie bat mich um Rat bei einem Problem mit ihrem Schulungsprogramm für Piloten. Als ich eines der Trainingszentren besuchte, um
mir selbst ein Bild zu machen, erfuhr ich, wieviel Zeit ein Pilot investieren muß, um einen Schein für einen bestimmten Flugzeugtyp zu
machen. Das Unternehmen stellte nur altgediente Piloten ein, die bereits mehrere tausend Stunden Flugerfahrung hatten. Sie erhielten eine intensive theoretische Schulung und mußten einige hundert Stunden Simulatortraining sowie andere Trainingsprogramme absolvieren.*

*Die Lizenz, ein Linienflugzeug zu fliegen, erhalten die Teilnehmer
nach bestandenem Abschlußtest und praktischer Prüfung, die von der
amerikanischen Luftfahrtbundesbehörde konzipiert und abgenommen
werden. Obwohl ohnehin nur die Besten die Endrunde erreichten, fiel
eine kleine, aber signifikante Anzahl der Anwärter bei dieser Prüfung
völlig unerwartet durch. Die Probleme begannen oft im praktischen
Teil der Prüfung. Diejenigen, die den Test nicht bestanden, beklagten
sich über ungewöhnliche physische Symptome wie Benommenheit,*

Übelkeit oder Schwindelgefühl. Doch die Männer hatten jahrelange Flugerfahrung, ohne daß solche Probleme aufgetreten wären. Was war da los?

Die unerklärliche Versagerquote bereitete der Fluggesellschaft großes Kopfzerbrechen. Die Lehrgangsteilnehmer hatten ein ganzes Jahr und mehr investiert um ihre Lizenz zu erwerben, und sie konnten die angestrebte Laufbahn ohne die Genehmigung an den Nagel hängen. Dazu kam, daß die Firma eine Viertelmillion Dollar für jeden einzelnen Piloten investierte und nicht tatenlos zusehen wollte, wie einige an der letzten Hürde der Ausbildung scheiterten. Die Trainingsleiter hofften, daß meine Erfahrungen mit der Vorbereitung von Spitzensportlern auf die Olympischen Spiele auch für ihr Schulungsprogramm von Vorteil sein könnten.

Ich sprach mit mehreren Piloten, die das Trainingsprogramm gerade erst mit Erfolg abgeschlossen hatten. Alle beschrieben den gewaltigen Druck, dem sie während der letzten Tests im Flugsimulator ausgesetzt waren. Sie wußten, daß die Prüfer sie mit Argusaugen beobachteten und daß sie nur diese eine Chance hatten, die darüber entschied, ob man ihnen die Flugerlaubnis erteilen oder verweigern würde. Die Anforderungen im Simulator sind extrem hoch; hier werden Crashtests durchgeführt, wirklichkeitsgetreue Notfallsituationen, in denen Reaktion und fliegerisches Können geprüft werden, wobei der Kandidat vorher nicht weiß, welches Problem er lösen muß. Diejenigen, die den Test bestanden hatten, meinten, diesen erhöhten Streß ganz gut bewältigt zu haben. Der Rest war zu der Schlußfolgerung gelangt, daß der Streß sie überfordert und aus dem Konzept gebracht hatte. Allem Anschein nach wurden die physischen Symptome wie Übelkeit und Benommenheit durch den psychologischen Druck der Prüfungssituation ausgelöst.

Als ich mich eingehender mit dem Trainingsprogramm befaßte, entdeckte ich, daß der Schwerpunkt auf der technischen Flugausbildung lag. Die psychologische oder emotionale Komponente hatte man dagegen ziemlich vernachlässigt.

Die Simulatoren, in denen man die Flugsituation genau imitieren kann, leisten Erstaunliches! Die Flugschüler lernen dort sämtliche technischen Fähigkeiten, die sie in Notfällen beherrschen müssen.

Doch die psychologischen Fähigkeiten, über die sie in der Prüfung verfügen mußten, kamen bei diesem Ausbildungsprogramm zu kurz. Einige der Lehrgangsteilnehmer hatten eine eigene wirksame Strategie entwickelt, um die Belastung des Abschlußtests durchzustehen, aber andere waren nicht auf die Idee gekommen und zahlten dafür einen hohen Preis.

Die Flugtrainer waren sehr interessiert an meinen Eindrücken und Erkenntnissen. Der Streß war bewußt in den Lehrgang integriert worden, denn einen Jet zu fliegen ist ja auch kein Zuckerlecken. Ein Pilot erklärte: »Am sichersten fliegt ein Pilot, der beim Fliegen schon ein paarmal Angst bekommen hat.« *Den Trainern wurde erst jetzt bewußt, daß sie es versäumt hatten, den Flugschülern systematisch Streßbewältigungsstrategien beizubringen. Sie arbeiteten mit großem Enthusiasmus und Engagement ein Konzept aus, das allen Lehrgangsteilnehmern helfen sollte, Ruhe zu bewahren. Das Programm enthielt folgende Punkte:*

- *Aufklärung über die Angstreaktion auf streßbefrachtete Situationen*
- *Erfahrung sammeln beim Erkennen von Angst- und Streßsymptomen*
- *Grundlegendes Training verschiedener Entspannungstechniken:*
  - *Tiefe Bauchatmung*
  - *Muskelentspannung*
  - *Zentrieren*
  - *Selbstmotivation*
- *Entwicklung von Schlüsselwörtern, um in Streßsituationen ein Entspannungsgefühl auszulösen*
- *Tägliches Üben von Entspannungstechniken in Trainingssituationen*
- *Bewußtsein für äußere Faktoren schärfen, die streßmindernd wirken – zum Beispiel Konsum von koffeinhaltigem Kaffee einschränken, ausreichend schlafen, regelmäßige psychologische Betreuung*
- *Einführung eines Workshops zur psychologischen Vorbereitung auf die Abschlußprüfung. Ehemalige Lehrgangsteilnehmer sollten über ihre Erfahrungen berichten*
- *Generalprobe des Abschlußtests unter Anwendung von Techniken, die helfen, Ruhe zu bewahren.*

Das neue Lehrprogramm hatte zur Folge, daß die Teilnehmer sich nun zutrauten, sämtliche Aspekte der Ausbildung bewältigen zu können. Allein das Wissen, daß sie auf die psychologischen Fähigkeiten und Strategien zurückgreifen konnten, war bereits »die halbe Miete« und bestärkte sie in dem Gefühl, Herausforderungen und Streß gewachsen zu sein.

Das Trainingspersonal war gleichermaßen zufrieden mit der Programmerweiterung, denn so konnten sie ein Thema ansprechen, das jeder fürchtete, mit dem sich vorher aber niemand auseinandersetzen wollte: der Gefahr, im Abschlußtest einen »Blackout« zu haben. Ich habe die Fluggesellschaft weiterhin regelmäßig beraten, und zwei Jahre später waren ihre Probleme mit den Lehrgangsteilnehmern, die wider Erwarten an der letzten Hürde scheiterten, ein für allemal vom Tisch.

Von allen menschlichen Emotionen ist die Angst der größte Feind des Erfolgs. Sie hindert uns nicht nur daran, unser persönliches Leistungsoptimum zu erreichen, sondern stellt auch eine so unangenehme Erfahrung dar, daß wir zu allen nur erdenklichen Tricks greifen, um sie zu vermeiden. Wenn wir Situationen aus dem Weg gehen, die wir fürchten, lassen wir uns die Chance entgehen zu lernen, wie man eine Herausforderung meistert. Leider wählen wir lieber den sicheren und einfachen Weg, den wir gut kennen. Auch überaus erfolgreiche Menschen sind gegen Angst nicht immun. Aber sie beherrschen die Fähigkeit, Ruhe zu bewahren und können sich so ihren Ängsten stellen und ihre Ziele unbeirrt verfolgen. Wie der Olympiasieger Jay Barrs akzeptieren sie Lampenfieber und Nervosität, benutzen sie als Antriebskraft und wissen, wie sie Panikgefühle gar nicht erst aufkommen lassen. Sie haben erkannt, daß dieser Weg der einzige ist, der zum Erfolg führt. Es gibt keinen anderen.

Tips, um Ruhe zu bewahren

- Probieren Sie alle Entspannungsübungen in diesem Buch einmal aus. Sie werden feststellen, daß einige Methoden Ihnen auf Anhieb entsprechen, während Ihnen andere suspekt vorkommen. Aber urteilen Sie nicht vorschnell. Lesen Sie die Übungen nicht nur, sondern probieren Sie jede einzelne aus, bevor Sie entscheiden, welche sich für Sie eignet.

- Sie müssen imstande sein, die Entspannungsstrategien dann anzuwenden, wenn es wirklich darauf ankommt – also in der Praxis. Wenn Sie sich für eine Methode entschieden haben, räumen Sie ihr einen festen Platz in Ihrem Tagesablauf ein. Sie können die Muskelentspannung zum Beispiel ohne weiteres am Arbeitsplatz durchführen und die tiefe Bauchatmung im Auto. Und vor Beginn eines Vortrags entspannen Sie sich vielleicht durch Zentrieren. Sorgen Sie dafür, daß die Entspannungsstrategien zu einem Bestandteil Ihres Lebens werden.

- Im Sport hat sich gezeigt, daß physische Verspannungen und Verkrampfungen das Leistungsvermögen beeinträchtigen. Man kann keinen Golfball einlochen, wenn Schultern und Armmuskeln verspannt sind. Wenden Sie eine der Entspannungstechniken an, bevor Sie in Aktion treten. Vor dem Schlag auf dem Golfplatz sollte der ganze Körper locker und entspannt sein. Sie können diese Methoden in jeder Sportart und in allen Bereichen des Lebens anwenden, die motorische Fähigkeiten erfordern.

Zusammenfassung

Lernen Sie, Ruhe zu bewahren

Schritt 1: Die Nervosität akzeptieren
- Vermeidungstaktik und Panikgefühle überwinden

Schritt 2: Sich mental und körperlich entspannen
1. Tiefe Bauchatmung
2. Muskelentspannung
3. Zentrieren
4. Visualisierung
5. Autogenes Training
6. Selbstmotivation

Schritt 3: In Streßsituationen Ruhe bewahren

Konzentration:
Die Aufmerksamkeit ausschließlich auf die Aufgabe richten

Die Spezialität des Gehers Carl Scheuler ist die Fünfzig-Kilometer-Distanz, eine mörderische Strecke, neben der sich der Marathonlauf wie ein Sonntagsspaziergang ausmacht. Bei den Olympischen Vorentscheidungen 1992 ist Carl nicht mehr weit vom Ziel entfernt. Er gelangt auf die Kuppe eines Hügels und sieht, daß sich die beiden führenden Geher unmittelbar vor ihm befinden. Schrittweise beginnt er, zu ihnen aufzuschließen. Mental wirft er eine Angelschnur aus und angelt sich den Mann an der Spitze. Stück um Stück rollt er die Schnur auf, schiebt sich näher und näher an seinen Vordermann heran, bis er sich unmittelbar hinter ihm befindet. Nun bereitet er sich darauf vor, ihn zu überholen. Doch plötzlich, wie der Blitz aus heiterem Himmel, fährt ein messerscharfer Stich durch seine rechte Seite, der sich wie glühendes Feuer von den Rippen bis zur Hüfte ausbreitet. Der Schmerz zwingt ihn, sein Tempo zu verlangsamen, und der Abstand zwischen ihm und den beiden Konkurrenten wird wieder größer. Was nun?

Carl hat sich angewöhnt, solche Situationen sorgfältig zu durchdenken. Als erstes muß er sich über die Ursache des Schmerzes klarwerden: Es ist ein Krampf. So etwas kommt häufig vor, denn die 50 Kilometer zu gehen dauert vier Stunden. Carls erster Impuls ist, Panik zu bekommen, zu denken, daß nun alles verloren ist. Doch weiß er aus Erfahrung, daß der Schmerz vorübergeht; er muß nur fünf Minuten sein Tempo durchhalten, dann ist der Krampf zu Ende. Er muß den Krampf aushalten – dann stehen ihm wieder alle Möglichkeiten offen. Statt pausenlos an die Schmerzen zu denken, muß er sich voll auf seine Technik konzentrieren.

173

Die Schlüsselfaktoren für den Erfolg beim Gehen sind Rhythmus und Geschwindigkeit; deshalb wiederholt Carl innerlich ständig die Worte »guter Übergang, guter Übergang«. Diese Worte erinenrn ihn daran, daß er die Geschwindigkeit halten muß, indem er das eine Bein nach vorne schwingt, sobald das andere den Boden berührt. Ein einfacher Bewegungsablauf, aber am Ende eines so anstrengenden Rennens erfordert dies eine große Anstrengung. Wie Carl gehofft hat, haben die Worte eine beinahe hypnotisierende Wirkung: Sie helfen ihm, sich voll auf seine Technik zu konzentrieren und den physischen Schmerz in den Hintergrund zu drängen. Jetzt kann er wieder nach vorne blicken und sich erneut darauf konzentrieren, die Führung zu übernehmen – und dieses Mal klappt es. Carl gewinnt und qualifiziert sich damit zum vierten Mal für die Olympiade.

Was versteht man unter Konzentration?

Konzentration ist die Fähigkeit, die gesamte Aufmerksamkeit darauf zu richten, was man gerade tut. Wenn man voll konzentriert ist, lebt man genau im Augenblick. Man ist so vertieft, daß man Zeit und Raum vergißt. Man achtet nur auf die Dinge, die im Moment wichtig sind, und läßt sich durch nichts ablenken. Carl Scheuler war in der Lage, seine Schmerzen zu überwinden und die Olympische Vorentscheidung zu gewinnen, weil er gelernt hatte, sich selbst unter den schlimmsten Bedingungen zu konzentrieren.

Allan Kramer arbeitet als Programmierer bei einer Softwarefirma in Colorado. Wenn er konzentriert arbeitet, ignoriert er Unterbrechungen wie läutende Telefone oder Unterhaltungen seiner Kollegen. Er verbeißt sich regelrecht in seine Arbeit und verliert dabei jegliches Zeitgefühl. Oft arbeitet er während der Mittagspause durch und bleibt im Büro, wenn alle anderen längst Feierabend gemacht haben. In diesen Momenten ist er in Höchstform und benötigt viel weniger Zeit als sonst. Alan wünscht sich, er könnte immer so konzentriert arbeiten.

Viele Menschen sehen das Konzentrationsvermögen vielleicht noch mehr als alle anderen physischen und mentalen Fähigkeiten als Eigenschaft, die angeboren ist. »Er kann sich einfach nicht konzentrieren«, sagen manche resigniert. Aber das ist eine Fehldiagnose. Ich habe zahllosen Athleten gezeigt, wie sie ihre Konzentrationsfähigkeit merklich verbessern können, und auch Ihnen kann ich dabei helfen.

Lernen Sie, sich zu konzentrieren

Ich stelle Ihnen drei Schritte zur Verbesserung Ihrer Konzentrationsfähigkeit vor. Wenn Sie diese Schritte im Beruf und im Spiel anwenden, werden Sie feststellen, daß Sie Ihre Ziele mit wesentlich mehr Energie verfolgen. Zuerst lernen Sie, wie Sie Ihre Aufmerksamkeit voll auf Ihre Tätigkeit richten. Wissenschaftliche Untersuchungen haben gezeigt, daß konzentrierte Menschen gleichzeitig entspannt und in höchstem Maße wachsam sind. Dieser mentale Zustand ist wichtig, um alle Informationen aufnehmen und verarbeiten zu können, die man braucht, um richtige Entscheidungen zu treffen. Dann müssen Sie lernen, die wichtigsten Punkte Ihrer Tätigkeit oder Aufgabe zu ermitteln (die Ihnen dann als Erfolgsformeln dienen), damit Sie sich voll darauf konzentrieren können. Spitzenleistungen werden erbracht, wenn man seine Aufmerksamkeit auf klare Schritte richtet. Und zuletzt müssen Sie ständig nach Möglichkeiten suchen, Ihre Leistung zu verbessern. Die Konzentration läßt erfahrungsgemäß nach, wenn eine Arbeit langweilig oder monoton wird. Fassen wir diese drei Schritte also zusammen:

Konzentration

Schritt 1: Die Aufmerksamkeit voll auf die Aufgabe richten
Schritt 2: Erfolgsformeln benutzen
Schritt 3: Nach Wegen suchen, die Leistung zu verbessern

Schritt 1: Die Aufmerksamkeit voll auf die Aufgabe richten

Sportpsychologen haben festgestellt, daß im Gehirn physiologische Veränderungen stattfinden, wenn Sportler ihre Aufmerksamkeit auf die bevorstehende Aktivität richten. Der Sportpsychologe Dan Landers und seine Kollegen von der Arizona State University haben in einem Experiment die Gehirnströme der Athleten während des Trainings gemessen. Sie stellten unter anderem fest, daß sich die Aktivität der linken Gehirnhälfte kurz vor einer guten Leistung merklich verringerte! Umgekehrt ging eine schlechtere Leistung mit einer erhöhten Aktivität in der rechten Hirnhemisphäre einher. An der Studie nahmen erstklassige Gewehr- und Bogenschützen sowie Golfspieler teil.

Ähnliche Ergebnisse erhielt man in England, wo die Hirnströme herausragender Karatekämpfer gemessen wurden, die versuchen mußten, mit einem einzigen Schlag ein Holzbrett zu zertrümmern. Die Psychologen fanden heraus, daß die Anzahl der entspannten, langsamen Alphawellen unmittelbar vor dem Schlag deutlich zunahm. Bei einem Karateka, dem es nicht gelang, das Brett zu zerschlagen, war kein Anstieg der Alphawellen zu verzeichnen.

Der Psychologe Michael Posner von der University of Oregon benutzte eine neue Technologie, das sogenannte PET-Scanning, um in einem Experiment die Hirnstromtätigkeit bei Probanden zu messen, die sich auf eine neue Aufgabe konzentrierten. Es zeigte sich, daß sich die Blutzufuhr zum Gehirn bei den ersten Versuchen erhöhte. Als die Testpersonen geübter waren, verringerten sich Blutzufuhr und Hirnstromtätigkeit.

Diese Forschungsergebnisse lassen darauf schließen, daß es leistungsstarken Menschen möglich ist, ihre Gehirnaktivität zu beruhigen. Ihre Konzentration ist ausschließlich auf das gerichtet, womit sie sich gerade beschäftigen. Sie sind mental völlig entspannt, was sich in der erhöhten Anzahl der langsamen Alphawellen äußert. Gleichzeitig ist die Wahrnehmungsfähigkeit erhöht. Dieser Zustand der ruhigen Aufmerksamkeit ist charakteristisch für Spitzenleistungen.

Wie kann das Gehirn entspannt und gleichzeitig hellwach sein? Ein Wissenschaftler, der sich intensiv mit der Konzentration beschäftigt hat, ist Professor Mihaly Csikszentmihalyi von der University of Chicago. Er hat im Laufe der letzten 20 Jahre die Theorie des »Flow«, des mentalen Flußzustands, entwickelt, um den psychologischen Zustand zu erklären, den Menschen erleben, die voll konzentriert sind und Spitzenleistungen erbringen. Dr. Csikszentmihalyi stellte die folgenden charakteristischen Merkmale des Flow-Erlebnisses fest:

- Die Zeit scheint langsamer zu vergehen. Für eine Tennisspielerin, die sich im mentalen Flußzustand befand, »schien alles im Zeitlupentempo abzulaufen, so daß ich reichlich Zeit hatte, die richtigen Entscheidungen zu treffen«.

- Man hat das Gefühl, die eigenen Aktivitäten besser steuern zu können. Ein Golfspieler stellte fest, daß »ich imstande war, bei jedem Schlag den Pin zu treffen. An Hindernisse und sonstige Unwägbarkeiten habe ich keinen einzigen Gedanken verschwendet. Ich hatte mein Spiel voll im Griff«.

- Man macht sich keine Gedanken mehr darüber, wie man auf andere wirkt. Man vergißt Vergangenheit und Zukunft und konzentriert sich nur noch auf den gegenwärtigen Augenblick. Ein Schauspieler, der sich im Flußzustand befindet, zerbricht sich nicht den Kopf darüber, wie das Publikum sein schauspielerisches Talent beurteilt. Er denkt nicht einmal über seine Leistung nach; er hat sich buchstäblich »in seine Rolle hineinversetzt«.

- Die Leistungen werden beinahe automatisch vollbracht. Selbst wenn ein großer Kraftaufwand erforderlich ist, um erfolgreich zu sein, scheint dieser beinahe mühelos. Eine Eiskunstläuferin beschrieb die Erfahrung des mentalen Flußzustands mit den Worten: »Man hat das Gefühl, als sei eine Art ›Autopilot‹ eingeschaltet. Man hört die Musik, aber man ist sich dessen nicht richtig bewußt, weil alles ein Teil des Ganzen ist.«

Diese Merkmale beschreiben den Zustand höchster Konzentration. Viele Sportler haben diese Eindrücke bestätigt. Ich glaube, der mentale Flußzustand ist das Höchstmaß an Konzentration, das jemand zu erreichen vermag. Wenn wir die Aktivität der Hirnströme zu diesem Zeitpunkt messen würden, könnten wir vermutlich das zuvor beschriebene Muster sehen, das Entspannung/erhöhte Aufmerksamkeit anzeigt. Der mentale Flußzustand wird als intensivste Form der Konzentration und gleichzeitig als äußerst positive Erfahrung erlebt. Was können Sie also tun, um Ihre Konzentration zu steigern und in den mentalen Flußzustand zu kommen?

Lernen Sie, den Geist zu beruhigen

Die Wissenschaftler, die sich mit der Erforschung der Hirnströme bei Athleten beschäftigten, haben festgestellt, daß die Probanden unmittelbar vor Beginn ihrer Darbietung einen Zustand mentaler Entspannung erreichten. Dieser Zustand tritt ein, während die Athleten körperlich aktiv sind. Es bedarf beispielsweise einer ungeheuren Energie, um ein Holzbrett zu zerschlagen. Die Karatekämpfer, die diese Technik beherrschten, waren imstande, ihre mentale Aktivität dabei zu drosseln. Aber wie?

Zunächst muß man eine gewisse Kontrolle über die Dinge gewinnen, auf die man sich konzentrieren will. Es ist unmöglich, seine Aufmerksamkeit auf eine Suche zu lenken, wenn einem tausend Gedanken im Kopf herumschwirren. Wenn ich mit einem Klienten zusammen bin, muß ich meine ganze Energie darauf richten, ihm aufmerksam *zuzuhören*. Ich kann es mir nicht leisten, an den nächsten Termin, an das Verkehrschaos auf dem Weg nach Hause, an meinen knurrenden Magen oder an die fünf Rückrufe zu denken, die ich unbedingt erledigen muß. Wenn ich meine Aufmerksamkeit nicht voll der Person widme, entgeht mir unter Umständen eine wichtige Information, die ich für die Problemlösung brauche. Es ist schwer, sich über eine längere

Zeitspanne zu konzentrieren, aber durch Übung wird dies nach und nach leichter.

Es gibt einige einfache Meditationstechniken, die dabei helfen, die eigenen Gedanken zu kontrollieren. Viele Athleten meditieren, um ihre Aufmerksamkeit auf den Wettkampf zu richten. Greg Norman, seit mehr als zehn Jahren einer der besten Golfspieler der Welt, bringt viele Aspekte des Zen in sein Spiel mit ein. Er ist von dieser Form der Meditation fasziniert, seit er ein Buch über Zen und die alten japanischen Kampfkünste gelesen hat. Erstaunlich viele namhafte Führungskräfte gönnen sich jeden Tag eine kurze Pause, um Körper und Geist in einer kurzen Meditations- oder Kontemplationsübung zu entspannen. Hier einige Tips, wie Sie diese Techniken für sich nutzen können.

Meditation

Durch Meditation lernen Sie, sich mental zu entspannen und Ihre Aufmerksamkeit auf etwas zu konzentrieren. Manche Menschen glauben, daß sie der Meditation aufgrund ihres religiösen oder spirituellen »Beigeschmacks« wenig abgewinnen können. Doch Sie sollten es ausprobieren, denn die Meditation stellt eine hervorragende Möglichkeit dar, Ihre Konzentrationsfähigkeit zu steigern. Und mit einiger Übung werden Sie auch ohne Anleitung eines »Gurus« sehr gut zurechtkommen. Es besteht weder die Notwendigkeit, sich einer Gruppe anzuschließen, noch die Meditation innerhalb eines religiösen Kontexts zu üben.

Die folgende Übung gehört zu meinen liebsten. Sie werden feststellen, daß es sehr schwierig ist, sich mental zu entspannen und an nichts mehr zu denken!

Meditation (Die Seifenblasenübung)

Nehmen Sie eine bequeme Position ein. Vergewissern Sie sich, daß Sie während der Übung nicht gestört werden. Atmen Sie mehrmals tief ein und aus und lassen Sie alle Anspannung aus Ihrem Körper fließen.

Versuchen Sie, sich in den Zustand des reinen Bewußtseins zu versenken. Lassen Sie alle Gedanken an die Geschehnisse ziehen, die sich am heutigen Tag oder in Ihrem Leben zugetragen haben. Versuchen Sie, an nichts zu denken. Überlegen Sie nicht einmal, ob Sie die Übung richtig machen oder nicht. Lassen Sie einfach zu, daß Ihre Gedanken zur Ruhe kommen.

Sobald Sie ein paar Minuten lang innere Ruhe und Stille erfahren haben, werden Sie feststellen, daß Sie immer noch denken. Die Gedanken driften ohne Ihr Zutun ins Bewußtsein. Einige beziehen sich auf die Meditationsübung, andere auf bestimmte Ereignisse in Ihrem Leben. Manche Gedanken sind einfach, andere vielschichtig und kompliziert. Jedesmal, wenn Sie einen solchen Gedanken entdecken, malen Sie sich aus, wie Sie ihn mit einer Seifenblase umhüllen und davonschweben lassen. Blicken Sie der Seifenblase nach, wie sie hochsteigt, höher und höher, bis sie langsam entschwindet.

Kehren Sie in den Zustand des Beobachters zurück, der Harmonie empfindet und mit sich und der Welt im Einklang ist. Mit ein wenig Übung werden Sie feststellen, daß Sie zunehmend länger in der Lage sind, sich mental zu entspannen und an nichts zu denken. Zerbrechen Sie sich nicht den Kopf, falls Ihnen trotzdem der eine oder andere Gedanke kommt. Umhüllen Sie ihn einfach mit einer Seifenblase und lassen Sie ihn davonschweben.

Manche Gedanken werden hartnäckig sein und mehrmals wiederkehren. Einige werden Sie in helle Aufregung versetzen. Und andere sind vielleicht verwirrend. Umhüllen Sie jeden einzelnen mit seiner Seifenblase und lassen Sie ihn ziehen.

Wiederholen Sie diese Übung so lange, wie Sie sich wohl dabei fühlen. Sie kann zehn Minuten dauern oder auch eine halbe

Stunde. Beobachten Sie einfach, was geschieht, wenn Sie versuchen, einen »klaren Kopf« zu bekommen.

Diese Übung hilft Ihnen, sich wunderbar zu entspannen, wenn Sie sich überlastet fühlen. Außerdem beobachten Sie dabei ruhig und aus der emotionalen Distanz des Außenstehenden, was Ihnen so alles durch den Sinn geht. Versuchen Sie nicht, *Probleme* mit der Seifenblasenübung zu lösen. Beschränken Sie sich auf die Rolle des stillen Beobachters.

Sie können die Übung auch folgendermaßen variieren: Konzentrieren Sie sich auf einen bestimmten Gegenstand. Setzen Sie sich beispielsweise vor eine Vase und fixieren Sie Ihren Blick darauf; befreien Sie Ihren Kopf von allen Eindrücken, mit Ausnahme von Wahrnehmungen, die Ihr Objekt betreffen. Ihre Gedanken werden sich höchstwahrscheinlich auf Wanderschaft begeben und sich auf andere Dinge richten. Lassen Sie diese Gedanken los und kehren Sie zur Betrachtung des Objekts zurück, das Sie für die Übung ausgewählt haben.

Die meisten meiner Klienten haben eine allmähliche Verbesserung ihres Konzentrationsvermögens festgestellt, nachdem sie diese Übung jeden Tag 15 Minuten lang durchgeführt hatten. Auch wenn Ihre Fähigkeit, zu meditieren oder sich zu konzentrieren, sich nicht auf Anhieb verändert, sollten Sie sich nicht entmutigen lassen. Oft sind die Fortschritte unmerklich und summieren sich, so daß Sie erst Monate später entdecken, was Sie durch die Übungen gewonnen haben. Üben Sie sich also auch in Geduld und geben Sie nicht vorzeitig auf.

Sie sollten Ihre Konzentrationsfähigkeit außerdem in der Praxis trainieren. Lassen Sie sich eine Minute oder auch zwei Zeit, bevor Sie eine Aufgabe oder ein Projekt in Angriff nehmen, um sich in einen entspannten, aufnahmefähigen mentalen Zustand zu versetzen. Sie werden feststellen, daß sich die Mühe lohnt! Der mentale Zustand wird Ihnen dabei helfen, sich auf Ihre Tätigkeit zu konzentrieren.

Ich glaube, daß viele Athleten während ihres Trainings in einen meditativen Zustand kommen. Aktivität und erhöhte Aufmerksamkeit gehen hier Hand in Hand. Läufer sprechen von einem »Hoch«, einem euphorischen Gefühl, das auch von Geübten durch Meditation erreicht werden kann. Auch Sie können das einmal ausprobieren: Eine gute Möglichkeit, das Konzentrationsvermögen zu steigern, ist, sich in seinem Lieblingssport zu verausgaben und dabei auf die Reaktionen des Körpers zu achten. Man erlebt einen besonderen Bewußtseinszustand, eine erhöhte Aufmerksamkeit, wenn man sich in die physische Aktivität des Körpers versenkt. Eine weitverbreitete Meinung ist, daß Meditation immer ein passiver, ruhiger Vorgang ist. Es gibt indessen viele Meditationstechniken, zu denen physische Elemente wie zum Beispiel das Tanzen gehören.

Und schließlich können Sie bei der Vorbereitung auf Ihre Aufgabe alle Entspannungstechniken anwenden, die Sie in diesem Buch bereits gelernt haben. Sie helfen dabei, den Geist zu beruhigen, was wiederum dazu beiträgt, den Zustand von Entspannung und erhöhter Aufmerksamkeit zu erreichen, der die Konzentration fördert. Die Technik des Zentrierens erfreut sich bei vielen Athleten großer Beliebtheit, um die Konzentration vor einem Wettkampf innerhalb kürzester Zeit zu erhöhen.

Denken Sie daran, daß die mentale Entspannung, die für den Erfolg so ungeheuer wichtig ist, keine physische Entspannung voraussetzt. Ich habe mit Hochleistungssportlern aus den unterschiedlichsten Disziplinen zusammengearbeitet, zum Beispiel mit Bogenschützen, Boxern und Gewichthebern, und alle stimmten darin überein, daß sie die besten Leistungen erbringen, wenn sie mental entspannt und konzentriert sind. Doch ein Gewichtheber, der sich anschickt, ein Gewicht von fünfhundert Pfund zu stemmen, ist in der Regel alles andere als körperlich entspannt. Im Gegenteil, er muß ungeheuer viel Kraft aufwenden. Diese geballte physische Energie darf jedoch der mentalen Konzentration nicht in die Quere kommen.

Diese Lektion kann Ihnen auch in Ihrem Alltag gute Dienste leisten. Trotz aller Hektik und der endlosen Abfolge anspruchsvoller Tätigkeiten am Arbeitsplatz können Sie lernen, Ihre Aufmerksamkeit ausschließlich auf die Aufgabe zu konzentrieren, die in ebendiesem Augenblick bewältigt werden muß, und dabei ein hohes Maß an Produktivität erreichen.

Sobald Sie gelernt haben, Ihre Aufmerksamkeit nur auf eine Sache zu richten, müssen Sie die wichtigsten Punkte der Aufgabe ermitteln, auf die Sie sich konzentrieren wollen. Der nächste Schritt besteht also darin, zu lernen, wie Sie die wesentlichen Elemente Ihrer Aufgabe oder Ihres Projekts im Blick behalten.

Schritt 2: Erfolgsformeln benutzen

Wenn wir uns während eines Projekts auf die richtigen Dinge konzentrieren, erhöhen wir unsere Erfolgschancen. Wenn wir uns jedoch von Gedanken an irrelevante oder kontraproduktive Dinge ablenken lassen, wird ein Mißerfolg wahrscheinlicher. Spitzensportler haben gelernt, sich im Eifer des Gefechts auf eine oder zwei einfache Erfolgsformeln zu besinnen, die sie daran erinnern, was sie tun müssen, um erfolgreich zu sein. Sportpsychologen bezeichnen diese Gedächtnisstützen als Erfolgsformeln.

Carl Scheuler, der bei den Olympischen Vorausscheidungen gewann, benutzte ein Bild, um seine Konzentration zu erhöhen. Er stellte sich vor, wie er den Geher vor ihm mit der Angelschnur einholte; das erinnerte ihn daran, sich in den Schlußphasen des vierstündigen Wettbewerbs, der Körper und Geist die letzten Kraftreserven raubt, zu konzentrieren. Eine weitere Erfolgsformel waren die Worte »guter Übergang«, die Carl ermöglichten, den Krampf auszuhalten.

Skirennläufer Tommy Moe hatte eine wirksame Erfolgsformel bei den Olympischen Winterspielen von Lillehammer in petto. Er war der Überraschungssieger beim Abfahrtslauf der Herren. Obwohl er bis zu diesem Zeitpunkt ein unbeschriebenes Blatt war und kein einziges Weltcuprennen gewonnen hatte, fuhr er im olympischen Wettbewerb auf dem Kvitfjell Bestzeit und holte damit die erste Goldmedaille der Spiele für die USA.

Nach dem Rennen um einen Kommentar zu seiner Strategie gebeten, erklärte Moe: »Ich habe mich auf zwei ganz einfache Dinge konzentriert: in den Kurven den Außenski kräftig zu verkanten und meine Hände um jeden Preis vorne zu halten. Ich wußte, wenn ich mich auf diese beiden Dinge konzentriere, fahre ich sehr schnell. Das war für mich das Wichtigste.«

Mit der Olympischen Goldmedaille sicherte sich Moe auch den Titel, der schnellste Skiläufer der Welt zu sein. Doch seine Erfolgsformel war überraschend einfach. Selbst Newcomer wissen, daß sie in den Kurven den Außenski verkanten und die Hände vorne lassen müssen. Durch die Konzentration auf die beiden einfachen Dinge gelang es Tommy, seine Höchstleistungszone zu erreichen, in der Körper und Geist harmonisch zusammenwirken. Er bewies, daß seine Leistung bei den Olympischen Spielen kein Zufall war, als er drei Wochen später ein Weltcuprennen gewann und sich im März 1994 an dritter Stelle im Weltcupfinale der Abfahrtsläufer in Vail plazierte.

In der vorher beschriebenen Studie der Karatekämpfer stellten die Wissenschaftler fest, daß die Konzentration auf das Holzbrett zunahm, während sich die Aktivität der Hirnströme verringerte. Die häufigsten Strategien, die von den Probanden angewendet wurden, waren die Visualisierung des zerbrechenden Holzes oder die Konzentration auf einen bestimmten Teil der Technik, wie beispielsweise die »Hüften fallenzulassen«. Auch das sind sehr wirksame Erfolgsformeln.

Eine Erfolgsformel wählen

In allen Streßsituationen gibt es unzählige mögliche Gedanken, auf die Sie sich konzentrieren könnten, aber nur wenige werden Ihnen dabei helfen, Ihre Aufgabe erfolgreich zu bewältigen. Wie lassen sich nun Ihre Erfolgsformeln ermitteln?

Es gibt drei einfache Regeln, die Ihnen dabei helfen. Sie basieren auf den Erfahrungen unzähliger Hochleistungssportler in Wettkampfsituationen.

Regel 1: Ihre Erfolgsformel sollte einfach sein

Wenn Sie Bestleistungen erbringen müssen, suchen Körper und Geist nach Anleitungen und Orientierungshilfen. Mit langen, komplizierten Gedanken bringen Sie sich unter Umständen selber aus dem Konzept. Viele meiner Klienten haben die katastrophalen Folgen einer »Paralyse durch Analyse« erlebt oder mit anderen Worten, wenn man zuviel grübelt, fühlt man sich wie gelähmt und weiß am Ende überhaupt nicht mehr, wie man sich entscheiden soll. Sportler sprechen oft davon, »den Verstand auszuschalten« oder »an überhaupt nichts zu denken«, wenn sie sich um Bestleistungen bemühen. Einige Sportpsychologen reden von »automatisiertem« Verhalten, und manchmal hat man tatsächlich das Gefühl, daß der Bewegungsablauf von einem Autopiloten gesteuert wird!

Programmieren Sie sich also darauf, auf einfache Weise zu denken. Erinnern Sie sich an den Goldmedaillengewinner Tommy Moe. Er wählte zwei grundlegende Dinge aus, an die jeder Abfahrtsläufer hätte denken können, um aufs Siegertreppchen zu gelangen.

Jack Nicklaus gibt folgenden Tip bezüglich des mentalen Aspekts beim Golfspielen: »Konzentrieren Sie Ihre ›Schlag-Gedanken‹ auf ein oder zwei einfache Dinge, die Ihnen bisher gute Dienste geleistet haben.« Diese »Schlag-Gedanken« sind seine Erfolgsformel, und nach eigener Aussage ändert er sie während eines wichtigen Turniers nie. Nicklaus erklärte, er benutze Formeln wie *Kopf stillhalten* und *Rückschwung durchführen*.

Regel 2: Ihre Erfolgsformel sollte positiv sein

Eigentlich erscheint es ganz selbstverständlich, daß man negative Gedanken meidet, wenn man sich zu konzentrieren versucht, oder? Und doch kommt es immer wieder vor, daß Spitzensportler in Streßsituationen in die Falle tappen und den Mißerfolg geradezu vorprogrammieren. Das geschieht, wenn man sich den Kopf über Fehler zerbricht oder sie krampfhaft zu vermeiden sucht.

Brian Boitanos Erfahrungen bei den Olympischen Winterspielen 1994 in Lillehammer zeigen die Gefahren, die damit verbunden sind, während eines Wettbewerbs negativ zu denken. Er stürzte während des Pflichtprogramms und brachte sich damit um die Chance, eine Medaille zu gewinnen. Brian gehört zu den konzentriertesten Eiskunstläufern, die ich kenne. Der Patzer gleich zu Beginn war der erste, den die meisten Beobachter jemals bei ihm im Rahmen eines wichtigen Wettbewerbs miterlebt hatten. In einem Interview gab Brian zu, daß negative Gedanken seinen verhängnisvollen Sturz verursacht hatten. »Bevor ich zum Sprung ansetze, konzentriere ich mich immer auf einen technischen Aspekt«, sagte er. »Ich denke zum Beispiel daran, das Knie nach vorne zu bringen oder mit der richtigen Geschwindigkeit abzuspringen. Es ist jedenfalls immer ein technischer Aspekt. Aber heute, ich weiß nicht, warum, habe ich mir gesagt: *Sicher aufkommen, ja nicht stürzen, nur sicher aufkommen.* Natürlich klappte genau das nicht.«

Die meisten Menschen wissen, was für Mechanismen bei Brian Boitano am Werk waren, weil sie diese Situation aus eigener Erfahrung kennen. Wenn wir an etwas Schlechtes denken und es dann genau so kommt, sprechen wir von einer sich selbst erfüllenden Prophezeiung. Wie läuft dieser Mechanismus ab?

Wenn wir uns in einer Situation befinden, in der wir unbedingt gute Leistungen erbringen wollen, egal, ob es sich dabei um die Olympischen Spiele oder eine wichtige Präsentation vor Kunden handelt, erfüllt uns der Gedanke an ein mögliches Versagen mit Angst. Wenn wir uns immer wieder einschärfen, etwas ja nicht zu tun (stürz bloß nicht bei diesem Sprung, paß auf, daß du in Gegenwart deines Chefs ja nicht nervös wirkst), dann setzt sich die Möglichkeit des Scheiterns in unserem Gedächtnis fest. Natürlich wollen wir eine solche Blamage unbedingt vermeiden, und so steigern wir uns immer mehr in unsere Angst hinein. Diese Reaktion hat verschiedene Auswirkungen: Die Muskulatur verkrampft sich, das Herz klopft schneller, und unsere Konzentration leidet. Wir verlieren die Kontrolle über die Situation, und uns unterlaufen Fehler. Wir lösen mit diesem Mechanismus also genau das aus, was wir vermeiden wollten.

Erfolgreiche Athleten beugen solchen Konzentrationsmängeln vor, indem sie sich auf Erfolgsformeln konzentrieren, die ihre Gedanken in positive Bahnen lenken. Sie denken nie an die Möglichkeit zu versagen (es sei denn, sie überlegen sich eine Strategie, um Niederlagen zu bewältigen). Wenn es Ihnen mit dem Erfolg ernst ist, sollten Sie sich ein Beispiel daran nehmen.

Konzentrieren Sie sich auf Ihre Stärken

Spitzensportler wissen, daß der richtige Zeitpunkt, sich über Schwächen Gedanken zu machen, das Training ist. Sobald der Wettkampf beginnt, denken sie ausschließlich an ihre Stärken. In einer Studie über Spitzenskiläufer stellten Bob Rotella und seine Kollegen fest, daß sich diese in den Monaten vor Beginn der Rennsaison auf ihre Schwachpunkte und Möglichkeiten der Verbesserung konzentrieren. Am Abend vor einem Wettbewerb denken sie nur noch an ihre Stärken, zu denen auch die harte Vorbereitung während des Trainings zählt.

Weniger erfolgreiche Skifahrer taten genau das Gegenteil. Sie dachten während der Trainingssequenzen an ihre Stärken und waren stolz darauf, wie gut sie waren. Am Abend vor dem Rennen begannen sie dann, an ihre Schwächen zu denken. Tappen Sie nicht in die gleiche Falle. Arbeiten Sie daran, Ihre Leistungen zu verbessern, wann immer sich eine Chance bietet, und wenn es ums Ganze geht, sollten Sie sich ausschließlich Ihre Stärken vor Augen halten.

Die Bedeutung von Erfolgsformeln als Konzentrationshilfe wird in der folgenden Geschichte über den verblüffenden Olympiasieg des Kajakfahrers Greg Barton deutlich.

Neunzig Minuten bis zur zweiten Goldmedaille

Bei den Olympischen Sommerspielen 1988 in Seoul konnte ich ein seltenes Ereignis miterleben. Der amerikanische Kajakfahrer Greg Barton gewann zwei Goldmedaillen in weniger als zwei Stunden! Greg galt als Favorit in seiner Spezialdisziplin, dem Einerkajak auf der Regattastrecke von 1 000 Metern, aber er und sein Partner Norm Bellingham waren auch im Zweierkajak sehr stark. Das Problem war, daß das Finale im Zweierkajak schon eineinhalb Stunden nach dem Finale im Einerkajak stattfand! Aus diesem Grund hatten nur wenige Sportler sich dazu entschlossen, auch noch im anstrengenden Zweierwettbewerb anzutreten.

Aber Greg und Norm gehörten nicht zu den Menschen, die einen lang ersehnten Traum in den Wind schreiben. Im Vorjahr, bei der Weltmeisterschaft 1987, hatte Greg den Titel im Einerkajak geholt, doch im Zweierkajak hatte er mit Norm keine so gute Figur gemacht. Sie wußten also beide, woran es haperte – an den Kraftreserven auf den letzten Metern vor der Ziellinie.

Als sie ihr Problem ermittelt hatten, beschlossen sie, daran zu arbeiten. Der Schwerpunkt des Trainings lag nun auf dem kraftvollen Endspurt. Sie würden versuchen, rund 200 Meter vor der Ziellinie die Konkurrenz abzuhängen. Ihre Erfolgsformel war das Wörtchen Hopp. *Es war das Signal für einen letzten kraftvollen Endspurt.*

Da sie wußten, wie ausgelaugt sie sich am Ende eines Wettkampfes fühlten, trainierten sie bis zur Erschöpfung, und dann übten sie im Anschluß ihren Endspurt. Es war Gregs Aufgabe, das Signal Hopp *zu geben. Als ich Norman für dieses Buch interviewte, vertraute er mir an, seine größte Sorge sei gewesen, daß Greg nach dem Finale im Einerkajak völlig erledigt sei und das Wort* Hopp *überhaupt nicht mehr aussprechen würde.*

Die Sommerspiele 1988 wurden zum Lackmustest für ihre neue Strategie. Im Einerkajak über 1 000 Meter lieferte sich Greg Barton ein spannendes Kopf-an-Kopf-Rennen mit dem Australier Grant Davies, um mit einem Vorsprung von sage und schreibe einer fünftausendstel Sekunde als Erster durch die Ziellinie zu fahren. Der Endspurt war so knapp, daß zunächst der Australier als Gewinner auf der elektroni-

schen Zeittafel genannt wurde, und Barton mußte sich mehr als 15 Minuten gedulden, bis er erfuhr, daß er gewonnen hatte. Bellingham, der sich inzwischen in der Umkleidekabine auf das nächste Rennen vorbereitete, hatte nicht mitbekommen, wer Erster geworden war, bis die Siegerehrung stattfand. »Ich versuchte zu hören, was für eine Nationalhymne gespielt wurde, aber der Wind war so laut, daß ich nichts mitbekam«, erinnert sich Norman. »Und plötzlich bläht der Wind die Fahne auf, und da seh ich das Sternenbanner. Ich hab geheult vor lauter Rührung.«

Die beiden Sportler konnten nur hoffen, daß Greg in der kurzen Ruhepause zwischen den beiden Rennen genug Kraft tanken konnte. Würde das Training ausreichen? Als sie an den Start gingen, dachte Norm an die Goldmedaille und sagte zu seinem Partner: »Dann laß uns mal dafür sorgen, daß du zwei von diesen verdammten Dingern bekommst!«

Die acht Zweierkajaks legten im Finale alle ein schnelles Tempo vor; Bellingham und Barton befanden sich nach 250 Metern an fünfter Stelle. »Das war ein schreckliches Gefühl«, erinnert sich Norm. »Da trainiert man vier Jahre lang auf diesen einen Moment hin, und dann spürt man, wie einem der Sieg aus den Händen gleitet. Ich hatte jedesmal, wenn ich mein Paddel eintauchte, Todesangst. Ich habe geschuftet wie ein Berserker, aber meine rechte Hand zitterte, so nervös war ich. Es fiel mir sehr schwer, mich zu konzentrieren.« Aber ihre Hartnäckigkeit zahlte sich aus, denn auf halber Strecke lagen sie an dritter Stelle, auf gleicher Höhe mit den Rumänen.

Die Anstrengung war Barton ins Gesicht geschrieben, als sie sich die letzten 250 Meter bis zur Ziellinie vorkämpften. »Ich befürchtete, daß er für den Endspurt zu ausgepumpt sein würde«, sagte Norm. »Aber dann, bei 200 Metern, rief Greg ›Hopp‹, und wir spurteten los. Ich hab keine Ahnung, wo er die Energiereserven hernahm! Ich konnte spüren, wie er volle Kraft voraus paddelte. Er war mit solchem Eifer dabei, daß er mich ansteckte. Ich konnte den Adrenalinstoß richtig spüren.« In buchstäblich letzter Sekunde überholten sie das führende Boot und gewannen die Goldmedaille mit drei Zehntelsekunden Vorsprung.

»Ich glaube, die Fähigkeit, unsere Schwächen zu analysieren, einen

189

starken Endspurt hinzulegen und uns im entscheidenden Moment mit einer einfachen Gedächtnisstütze noch einmal richtig anzuschieben, das waren die Faktoren, die uns geholfen haben, die zweite Goldmedaille zu holen«, meinte Norm. »Am Schluß hatte ich das Gefühl, als wäre ich ausgepeitscht worden, aber das war es mir wert.«

Auch Sie sollten wirksame Erfolgsformeln für die wichtigen Bereiche Ihres Lebens entwickeln. Denken Sie vor allem rechtzeitig darüber nach. Es ist schwer, einen klaren Kopf zu behalten, wenn man unter Streß steht, müde ist oder nicht viel Zeit bleibt; doch gerade dann sollten Sie Ihre Erfolgsformel auf Kommando aus dem Ärmel schütteln können. Üben Sie Ihre Erfolgsformeln oft genug vor dem Ernstfall, so daß Sie sich darauf verlassen können, wenn es darauf ankommt.

Woran denken Sie und worauf konzentrieren Sie sich, wenn Sie effektiv arbeiten? Schreiben Sie die Punkte auf, die eine erfolgreiche Bewältigung Ihrer Aufgabe fördern. Bringen Sie diese Faktoren nun auf einen einfachen Nenner, eine Erfolgsformel, die Sie daran erinnert, sich zu konzentrieren, sobald Ihre Aufmerksamkeit nachläßt. Fällt Ihnen eine Formel aus einem oder zwei Worten ein oder vielleicht ein kurzer Satz mit nicht mehr als fünf oder sechs Wörtern?

Hier sind einige Ideen von anderen, die den Wert dieser Strategie erkannt haben. Sie sollen Ihnen als Anregung dienen, Ihre eigenen Erfolgsformeln zu entwickeln.

• Megan Nyer, Weltmeisterin im Turmspringen, betont die enge Verbindung zwischen Konzentration und Erfolg in ihrer sportlichen Karriere. »Früher war ich während eines Wettkampfs nicht in der Lage, völlig abzuschalten. Völlig unrealistisch, daran auch nur zu denken. Mir schwirrte immer der Kopf. Der Trick bestand darin, alle Gedanken zur Kenntnis zu nehmen, dann aber hinter mir zu lassen und meine Aufmerksamkeit ausschließlich auf den Augenblick zu richten. Vor jedem Sprung versuchte ich dann, mich auf ein oder zwei einfache Sachen zu konzentrieren.

Zum Beispiel sagte ich mir vor dem Sprung ›Knie runter‹, eine hervorragende Erfolgsformel, die mich an die richtige Technik erinnerte. Wenn ich bei einem Sprung viel Höhe brauchte, stellte ich mir vor, über eine Latte zu springen wie ein Stabhochspringer. Es kam meinen Leistungen wirklich zugute, daß ich mich vor jedem Sprung auf eines oder zwei dieser technischen Merkmale konzentrierte.«

- Der Golftrainer Harvey Penick gab seinen Schülern gerne konkrete Hinweise, an die sie während des Wettkampfs denken sollten. Um jemandem beispielsweise zu helfen, mehr Gefühl für die richtige Schlagtechnik beim Einlochen zu entwickeln, riet er ihm, sich vorzustellen, der Ball gleite in den Cup *wie eine Maus ins Loch.* Dieses anschauliche Bild ist ein gutes Beispiel, weil die Aufmerksamkeit auch hier auf etwas gerichtet ist – nämlich die Geschwindigkeit des Balls beim Einlochen. Dadurch verbessert sich die Leistung nahezu automatisch.

Sie haben sicher bemerkt, daß die Erfolgsformel sowohl ein Bild als auch eine verbale Gedächtnisstütze sein kann. Wichtig ist, daß sie die Konzentration auf etwas lenkt, das die Erfolgschancen erhöht. Das kann ein Wort, ein Satz, ein Bild oder auch ein Teil eines Liedes sein.

- Erfolgsformeln können Ihnen ein Gefühl ins Gedächtnis zurückrufen, das Ihnen hilft, sich im Wettbewerb zu behaupten. Der Judoka Jason Morris, der bei den Olympischen Sommerspielen in Barcelona die Silbermedaille gewann, weiß, daß er die besten Leistungen erzielt, wenn er locker und entspannt ist. Er erinnert sich vor einem Wettkampf daran, daß ihm das Ganze *Spaß* macht. »Ich kann noch zwei Sekunden, bevor ich meinem Gegner gegenübertrete, Witze machen oder über das Wetter reden«, erzählt Jason. »Wenn ich *Spaß* an der Sache habe, kommt das meinen Leistungen zugute, und das ist die Hauptsache. Ich bewahre einen klaren Kopf und kann mich optimal konzentrieren, wenn ich zur Matte gehe.«

Eine Erfolgsformel, die für den einen hervorragend funktioniert, muß bei einem anderen nicht zwangsläufig die erhoffte

Wirkung haben. Deshalb sollten Sie Ihre ganz persönlichen Formeln entwickeln. Jasons größter Rivale, der Judoka Dave Faulkner, pflegte sich in einer ernsteren Weise auf seinen Wettkampf vorzubereiten als jener. Doch er übte seine Erfolgsformel genauso gründlich wie Jason Morris. »Ich merkte, daß ich immer dann Erfolg hatte, wenn ich mich nach einem bestimmten Muster auf einen Wettkampf vorbereitet hatte, eine Routine, die mir bald in Fleisch und Blut überging. Es half mir, wenn ich mich vor einem Kampf *aggressiv* fühlte, also erinnerte ich mich an Situationen, in denen ich mich *aggressiv* und *stark* gefühlt hatte. Ich versuche immer, diese Angriffslust vor einem Wettkampf wieder aufleben zu lassen.« Dave Faulkners Methode brachte ihm dreimal den amerikanischen Meisterschaftstitel und drei Titel bei den US-Open ein.

- Sam, einer meiner Klienten aus der Wirtschaft, wollte seine Vortragsweise verbessern. Sein Problem war, daß er während seiner Präsentation häufig den Faden verlor. Er entwickelte zunächst eine ganz einfache Erfolgsformel, nämlich: *Lächeln.* Allein dadurch ließ die innere Anspannung nach, und er konnte sich besser konzentrieren. Er benutzte diese »Geheimwaffe« alle paar Minuten.

Seine zweite Erfolgsformel lautete: *Nimm einen Schluck Wasser und konzentriere dich wieder.* Das ist ein Trick, der ihn in den Augenblicken rettete, in denen er sich nicht mehr an den nächsten Punkt seines Vortrags erinnern konnte. Er stellte also immer ein Glas Wasser neben seine Notizen, und wenn er danach griff, konnte er die Gelegenheit nutzen und einen raschen Blick auf die Stichpunkte werfen, bevor er mit den Ausführungen zum nächsten Punkt begann. Die Zuhörer merken auf diese Weise nicht, daß man den Faden verloren hat. Sie warten geduldig, bis der Redner mit seinem Vortrag fortfährt. Sam benutzte diese Erfolgsformel immer dann, wenn er vergessen hatte, was er als nächstes sagen wollte.

Jedesmal wenn das Lampenfieber ihm die Luft abzuschnüren drohte, atmete er zudem tief durch und sagte sich: *Kein Grund zur Panik; ich bin hier der Experte.* Diese Erfolgsformel war deshalb so wirksam, weil sie den Tatsachen entsprach. Sam war auf seinem Gebiet ein As. Sobald er sich entspannte und lächelte, gelang es mühelos, die Zuhörer in seinen Bann zu schlagen.

Probieren Sie verschiedene Erfolgsformeln aus und prüfen Sie, welche bei Ihnen einen Leistungsunterschied bewirken. Wenn Sie glauben, eine Erfolgsformel sei die richtige für Sie, geben Sie ihr eine faire Chance, sich in der Praxis zu bewähren. Manche Athleten geben vorzeitig auf, weil ihre Erfolgsformel beim ersten Test versagt hat. Genauso, wie es Zeit und Übung braucht, technische Fähigkeiten zu vervollkommen, müssen Sie sich erst einmal an die Erfolgsformeln gewöhnen, vor allem, wenn sie neu sind. Wenden Sie diese mehrmals an, bevor Sie endgültig über ihre Wirksamkeit entscheiden.

Ändern Sie die Erfolgsformeln nicht, wenn Sie sich in einer Streßsituation befinden. Viele Sportler haben den Fehler gemacht, *während eines wichtigen Wettbewerbs* mit ihren Erfolgsformeln zu experimentieren. Statt bei dem Erfolgskonzept zu bleiben, mit dem sie beispielsweise die Ausscheidungskämpfe für die Olympiade gewonnen haben, krempeln sie in letzter Minute alles um! Es geht selten gut, wenn man mitten im Rennen »die Pferde wechselt«. Die Ursache liegt darin, daß eine Schwerpunktverlagerung wie alles, was neu ist, Zweifel und Unsicherheit hervorruft, und diese wirken sich anfangs leistungshemmend aus. Sparen Sie sich also Ihre neuen Erfolgsformeln für das Training oder für Situationen auf, die nicht so wichtig sind.

Schritt 3: Nach Wegen suchen, die Leistung zu verbessern

Der letzte Schritt im Prozeß, Ihr Konzentrationsvermögen zu trainieren, besteht darin, daß Sie fit und motiviert bleiben. »Leistungskanonen« in allen Lebensbereichen verhindern, daß sie in öder Routine erstarren oder einem »Burnout« zum Opfer fallen.

Sie laden ihre Batterien auf, indem sie sich selbst mit immer neuen Herausforderungen konfrontieren und zunehmend höhere Ansprüche an sich selbst stellen. Diejenigen, die den Erfolg für sich gepachtet zu haben scheinen, legen die Latte für ihre eigenen Leistungen ständig höher.

Mihaly Csikszentmihalyi entdeckte, daß die Erfahrung des Flußzustandes ein Ergebnis der Fähigkeit ist, sich selbst in optimaler Weise zu fordern. Menschen erleben diesen Flußzustand, wenn sie sich wirklich herausgefordert fühlen, ihr Bestes zu geben. Wenn eine Aufgabe zu leicht ist, langweilen sie sich bald, und ihre Aufmerksamkeit läßt nach. Ist eine Aufgabe dagegen zu schwierig, baut sich Versagensangst auf und die Aufmerksamkeit leidet gleichermaßen. Ihre Konzentration ist nur dann optimal auf das Ziel gerichtet, wenn Sie sich imstande fühlen, die Aufgabe zu bewältigen.

Csikszentmihalyi erzählt die Geschichte eines Fabrikarbeiters, der am Montageband stand und 600mal am Tag bestimmte Teile zusammenbauen mußte. Dem Mann gefiel sein Job, den er schon fünf Jahre lang ausübte. Wie kann man eine so einförmige Tätigkeit trotzdem konzentriert verrichten? Die Antwort lautet, daß dieser Mann seine Arbeit genauso betrachtete wie eine Olympiateilnehmerin ihr Training. Beide fragen sich: Wo liegt mein persönliches Leistungsoptimum? Wie kann ich meinen eigenen Rekord brechen? Der Mann suchte ständig nach Möglichkeiten, den Arbeitsablauf effektiver zu gestalten und zu verbessern, auch wenn die Fortschritte noch so gering waren. Die Handgriffe je Produkteinheit waren im Schnitt in rund 43 Sekunden erledigt, aber die persönliche Bestzeit dieses Mannes lag bei 28 Sekunden, und er sucht immer noch nach Möglichkeiten, schneller zu werden. Er versucht, sich selbst zu übertrumpfen.

Versuchen auch Sie, Ihre Leistungen stetig zu verbessern, egal, ob in großen oder kleinen Schritten. Dieser Prozeß hilft Ihnen dabei, Ihr Konzentrationsvermögen zu steigern. Konfrontieren Sie sich selbst mit immer neuen Herausforderungen, vor allem, wenn Sie feststellen, daß ein Projekt Sie zu langweilen beginnt. Falls Ihnen überhaupt keine Verbesserungsmöglichkeiten einfallen, oder wenn Sie das Gefühl haben, sich in einer Sackgasse zu befinden, gibt es zwei Wege, eine Aufgabe mit frischem Elan in Angriff zu nehmen: Experimentieren Sie mit einer neuen Arbeitsmethode, und suchen Sie sich einen guten Coach.

Experimentieren

Der beste Weg, eine hohe Konzentrationsfähigkeit bei einer Aufgabe zu entwickeln, ist gleichzeitig auch der einfachste. Versuchen Sie es immer wieder. Jede Erfahrung, selbst wenn sie mit einem Mißerfolg endet, ist eine Lernerfahrung. Und mit jeder Erfahrung werden Situationen, die anfangs vielleicht noch verwirrend und hoffnungslos erschienen, verständlicher und vorhersehbarer.

Oft ist nicht einmal den Experten bewußt, wieviel man aus einer Erfahrung lernen kann. Professor Bruce Abernethy, Leiter der Abteilung Movement Studies der Queensland University, liefert dafür ein anschauliches Beispiel. Er untersuchte das Reaktionsvermögen von führenden Squashspielern. Er wollte wissen, was ihnen ermöglichte, so schnell auf den Aufschlag ihres Gegners zu reagieren. Im Gegensatz zu seinen Erwartungen stellte er fest, daß die Reaktionszeit der Spieler nicht kürzer war als die weniger erfahrener Spieler. Er fand jedoch heraus, daß die besten Spieler imstande waren, häufig zu *antizipieren,* wo der Ball auftreffen würde, und zwar noch bevor der Aufschlag erfolgte! Wie ihnen dies gelang, konnten sie ihm jedoch nicht sagen. Abernethy fand schließlich heraus, daß sie gelernt hatten, den Gegner genau zu beobachten und aus der Bewegung des Oberkörpers abzuleiten, wo der Ball auftreffen würde. Sie konzentrierten sich auf Hinweise, die ihnen Arme und Oberkörper des Kontrahenten lieferten, und gewannen folglich zusätzliche Zeit, um sich auf den Rückschlag vorzubereiten.

Weniger erfahrene Spieler konzentrierten sich auf Handgelenk und Squashschläger des Gegners. Da diese im Bewegungsablauf später an die Reihe kommen als der Oberkörper, konnten sie nicht so schnell auf den Aufschlag reagieren.

Solche Forschungsergebnisse zeigen, daß die eigene Erfahrung ein hervorragender Lehrmeister ist. Oft sind wir uns der Informationsfülle nicht einmal bewußt, die sie uns vermittelt. Auch wenn Sie zu Beginn einer neuen Aufgabe katastrophale Ergebnisse erzielen, sollten Sie also nicht aufgeben. Je mehr Erfahrungen Sie sammeln, desto mehr lernen Sie, worauf Sie sich konzentrieren müssen, um erfolgreich zu sein.

Halten Sie sich vor Augen, daß der Grad der Konzentration auch von der Aufgabe abhängt, die es zu bewältigen gilt. Viele Leute glauben, daß jemand, der über ein gutes Konzentrationsvermögen verfügt, seine Aufmerksamkeit immer hundertprozentig auf die momentane Aktivität richten kann. Das ist ein Trugschluß. Ich selbst bin beispielsweise eine richtige Leseratte: Ich kann mich stundenlang in die neueste Ausgabe einer wissenschaftlichen Zeitschrift vertiefen und die Welt ringsum vergessen. Oft merke ich nicht einmal, daß es längst Zeit zum Abendessen gewesen wäre. Aber wehe, wenn ich ein technisches Problem im Haushalt lösen soll! Dann scheint mich meine Konzentrationsfähigkeit auf rätselhafte Weise zu verlassen. Es fällt mir beispielsweise schwer, meine Aufmerksamkeit mehr als ein paar Minuten auf gräßliche kleine Schrauben zu richten, die ich in kleine Löcher schrauben soll. Ich verliere dann ziemlich schnell die Geduld und muß jemanden bitten, mir bei dieser nervtötenden Arbeit zu helfen.

Also hüten Sie sich vor denen, die Ihnen einen »spielend leichten« Weg in Aussicht stellen, Ihre Konzentration zu verbessern. Ich habe zahlreiche Methoden unter die Lupe genommen, die Konzentration und Aufmerksamkeit allgemein verbessern sollten, doch letztlich nicht hielten, was sie versprachen. Die meisten halfen lediglich dabei, sich auf eine spezifische, immer gleich bleibende Aufgabe zu konzentrieren, aber mehr nicht. Eines dieser von mir erprobten »Hilfsmittel« war eine große elektronische Tafel, die in 300 Quadrate aufgeteilt war. Die Felder leuchteten nach dem Zufallsprinzip auf, und die Sportler mußten sie so schnell wie möglich berühren. Als sie gelernt hatten, sich besser auf diese Aufgabe zu konzentrieren, verkürzte sich die Reaktionszeit, und sie sammelten mehr Punkte.

Ein weiteres beliebtes Instrument zur Förderung des Konzentrationsvermögens war ein Blatt Papier, auf dem Zahlen von 1 bis 100 kreuz und quer verstreut waren. Die Sportler mußten in einer bestimmten Zeit (normalerweise ein bis zwei Minuten) so viele Zahlen wie möglich mit dem Bleistift durchstreichen, und zwar in aufsteigender Reihenfolge. Als sich die Konzentration auf die Aufgabe verbesserte, gelang es ihnen, immer mehr Zahlen innerhalb von einer Minute durchzustreichen. Ich habe dieses Hilfsmittel und viele andere in Experimenten erprobt, an denen Athleten teilnahmen. In ihrem sportlichen Training war danach allerdings keine Konzentrationsverbesserung zu erkennen.

Um die wirklich wichtigen Punkte einer Aufgabe herauszufinden, müssen Sie sich zunächst eingehend damit beschäftigen. Sie sollten jeden einzelnen Schritt lernen und verstehen. »Übung macht den Meister«, das ist nach wie vor der beste Rat, den ich Ihnen geben kann. Je sicherer und routinierter Sie eine Aufgabe angehen, desto besser sind Sie in der Lage, sich voll darauf zu konzentrieren. Experimentieren Sie ruhig mit verschiedenen Verfahrensweisen oder erledigen Sie die Aufgabe anders als sonst und beobachten Sie die Veränderungen gegenüber der alten, eingefahrenen Methode. Bleiben Sie offen für Neues. Sie werden überrascht sein, wie sehr Ihre Konzentrationsfähigkeit gefördert wird, wenn Sie den Mut haben, aus eingefahrenen Gleisen auszubrechen.

Die Studentinnen Shirley und Juanita spielten in der Tennismannschaft ihres College und waren einander als Trainingspartnerinnen zugeteilt worden. Sie fanden es schon nach kurzer Zeit langweilig, die Bälle beim Üben nur hin- und herzuschlagen. Deshalb entwickelten sie ein System, das ihre Konzentration und Aufmerksamkeit in stärkerem Maß forderte. So versuchten sie beispielsweise, zehn fehlerlose Cross-Vorhandschläge quer über die Spielfläche oder zehn Rückhandschläge entlang der Seitenlinie zu spielen. Wenn eine der beiden einen Fehler machte, mußten sie noch einmal von vorne anfangen. Als sich Treffsicherheit und Reaktion der beiden verbesserten, dachten sie sich immer kompliziertere Trainingsmethoden aus. Keine wollte dabei zuerst einen Fehler machen, daher blieb ihre Konzentration während des gesamten Trainings erhalten.

Coaching

Obwohl man in vielen Fällen seine Leistungen durch Erfahrungslernen (Versuch und Irrtum) verbessern kann, läßt sich der Lernprozeß mit Hilfe eines guten Lehrers wesentlich erleichtern. Ich erinnere mich an meine eigenen Lernerfahrungen beim Golfen. Als ich den Spielern zum erstenmal zusah, dachte ich: *Das kann ja nicht schwer sein; man muß nur den Schläger in die Hand nehmen und den Ball treffen.* Im Tennis und Kricket hatte ich mich gar nicht so dumm angestellt, und deshalb dachte ich, es sei ein Klacks, das Golfspielen zu erlernen.

Leider befand ich mich völlig auf dem Holzweg. Ich bemühte mich fünf Jahre lang, Golf mehr oder weniger in Eigenregie zu lernen, und von Fortschritten konnte keine Rede sein. Ich schaffte es selten, die Schallmauer von hundert zu durchbrechen, und der Sport begann mich bereits zu frustrieren. Um meine Konzentrationsfähigkeit stand es angesichts dessen natürlich auch nicht zum besten. Schließlich machte ich einen letzten Versuch und suchte mir einen guten Lehrer. Es war eine Offenbarung! Ich stellte fest, daß Golf nicht die geringste Ähnlichkeit mit Tennis oder Kricket hat. Ich lernte, meine Aufmerksamkeit auf Dinge zu richten, die ich nie beachtet hatte, beispielsweise den Winkel der Handgelenke beim Schlag oder die Gewichtsverlagerung des Körpers auf das rechte Bein. Während mir diese und andere Einzelheiten des Bewegungsablaufs in Fleisch und Blut übergingen, lernte ich, wie sich ein gelungener Drive anfühlt und wie man den Ball einlocht. Inzwischen macht mir das Golfen einen Riesenspaß und ich kann mich ausgezeichnet konzentrieren.

Ein erfolgreicher Sportler erklärte in einem meiner Workshops: »Ich zähle die Fähigkeit, mir helfen zu lassen, wenn ich Hilfe benötige, zu meinen wichtigsten Eigenschaften. Einige meiner Konkurrenten ziehen es vor, alles im Alleingang zu bewältigen, aber das macht für mich keinen Sinn. Warum soll ich die Experten nicht in Anspruch nehmen, wenn es sie schon gibt? Es ist allerdings nicht damit getan, sich ihre Ratschläge und Empfehlungen einfach nur anzuhören; man muß sich auch danach richten. Ich kann Kritik vertragen und lerne aus meinen Fehlern. Ich glaube, das ist eine Gabe, die nicht jeder hat.«

Der »Trick« bei der Verwirklichung Ihrer Ziele besteht darin, herauszufinden, wer sich jeweils als Coach in Ihrem Leben eignet. Es ist vermutlich leichter, einen guten Golflehrer zu finden als einen Coach, der Sie bei Beziehungsproblemen berät oder Ihnen hilft, Kontakte und Verbindungen am Arbeitsplatz zu knüpfen.

Halten Sie sich beispielsweise an erfolgreiche Menschen, die Sie bewundern und denen Sie nacheifern möchten. Stellen Sie als erstes fest, wer in Ihrem Bereich erfolgreich ist. Sprechen Sie mit diesen Menschen oder sprechen Sie mit Leuten, die etwas über sie wissen. Wenn Sie imstande sind, einen solchen Experten als »Coach« zu gewinnen, der Ihnen verstehen hilft, was bei Ihren Projekten wichtig ist, können Sie es gemeinsam weit bringen. Es macht Spaß, wenn Sie dann als »Schüler« selbst einen neuen Ansatz entdecken, der über das hinausführt, was Ihnen der Lehrer beigebracht hat.

Suchen Sie sich einen Mentor

Der Mentor hat eine ähnliche Funktion wie der Coach, aber hier verläuft der Lernprozeß genau andersherum: Statt Sie bei der Bewältigung Ihrer Aufgabe zu beobachten und zu sagen, worauf Sie sich konzentrieren sollten, schauen Sie dem Mentor über die Schulter, um herauszufinden, was wichtig ist. Wenn es Ihnen mit dem Erfolg ernst ist, sollten Sie versuchen, einen Mentor in

Ihrem Bereich zu finden. Bei welchen Projekten könnten Sie von ihm lernen? Nutzen Sie diese Lernchance so oft wie möglich. Eignen Sie sich das fachspezifische Wissen an, das der Mentor besitzt, und beobachten Sie außerdem, worauf er oder sie sich bei der Arbeit besonders konzentriert. Seien Sie äußerst aufmerksam und lernen Sie, soviel Sie können.

Der Kajakfahrer Norm Bellingham gelangte vor den Spielen 1988 in Seoul zu der Ansicht, daß er einen Mentor brauchte. Er beschloß, von seinem Vorbild Ian Ferguson aus Neuseeland zu lernen, der schon zu Lebzeiten eine Legende war und bei den Spielen 1984 in Los Angeles dreimal Gold geholt hatte. Norm flog also nach Neuseeland und trainierte mit Ferguson. Er führt seinen späteren Erfolg auf die intensive Arbeit mit seinem Mentor zurück. So lernte er zum Beispiel die Aktionsorientierung von dem Neuseeländer. Es ist wohl eine Ironie des Schicksals, daß es Ian Ferguson und sein Partner Paul MacDonald waren, denen Norm und Greg Barton in Seoul um Haaresbreite die Goldmedaille vor der Nase wegschnappten.

Wenn Sie diese beiden Lernmethoden auf beruflicher und privater Ebene anwenden, werden Sie Ihre Konzentrationsfähigkeit stetig verbessern. Erfolgreiche Athleten merken sehr schnell, daß es oft leichter ist, an die Spitze zu *gelangen,* als sich an der Spitze zu *halten.* Um auf dem Leistungsgipfel zu bleiben, absolvieren Spitzensportler ein »Konzentrationstraining«, indem sie die Meßlatte für ihre Leistungen fortwährend höher legen und sich immer neuen Herausforderungen stellen. Machen auch Sie sich diese Strategie zu eigen. Halten Sie stets nach Möglichkeiten Ausschau, Ihre persönlichen Leistungen zu verbessern, und Sie werden sehen, daß damit auch Ihre Konzentrationsfähigkeit langfristig auf hohem Niveau bleibt.

Wenn Sie lernen, Ihre Aufmerksamkeit voll auf eine Aufgabe zu konzentrieren, werden Sie noch etwas entdecken: Situationen und Aufgaben, die Ihnen vorher vielleicht ein Greuel waren, weil Sie sich überfordert fühlten, machen Ihnen plötzlich Spaß. Wenn Sie sich selbst anspornen, immer wieder bis an Ihre Leistungsgrenzen vorzustoßen, gelangen Sie eher in den mentalen Flußzustand, der die Höchstleistungszone kennzeichnet. Viele Athleten beschreiben die volle Konzentration als eine wunderbare Erfahrung, die ihnen gestattet, ihr gesamtes Leistungspotential ungehemmt auszuschöpfen. Arbeiten auch Sie an der Fähigkeit, entspannt und zugleich hellwach zu sein, richten Sie Ihre ungeteilte Aufmerksamkeit auf einen einfachen, positiven Aspekt Ihrer Aufgabe, und halten Sie fortwährend nach Verbesserungsmöglichkeiten Ausschau.

Tips zur Verbesserung der Konzentrationsfähigkeit

• Sorgen Sie für ausreichende Bewegung. Im Rahmen der Strategie zur Mobilisierung der Energiereserven sind die Vorteile körperlicher Aktivität beschrieben, mit deren Hilfe Sie Ihre Gesundheit, Ihre Kondition und Ihre Energie erheblich verbessern. Eine weitere Nebenwirkung ist die Steigerung der Konzentrationsfähigkeit. Körperliche Aktivitäten sorgen dafür, daß wir geistig hellwach und reaktionsbereit sind, und sie schärfen unsere Aufmerksamkeit für das, was um uns herum geschieht.

• Probieren Sie öfters noch etwas Neues aus. Experimente und neue Erfahrungen wirken stimulierend. Dabei spielt es keine Rolle, ob Sie eine Sprache lernen, ein neues Buch lesen, zum erstenmal im Leben eine Häkelnadel in die Hand nehmen oder sich einen Welpen als Hausgenossen zulegen. Um welches Stimulans es sich auch handeln mag, es hilft uns bei der Konzentration auf wichtige Dinge. Wenn Sie einer gewohnten Tätigkeit nachgehen, suchen Sie nach einer »neuen« Perspektive in Form einer neuen Herausforderung.

• Orientieren Sie sich an erfolgreichen Vorbildern. Andere haben Pionierarbeit bei der Suche nach Verbesserungen der Konzentrationsfähigkeit geleistet. Welche Strategien haben Sie entwickelt?

Zusammenfassung

Wie Sie Ihre Konzentrationsfähigkeit verbessern

Schritt 1: Die Aufmerksamkeit voll auf die Aufgabe richten

Schritt 2: Erfolgsformeln benutzen
- Einfach
- Positiv
- Auf Ihre Stärken gerichtet

Schritt 3: Nach Wegen suchen, die Leistung zu verbessern
- Experimentieren
- Einen Coach suchen

Emotionale Stärke:
Wie Sie auf Gefühle reagieren

Der Schnee war kalt und naß, und ich kuschelte mich tief in meinen Parka, um mich zu wärmen. Ich wartete gerade auf die Gondel, die mich vom Olympischen Dorf in Brides-les-Bains auf den Berg, zum Eishockeystadion in Méribel, bringen sollte. Ich wollte Mark in Aktion sehen, einen Eishockeyspieler, mit dem ich mehrere Jahre gearbeitet hatte. Sein Traum war in Erfüllung gegangen, er hatte sich für Olympia qualifiziert. Während sich die Gondel den Weg durch die weichen Schneeflocken bahnte, dachte ich an die erste Begegnung mit Mark.

Damals war er ein talentierter sechzehnjähriger Bursche gewesen. Mit anderen vielversprechenden Spielern aus allen US-Bundesstaaten nahm er an einem zweiwöchigen Eishockey-Trainingslager in Colorado Springs teil. Die besten Jugendtrainer des Landes waren gekommen, um eine Junioren-Nationalmannschaft für eine Reihe internationaler Spiele in Japan zusammenzustellen. Mark brachte alle Voraussetzungen mit, um sich für das Team zu qualifizieren. Aber es bestanden berechtigte Zweifel an seiner Fähigkeit, die gesamte Spielzeit konzentriert und ohne Fouls zu überstehen. Mark hatte nämlich einen schwachen Punkt: Er neigte dazu, die Selbstbeherrschung zu verlieren, wenn es hart zur Sache ging.

Er suchte mich nach einem Vortrag auf, den ich vor seiner Mannschaft gehalten hatte. Er fürchtete, sich aufgrund seiner Aggressivität und der häufigen Strafen nach Regelverstößen um die Japanreise zu bringen. Während des letzten Spiels wurde ihm beispielsweise eine große Strafe – fünf Minuten auf der Bank – aufgebrummt, weil er nicht umhin konnte, sich für einen hohen Stock zu rächen (der Schläger wird gefährlich über die Schulterhöhe geführt); seine Mannschaft hatte dar-

aufhin eine Torchance vertan, was dazu führte, daß sie das Spiel verlor. Ich bat Mark, mir die Situation zu schildern, die Wutgefühle in ihm hervorriefen. Ich bezeichne die Faktoren, die Mark rotsehen ließen, als »Reizauslöser«. Die größten Probleme machte es ihm, wenn man ihn von hinten gegen die Bande drängte. Selbst wenn dabei keine böse Absicht im Spiel war und es sich nicht um ein Foul handelte, geriet Mark in Rage und wartete nur auf eine Gelegenheit, es dem Gegner »heimzuzahlen«. Mark verlor auch dann leicht die Beherrschung, wenn der Schiedsrichter eine Entscheidung gegen ihn oder seine Mannschaft fällte. Er gab zu, daß diese Wutausbrüche sein Urteilsvermögen beeinträchtigten und daß er oft Fehlentscheidungen traf, wenn er auf hundertachtzig war.

Ich hätte versuchen können, Gründe zu finden, warum Mark in solchen Situationen so wütend wurde, aber das wäre Zeitverschwendung gewesen. Er mußte vor allem lernen, mit seiner Wut umzugehen und sie in konstruktive Bahnen zu lenken. Deshalb bat ich ihn, sich auszumalen, wie er sich nach einem gegnerischen Foul am liebsten verhalten würde. Er erklärte, daß er sich gerne innerlich stark fühlen, seine Wut bezwingen und seine ganze Energie auf das Spiel konzentrieren würde.

Wir sahen uns gemeinsam Videoaufzeichnungen früherer Spiele an. Wenn eine Szene kam, in der er körperlich attackiert wurde, hielten wir das Band an, und Mark versuchte, sich vorzustellen, wie er sich dabei gefühlt hatte. Er erzählte mir, daß in ihm wieder die gleichen Wut- und Rachegefühle emporstiegen, die er damals während des Spiels erlebt hatte. Danach visualisierte er das gewünschte Verhalten. Er malte sich aus, wie er gegen die Bande gedrängt wurde, wie er sich freimachte, tief durchatmete und sich sogleich wieder auf den Puck konzentrierte. Er stellte sich vor, wie stark er sich innerlich fühlte. In Gedanken spielte er beherrscht und mit noch größerer Entschlossenheit weiter.

Mark speicherte dieses Bild fest in seinem Gedächtnis. Vor dem Training stellte er sich seine Reaktion auf ein Foul vor, die von innerer Stärke und Entschlossenheit geprägt war. Immer, wenn er ein paar Minuten Zeit hatte, ließ er die neue Verhaltensweise vor seinem inneren Auge Revue passieren.

Mark entwickelte die Eigenschaft, in Krisensituationen emotionale

Stärke zu zeigen. Diese Strategie könnte man auch als die Fähigkeit bezeichnen, Reizauslöser »umzupolen«, sie in neue, konstruktive Bahnen zu lenken. Um die praktische Umsetzung zu erleichtern, lernte Mark einen Vier-Punkte-Plan, den er immer dann anwenden konnte, wenn er merkte, daß Wut in ihm aufstieg. Bald war er imstande, seine Verhaltensänderung in Spielen deutlich zu erkennen. Er war nach wie vor wütend, wenn er behindert und gegen die Bande gedrängt wurde, doch gelang es ihm nun, tief durchzuatmen und seine Fassung gleich darauf wiederzugewinnen. Er war stolz darauf, daß er die zerstörerische Wut in die positive Reaktion umsetzen konnte, hart, aber fair zu spielen. Seinem Trainer fiel diese Veränderung ebenfalls auf. Früher hatte er Mark häufig aus dem Spiel genommen, wenn es »eng wurde«, aus Angst, die Mannschaft würde sich aufgrund seiner Unbesonnenheit einen Strafschuß einhandeln. Nun holte ihn der Trainer aufs Eis, wenn es brenzlig wurde, damit er seinen Teamkameraden mit gutem Beispiel voranging.

Mark machte in seiner sportlichen Laufbahn von nun an große Schritte. Er hatte bald den Ruf, der ausgeglichenste Spieler in der gesamten Mannschaft zu sein und immer die Nerven zu behalten. Da er hart an sich gearbeitet hatte, um seine Wutgefühle in den Griff zu bekommen, diente er anderen Spielern in streßbefrachteten Situationen als Vorbild. Den Lohn seiner Mühen erntete er 1992, als er für die amerikanische Eishockeymannschaft aufgestellt wurde und an den Olympischen Spielen in Albertville, Frankreich, teilnehmen konnte. Und meine Belohnung bestand darin, an jenem Abend in Méribel im Eishockeystadion zu sitzen und das Spiel gegen Frankreich live zu verfolgen, in dem Mark eine phantastische Leistung erbrachte. Ich gehörte gewiß zu den wenigen Zuschauern auf der Tribüne, die wußten, wie lang und hart der Weg für Mark gewesen war, bis sich sein Traum von Olympia erfüllte.

Was versteht man unter emotionaler Stärke?

Emotionale Stärke ist die Fähigkeit, die eigenen Gefühle soweit steuern zu können, daß sie die eigene Leistung nicht beeinträchtigen. Starke Emotionen sind ein zweischneidiges Schwert. Manchmal können positive Gefühle einen Sportler zu großen Leistungssteigerungen anspornen. Die Freude über einen unverhofften Sieg im Halbfinale verleiht einer Mannschaft vielleicht die Energie und Motivation, trotz physischer Erschöpfung auch das Finale zu gewinnen.

Aber negative Emotionen können bewirken, daß man die Kontrolle verliert und weit weniger leistet, als man eigentlich könnte. Vielleicht fällt es Ihnen schwer, Ihr Temperament zu zügeln, und Sie fällen irrationale Entscheidungen, wenn Sie wütend sind. Oder Sie fühlen sich deprimiert, wenn Ihr Chef Sie kritisiert, so daß Sie tagelang Ihren trüben Gedanken nachhängen und nicht imstande sind, effektiv zu arbeiten. Oder Sie wissen, daß Sie Mißerfolge nur schwer verkraften und versuchen deshalb nach Möglichkeit, jedem Risiko aus dem Weg zu gehen, damit der Ärger Ihnen von vornherein erspart bleibt. All das sind weit verbreitete Symptome bei Menschen, die nicht gelernt haben, Gefühle in emotionale Stärke umzusetzen.

Emotionen sind ein ganz normaler Bestandteil im sportlichen Wettkampf. Die Athleten spüren die Gefühle fast automatisch: beispielsweise Wut, Angst, Frustration oder Verzweiflung. Der Schlüssel besteht darin, nicht einfach spontan darauf zu reagieren. Eine blinde, affektgesteuerte Reaktion ist fast immer schlecht. Leistungssportler müssen dagegen lernen, konstruktiv auf ihre Gefühle zu reagieren. Die Erfolgreichsten unter ihnen sind imstande, auch in emotionsgeladenen Situationen ihr inneres Gleichgewicht zu bewahren. Sie haben die gleichen Gefühle und Empfindungen wie alle anderen, aber sie wissen, wie sie effektiv damit umgehen können.

Der Golfer Nick Price wurde gefragt, ob es ein Erfolgsrezept gäbe, dem er seine spektakuläre Siegesserie in den Jahren 1993 und 1994 verdanke. Er erwiderte:»Man durchlebt während des

Turniers so viele Gefühle. Ich würde sagen, mein größter Vorteil besteht darin, daß ich sowohl meine Technik als auch meine mentale Befindlichkeit ganz gut im Griff habe. Ich rege mich nicht maßlos auf, wenn mir ein Schlag daneben geht, und ich gerate nicht vor lauter Aufregung aus dem Häuschen, wenn mir ein Birdie gelingt.«

Genau das ist die Essenz der emotionalen Stärke. Sie ist nicht nur im sportlichen Bereich, sondern in allen nur erdenklichen Situationen von großem Nutzen, denn starke Gefühlsreaktionen bei Mißerfolgen, Fehlern und Enttäuschungen können in jedem Lebensbereich auftreten. Viele Menschen treffen zum Beispiel »in der Hitze des Gefechts« schlechte unternehmerische Entscheidungen. Ausgeglichenheit ist eine wichtige Eigenschaft, sowohl im Sport als auch im unternehmerischen Bereich.

Die Erfolgsstrategie der emotionalen Stärke läßt sich auf einen einfachen Nenner bringen. Wenn Sie merken, daß starke Gefühle die Überhand gewinnen, sollten Sie nicht automatisch reagieren. Lernen Sie, zunächst einmal tief Luft zu holen und zu überlegen, welche wirksamen Antworten es auf die emotional aufgeladene Situation gibt. Dann lenken Sie die Energie in besonnenes Handeln um. Ihre Gefühle sollten nicht die Oberhand gewinnen.

Wie man emotionale Stärke entwickelt

Drei einfache Schritte führen dazu, emotionale Stärke zu entwickeln:

Emotionale Stärke

Schritt 1: Auf Gefühle reagieren, statt sie zu unterdrücken. Sie signalisieren einen Veränderungsbedarf!

Schritt 2: Reizauslöser umpolen

Schritt 3: Sich erneut konzentrieren, wenn man aus dem Konzept gebracht wurde

---

Da Emotionen sehr mächtig sind, lassen wir uns oft von ihnen kontrollieren. »Ich war außer mir vor Wut« ist ein typischer Ausspruch, wenn jemand die Selbstbeherrschung verloren hat. Oder: »Heute schaffe ich überhaupt nichts. Ich fühle mich einfach zu deprimiert.« Der Knackpunkt ist, daß die Entscheidung ganz bei uns liegt. Wenn wir die richtige Wahl treffen, dann können wir Gefühle nutzen, um besonders produktiv und effektiv zu sein.

In diesem Kapitel werde ich Ihnen zeigen, wie Sie mit negativen Emotionen umgehen und sie kanalisieren. Gefühle sind Signale: Wenn Sie in einer bestimmten Situation immer wieder verärgert reagieren, ist es höchste Zeit, etwas zu verändern. Sie können entweder die Umstände oder Ihre Reaktion darauf verändern. Und falls Sie trotz aller Anstrengungen dennoch wütend werden, zeige ich Ihnen eine wirksame Methode, die Ihnen hilft, sich zu beruhigen und kluge Entscheidungen zu treffen.

Sehen wir uns nun die einzelnen Schritte an.

Schritt 1: Auf Gefühle reagieren, statt sie zu unterdrücken

Es kommt häufig vor, daß wir auf ineffektive Weise auf unsere Gefühle reagieren. Sie werden vielleicht automatisch ausfallend, wenn Sie auf jemanden wütend sind. Oder Sie laufen mit einer Leichenbittermiene herum, wenn jemand Sie kritisiert. Solche Reaktionen bringen Sie Ihrem Ziel keinen Schritt näher. Man muß sich etwas anstrengen, um konstruktiv auf Emotionen zu reagieren, aber die Mühe lohnt sich.

Wichtig ist vor allem, sich klarzumachen, daß es keine »Patentlösungen« gibt, damit wir uns besser fühlen.

Die sogenannten »Wundermittel« führen häufig zu noch größeren Problemen. Viele Menschen suchen nach schnellen »Lösungen«, die negative Emotionen unverzüglich vertreiben. Sie flüchten sich zum Beispiel in Drogen und Alkohol. Aber die Probleme verschwinden dadurch nicht, und die »Therapie« wirkt nur zeitweilig. In vielen Fällen haben Alkohol- und Drogenabhängigkeit auf diese Weise begonnen. Eine ärztlich beaufsichtigte medikamentöse Behandlung kann bei wirklichen seelischen Störungen (beispielsweise Depressionen) sehr hilfreich sein, aber die meisten Probleme im Leben lassen sich nicht mit einer Wunderpille oder Zauberformel lösen.

Es wäre schön, wenn wir uns immer in Hochstimmung befänden. Aber niemand kann ständig gewinnen. Manchmal muß man gerade dann gute Leistungen erbringen, wenn man sich überhaupt nicht gut fühlt. Wenn Sie imstande sind, diese Stimmungstiefs zu überwinden, kann Sie auf dem Weg zum Erfolg nichts mehr aufhalten. Es sind nämlich meistens negative Emotionen wie Angst, Wut oder Traurigkeit, die uns daran hindern, unsere Ziele zu verwirklichen. Athleten müssen sich daran gewöhnen, mit ihrer Negativität umzugehen. Die erfolgreichsten unter ihnen sind auch dann in der Lage, Höchstleistungen zu erbringen, wenn sie enttäuscht, frustriert oder niedergeschlagen sind. Wie lernt man diese Fähigkeit?

Die meisten Menschen lehnen negative Gefühle so stark ab, daß sie versuchen, sie zu verdrängen, zu manipulieren oder sogar vollständig zu unterdrücken. Doch wenn sie ihre Empfindungen ignorieren, programmieren Sie die Katastrophe geradezu vor. Die Vermeidungsstrategie mag eine Weile funktionieren, aber langfristig kann man den unangenehmen Seiten des Lebens nicht aus dem Weg gehen. Erfolgreiche Sportler wissen, daß ein Wettkampf sie emotional aufwühlen kann: Sie können sich euphorisch fühlen, wenn sie gewinnen, oder am Boden zerstört sein, wenn sie einer Niederlage ins Auge sehen müssen.

Ich habe einmal mit Tom gearbeitet, einem Tennisspieler, der mit seinen Emotionen Probleme hatte. Wenn er mehrere Bälle hintereinander nicht retournieren konnte, geriet er in Wut. Er gab sich große Mühe, sich seinen Frust nicht anmerken zu lassen, aber dadurch, daß er so tat, als mache es ihm nichts aus, wurde seine Leistung nur noch schlechter. Wenn Athleten versuchen, ihre Gefühle unter Verschluß zu halten, ist dies ein sicheres Rezept dafür, daß sie um Klassen schlechter werden. Vielleicht haben Sie die gleiche Reaktion gelegentlich bei sich selber beobachtet. Wenn Sie Ihre negativen Emotionen unterdrücken, knebeln Sie auch die Energie, die Sie für Ihre Leistungen brauchen, und infolgedessen fehlt Ihren Bemühungen etwas: sie wirken schwung- und einfallslos.

Sie müssen Ihre Gefühle annehmen und damit aufhören, sie zu unterdrücken. Es ist ganz natürlich, daß man emotional reagiert, wenn einem ein Ergebnis wichtig ist.

Manchmal ist von »emotionaler Kontrolle« die Rede, als wären Menschen imstande, ihre Gefühle und Empfindungen auf Knopfdruck ein- und auszuschalten. Aber sie lassen sich nicht im gleichen Maß steuern oder dosieren wie die Wassermenge, die aus dem Hahn fließt. Eine hundertprozentige »Kontrolle« auf der emotionalen Ebene ist nicht möglich. Wenn es Ihnen gelänge, Ihre Gefühle beliebig ein- und auszuschalten, wären Sie so menschlich wie ein Automat! Um emotionale Stärke zu entwickeln, dürfen Sie die Augen nicht vor Ihren negativen Emotionen verschließen, sondern müssen sie als solche erkennen und akzeptieren. Nur dann sind Sie in der Lage, sie konstruktiv zu bewältigen.

Gefühle signalisieren einen Veränderungsbedarf!

Wenn es falsch ist, Emotionen durch Unterdrückungsmechanismen unter Kontrolle zu bringen, wie soll man dann mit ihnen umgehen? Was tun, wenn man wütend, frustriert oder niedergeschlagen ist?

Negative Gefühle weisen uns immer darauf hin, daß irgendetwas in unserem Leben nicht stimmt. Sie signalisieren, daß es irgendwo ein Problem gibt, das einer Lösung bedarf. Wenn wir ihnen keine Beachtung schenken und einfach so weitermachen wie bisher, wird uns das Problem früher oder später einholen.

Statt zu versuchen, negative Gefühle zu vermeiden, sollten wir sie als Hinweis auf ein Problem betrachten. Sobald man das Problem gelöst hat, sind die negativen Gefühle wie weggeblasen!

Warum geht es mir schlecht? Das ist die erste Frage, die Sie sich stellen sollten, wenn Sie merken, daß Sie aus dem Tritt geraten. Ich habe beispielsweise mit einer Turmspringerin gearbeitet, die mir erzählte, daß sie sehr deprimiert und leicht reizbar sei. Das Turmspringen, das früher ihr ganzer Lebensinhalt gewesen war, empfand sie inzwischen nur noch als Streß. Sie konnte nachts nicht mehr schlafen, und sie machte sich so große Sorgen wegen ihres Übergewichts, daß sie eine Eßstörung entwickelte.

Als wir über ihren Gefühlswandel sprachen, wurde klar, daß er kurz nach ihrem Trainerwechsel begonnen hatte. Der neue Trainer beurteilte die Leistungen außerordentlich kritisch. Er wies die Sportlerin gnadenlos auf ihre Fehler hin und spornte sie dann an, doppelt so hart an sich zu arbeiten. Besonders kränkend waren seine Bemerkungen, die er über ihr Gewicht machte. Er bezeichnete sie als »Trampeltier« und erklärte, sie werde nie gewinnen, wenn sie nicht sieben oder acht Kilo abspecke.

Ihr negativer emotionaler Zustand war eine natürliche Reaktion auf ihre unerfreuliche Situation. Es fiel ihr schwer, den Trainer zu wechseln, aber mit entsprechendem Anstoß schaffte sie es. Gleich nach dem Wechsel zu einem Trainer, der sie unterstützte und ermutigte, verbesserte sich ihre Stimmung, und sie gewann ihr Selbstvertrauen zurück.

Wenn Sie sich emotional in einem Tief befinden, sollten Sie genau ergründen, welche Ursachen wirklich dahinterstecken. Die Wut über die Arbeitsaufgaben, die man Ihnen aufgebürdet hat, könnte signalisieren, daß die Kommunikation mit Ihrem Chef verbesserungsbedürftig ist: Sie haben vielleicht das Gefühl, daß die Verteilung der Arbeit immer zu Ihren Ungunsten erfolgt. Die Lethargie und Langeweile, die Sie während eines Projekts bei sich entdecken, deutet möglicherweise darauf hin, daß Sie dringend eine neue Herausforderung brauchen. Die Arbeit langweilt Sie vielleicht, weil Sie nichts Neues dazulernen und Ihr Potential nicht voll entfalten können.

Sobald Sie ein Problem erkannt haben, können Sie an der Lösung arbeiten. Gehen Sie beispielsweise folgendermaßen vor:

- Überlegen Sie, welche Maßnahmen Sie ergreifen müssen, um Ihr Problem zu lösen. Verwandeln Sie diese Schritte in aktionsorientierte Ziele, die Sie unverzüglich in Angriff nehmen.
- Nutzen Sie Ihre Fähigkeit, kreativ zu denken, um eine Liste mit alternativen Problemlösungen zu entwickeln. Sie sollten keine Idee von vornherein verwerfen, sondern erst eine Weile darüber nachdenken. Nachdem Sie Ihre Optionen gründlich überdacht haben, entscheiden Sie, welche Lösung Ihnen am meisten zusagt. Der gewählte Ansatz sollte Priorität erhalten.
- Nun ist die Produktivitätsanalyse an der Reihe. Ändern Sie den Dialog, den Sie mit sich selbst führen, wenn Sie sich niedergeschlagen fühlen. Statt zu sagen »Ich fühle mich hundeelend. Meine Lage ist hoffnungslos. Es gibt nichts, was ich da tun kann«, muntern Sie sich mit den Worten auf: »Ich bin ungewöhnlich schlecht gelaunt. Was ist bloß los? Es hat keinen Sinn, Trübsal zu blasen. Ich muß die Initiative ergreifen und etwas ändern.« Nutzen Sie Ihre negativen Gefühle als Motor, um aktiv Veränderungen herbeizuführen. Lassen Sie sich nicht von ihnen in ein »schwarzes Loch« ziehen.
- Wenn Sie sich in einer Sackgasse befinden und Ihnen partout keine Lösung einfällt, schreiben Sie Ihre Gedanken einfach auf. Oft bringen Sie allein dadurch, daß Sie etwas schwarz auf weiß vor sich sehen, Klarheit in Ihre Gedanken. Lassen Sie in Ihrem Leistungsjournal Platz für Notizen über Ihre Gefühle und die möglichen Ursachen. Legen Sie das Heft beiseite und lesen Sie ein paar Tage später noch einmal, was Sie geschrieben haben. Oft sehen Sie das Problem dann bereits in einem ganz anderen Licht.

Diese Schritte reichen normalerweise aus, um Sie wieder auf Kurs zu bringen. Lassen Sie nicht zu, daß negative Gefühle Sie daran hindern, Ihre Ziele zu verfolgen. Wenn Sie Veränderungen in Ihrem Leben vornehmen können, die die Situation verbessern, dann warten Sie nicht länger damit!

Was ist, wenn Sie die Situation nicht ändern können? Bei manchen Menschen sind negative Gefühle das Ergebnis einer langen Reihe von Problemen, die in der Vergangenheit wurzeln und nicht gelöst werden können. Bei anderen ist die Körperchemie in solchem Maß aus dem Gleichgewicht geraten, daß ohne medizinische Hilfe kein Ausweg aus der Krise möglich ist. In beiden Fällen empfehle ich dringend, professionelle Hilfe in Anspruch zu nehmen. Therapie und Beratung können in solchen Situationen nicht selten einen entscheidenden Unterschied bewirken.

Sollten Ihre Probleme weniger schwerwiegend sein, dann können Sie eines ganz gewiß ändern, nämlich Ihre emotionale Reaktion auf bestimmte Situationen. Der zweite Schritt bei der Entwicklung emotionaler Stärke besteht darin, herauszufinden, wie Sie auf Streßsituationen reagieren.

Schritt 2: Polen Sie Ihre Reizauslöser um

Manchmal sind Sie nicht in der Lage, eine Situation zu verändern, die Ursache Ihrer negativen Gefühle ist. In diesem Fall müssen Sie lernen, Ihre Reaktion zu ändern. Man sieht oftmals auf den ersten Blick, ob Menschen über emotionale Stärke verfügen: In Situationen, in denen viele sich aufregen oder rotsehen würden, reagieren sie besonnen und bleiben konstruktiv.

Ein Eishockeyspieler ärgert sich beispielsweise furchtbar über eine Zeitstrafe, ist aber trotzdem imstande, brillant zu spielen, wenn er sie abgesessen hat. Ein anderes Mitglied derselben Mannschaft regt sich über etwas auf und rächt sich, was ihm eine Zeitstrafe von fünf Minuten einbringt und die Gewinnchancen seines Teams beeinträchtigt. Der Unterschied zwischen den beiden besteht darin, daß der erste Spieler über emotionale Stärke verfügt, um widrige Situationen im Sport oder im Leben zu meistern.

Wir haben alle Schwachstellen in unserem emotionalen Panzer. Einige Situationen lösen einfach Wut bei uns aus, ungeachtet dessen, wie oft wir mit ihnen konfrontiert werden. Ich rate den Athleten immer, diese Situationen als »Reizauslöser« zu betrachten. Wenn der Reiz auftritt, werden wie auf Knopfdruck starke emotionale Reaktionen ausgelöst.

Wenn Sie beispielsweise in Ihrer Schulzeit einen Deutschlehrer hatten, der Sie ständig wegen Ihrer Rechtschreibung kritisierte, reagieren Sie vielleicht sehr empfindlich, wenn jemand Sie heute auf einen orthographischen Fehler hinweist. Wenn eine Eiskunstläuferin mehrmals schlechte Erfahrungen mit einem Punktrichter gemacht hat, kann allein sein Anblick als Reizauslöser wirken. Es fällt ihr schwer, sich zu konzentrieren, weil sie sich darüber Gedanken macht, wie er ihre Leistung wohl dieses Mal bewerten wird.

Denken Sie an die Reizauslöser in Ihrem Leben. Welche Situationen rufen starke negative emotionale Reaktionen bei Ihnen hervor? Sie finden Reizauslöser vermutlich in den unterschiedlichsten Lebensbereichen. Am Arbeitsplatz können Sie Ihre Leistungen beeinträchtigen, weil negative Gefühle Ihre Urteils- und Entscheidungsfähigkeit untergraben. Es ist schwer, einen klaren Gedanken zu fassen, wenn man wütend ist oder vor etwas Angst hat.

Ich habe beispielsweise ein Unternehmen beraten, in dem einer der Topmanager für seine Mitarbeiter ein »Reizauslöser« war. Der Mann war berüchtigt für seine unkontrollierten Wutausbrüche, wenn er seine Mitarbeiter kritisierte. Selbst diejenigen, die seinen Zorn nicht unmittelbar auf sich gezogen hatten, waren automatisch angespannt, wenn der Choleriker auftauchte. Deshalb fiel es auch vielen so schwer, ihm ein Projekt überzeugend vorzustellen.

Emotionale Stärke beinhaltet die Fähigkeit zu einer neuen, konstruktiven Reaktion, wenn Sie mit einem Reizauslöser konfrontiert werden. Damit bewirken Sie vielleicht nicht, daß sich die Situation in Wohlgefallen auflöst, aber Sie *lernen* zumindest, besser mit ihr *umzugehen*. Statt zuzulassen, daß sie Ihr Verhalten bestimmt, bestimmen Sie, wie Sie sich in diesem Moment verhalten wollen. Denken Sie daran: Wenn wir unsere Ziele erreichen wollen, werden unsere Leistungen nicht von den Mißerfolgen selbst beeinträchtigt, sondern von den Gefühlen, mit denen wir darauf reagieren.

Mit etwas Übung können Sie Ihre Reaktionen erheblich verändern. Ich habe mit Athleten gearbeitet, denen es gelungen ist, ihre persönlichen Schwächen in Stärken zu verwandeln. Die Eiskunstläuferin, die sich von einem Preisrichter einschüchtern ließ, hat nun ein ausgezeichnetes Verhältnis zu ihm. Sobald sie gelernt hatte, bei seinem Anblick entspannt und ruhig zu bleiben, sah sie ihn sogar als eine hervorragende Quelle für Rückmeldungen über ihre technischen Fortschritte.

Die Mitarbeiter, die mit dem cholerischen Manager zusammenarbeiten mußten, lernten in einer Schulung, auch mit schwierigen Menschen auszukommen und wirksam zu kommunizieren. Sobald sie in der Lage waren, sich trotz der Nervenbelastung unbeirrt auf ihr Ziel zu konzentrieren, konnten sie ihre Effektivität merklich steigern. Und der Choleriker entwickelte mittels Coaching Kompetenzen im Bereich Mitarbeiterführung, um seinen Leuten mit gutem Beispiel voranzugehen, was die Arbeitsbeziehungen ungeheuer erleichterte.

Lassen Sie uns nun einen Blick auf Ihre persönlichen Reizauslöser werfen:

Ermitteln Sie Ihre Reizauslöser

Als erstes sollen Sie nur *einen* Reizauslöser in Ihrem Leben ermitteln. Sobald Sie gelernt haben, besser damit umzugehen, können Sie auch die anderen in Angriff nehmen. Denken Sie an *einen* der folgenden Bereiche in Ihrem Leben:

- Persönliche Beziehungen
- Arbeit
- Sport und Freizeit

Fällt Ihnen eine Situation aus einem der drei Bereiche ein, deren Bewältigung Ihnen immer wieder Schwierigkeiten bereitet? Das

könnte eine Situation sein, die Ihnen Unbehagen oder Angst ein-
flößt, weil Sie wissen, daß Sie sich dabei schlecht fühlen. Schon
der Gedanke daran beunruhigt Sie. Es ist eine Situation, die Sie
unbedingt ändern wollen, denn Sie wissen, daß Ihre negative
Reaktion, die nahezu automatisch abläuft, konstruktives Handeln immer wieder unmöglich macht.

Wenn Sie eine Situation ausgewählt haben, an der Sie zuerst arbeiten wollen, notieren Sie in Ihrem Leistungsheft die Antworten auf folgende Fragen:

1. Beschreiben Sie die Situation. Was geschieht normalerweise?
2. Beschreiben Sie Ihre emotionale Reaktion so detailliert wie
   möglich. Wie fühlen Sie sich? Wie stark sind Ihre Empfindungen? Welche Begriffe würden Sie wählen, um diese Gefühle
   zu beschreiben? Wie lange dauert dieser emotionale Zustand?
3. Schreiben Sie auf, wie diese Situation entsteht. Wer ist sonst
   noch daran beteiligt? Gibt es eine bestimmte Kette von Ereig-
   nissen, die jedesmal in Gang gesetzt wird, wenn Sie in diese
   Situation geraten?
4. Was haben Sie bisher unternommen, um diese reizauslösende
   Situation zu ändern?

Ein hilfreicher Tip. Es ist eine gute Idee, andere in diese Übung
einzubeziehen. Ein Außenstehender sieht die Mechanismen, die
stets die gleichen negativen Reaktionen bei uns bewirken, oft
klarer als wir selbst. Wenn Sie glauben, mit einer ehrlichen, scho-
nungslosen Analyse umgehen zu können, bitten Sie einen
Freund, ein Familienmitglied oder einen Kollegen um Unterstützung. Beschreiben Sie Ihr Problem und bitten Sie Ihren Ansprechpartner um seine Meinung. Es empfiehlt sich, ihm oder
ihr die gleichen Fragen zu stellen, die Sie bereits für sich selbst
beantwortet haben.

Eine Warnung! Wenn Sie jemanden um Hilfe bitten, sollten Sie
die defensive Haltung aufgeben, die Sie normalerweise bei der
leisesten Kritik haben. Reizauslöser sind deshalb ein Problem

für uns, weil wir uns an unsere üblichen Reaktionen klammern. Möglicherweise gab es einmal eine Zeit, in der eine so starke emotionale Reaktion gerechtfertigt war, aber das Verhaltensmuster hat seine Nützlichkeit längst überlebt. Es ist an der Zeit, es zu ändern.

Hochleistungssportler sind daran gewöhnt, Kritik anzunehmen. Es bleibt ihnen auch gar keine andere Wahl, denn ohne Feedback wären sie nicht imstande, Veränderungen einzuleiten, die sie an die Spitze bringen. Erfolgreiche Athleten nehmen Kritik nicht nur an, sondern sind geradezu erpicht darauf! Für sie sind kritische Rückmeldungen ein wirksames Korrektiv bei der stetigen Suche nach Verbesserungen.

Halten Sie es bei dieser Übung genauso. Wenn Sie Freunde um Hilfe bitten, sollten Sie nicht mit ihnen diskutieren, wenn diese aufrichtig ihre Meinung sagen. Stellen Sie sich vor, Sie wären ein Reporter, der objektiv Informationen zusammenträgt. Sie wollen einfach noch ein paar zusätzliche Auskünfte über sich sammeln. Schreiben Sie die Antworten auf Ihre Fragen ohne Werturteil auf, und versuchen Sie nicht, Ihr Verhalten in bestimmten Situationen zu rechtfertigen.

Das Problem bei den Reizauslösern ist, daß sie leicht die Oberhand gewinnen und Ihnen die Kontrolle über Ihr Leben aus der Hand nehmen. Sie treffen jemanden, der sagt vielleicht ein falsches Wort ... und schon ist es geschehen: Sie reagieren wütend, verunsichert oder verwirrt. Es ist schwer, gute Leistungen zu erbringen, wenn Sie emotional aus dem Tritt geraten sind, und deshalb müssen Sie Ihre Reaktionen wieder in den Griff bekommen. Sie werden merklich konstruktiver, wenn Sie selbst bestimmen, wie Sie in einer stressigen Situation reagieren.

Ihre Reizauslöser »umzupolen« bedeutet, daß Sie alte negative Reaktionen durch neue ersetzen. Kehren Sie also zu dem Reizauslöser zurück, den Sie vorhin ermittelt haben. Die nächste Übung zeigt Ihnen, wie Sie es schaffen, in dieser Situation konstruktiv zu reagieren.

Polen Sie Ihre Reizauslöser um

Welche Reaktion wollen Sie verändern?
Überlegen Sie, wie Sie in dieser Situation empfinden und handeln möchten. Denken Sie daran, daß emotionale Stärke beinhaltet, daß Sie sich für eine neue Verhaltensweise entscheiden.
Lassen Sie in Ihrem Leistungsheft Platz, um Ihr neues Ich in dieser Situation zu beschreiben. Die beiden folgenden Fragen helfen Ihnen dabei:

1. Welche Gefühle können Ihnen helfen, mit dieser Situation fertigzuwerden?
2. Wie könnten Sie konstruktiver reagieren?

Sie sollten Ihr neues Ich in dieser Situation klar und lebendig beschreiben. Sie können nur dann emotionale Stärke entwickeln, wenn Sie sich als der Mensch sehen, der Sie sein möchten. Solange Ihnen das nicht gelingt, werden Sie immer mit Ihrem alten Ich kämpfen, das sein Potential bei weitem nicht ausschöpft.
Sobald Sie die Gefühle und Verhaltensweisen beschrieben haben, die Sie in dieser Situation bevorzugen, können Sie die Reizauslöser mit Hilfe Ihrer Vorstellungskraft umpolen. Wie korrigiert man einen Fehler am besten? Richtig, indem man die richtige Antwort übt, bis sie einem in Fleisch und Blut übergegangen ist. In Ihrem Fall ist der Fehler die alte, negative Reaktion, und die richtige Antwort sind die neuen Gefühle und Handlungsweisen, für die Sie sich entschieden haben. Der beste Ort zum Üben ist Ihre Phantasie.
Wenden Sie die Technik des kreativen Denkens an, um die Reizauslöser umzupolen. In Ihrer Phantasie können Sie neue Verhaltensmuster ausprobieren, bis sie Ihnen selbstverständlich erscheinen. Die Phantasieübung wird Ihnen Zuversicht schenken, so daß Sie imstande sind, die alten durch neue Reaktionen zu ersetzen.
- Stellen Sie sich vor dem Einschlafen bildlich vor, wie Sie das angestrebte Verhalten ausprobieren.

- Sobald Sie tagsüber ein paar Minuten Zeit haben, beispielsweise beim Schlangestehen an der Kasse des Supermarkts, prägen Sie sich Ihre neue Strategie mental ein.
- Immer, wenn Sie daran denken, in Ihrer gewohnten Art zu reagieren, sagen Sie sich: *Das ist mein altes Ich. Diese Zeiten sind vorbei.* Und dann stellen Sie sich vor, daß Sie so handeln, wie Sie es sich wünschen.

Sobald Sie mit dieser Methode vertraut sind, probieren Sie Ihre neue Taktik in der Praxis aus. Sie können natürlich auch zuerst eine »Generalprobe« durchführen. Wenn die Budgetpräsentation Ihrem Chef gegenüber ein Reiz ist, der Angst und Unsicherheit bei Ihnen auslöst, sollten Sie Ihren Vortrag mit einem Kollegen als Zuschauer proben. Malen Sie sich vorher noch einmal die angestrebten Gefühle und Verhaltensweisen aus, und dann zeigen Sie Ihrem Kollegen, was in Ihnen steckt! Nach einem oder zwei Probedurchläufen sind Sie bestens für den Ernstfall gerüstet. Gehen Sie voll Selbstvertrauen in das Büro Ihres Chefs, und erinnern Sie sich an Ihre gründliche Vorbereitung. Nur Mut! Vergessen Sie nicht, sich anschließend selbst ein dickes Lob auszusprechen. Und da Übung bekanntlich den Meister macht, werden Sie mit jeder Präsentation besser.

Die Art, wie Sie auf eine emotional befrachtete Situation reagieren, kann über Erfolg und Mißerfolg entscheiden. Negative Gefühle lassen sich nicht ganz aus Ihrem Leben ausklammern, aber Sie können lernen, konstruktiv mit ihnen umzugehen.

Schritt 3: Sich erneut konzentrieren, wenn man aus dem Konzept gebracht wurde

Der letzte Schritt bei der Entwicklung emotionaler Stärke ist zu wissen, was Sie tun können, wenn Sie aufgrund einer Störung oder eines Fehlers aus dem Konzept gebracht werden. Wenn es ein Merkmal gibt, das erfolgreiche Athleten von anderen Menschen unterscheidet, dann ist es ihre Fähigkeit, wirksam mit eigenen negativen Gefühlen umzugehen. Gelegentliche Rückschläge gehören zum Leben, daran ist nicht zu rütteln. Wettkämpfe, Projekte oder Arbeitsaufgaben laufen selten so glatt wie geplant. »Murphys Gesetz« macht Ihnen meistens einen Strich durch die Rechnung: Es gibt tatsächlich Zeiten, da scheint alles schiefzugehen, was nur schiefgehen kann. Deshalb müssen Sie optimal darauf vorbereitet sein, die Hürden beiseite zu räumen, die Ihnen den Weg zum Ziel versperren.

Die beste Methode, um mit solchen Widrigkeiten fertigzuwerden, besteht darin, damit zu rechnen. Hochleistungssportler müssen sich blitzschnell wieder fangen und auf ihr Ziel konzentrieren, wenn sie durch Störungen aus dem Konzept gebracht werden. Das gelingt ihnen, indem sie den frustrierenden Augenblick mental loslassen und sich auf den nächsten Moment konzentrieren. Auch Sie können sich diese Technik zunutze machen. Um sich erneut auf Ihre Sache zu konzentrieren, wenn Sie aus dem Konzept gebracht wurden, sollten Sie sich an den folgenden Vier-Punkte-Plan halten:

Der Vier-Punkte-Plan, um sich erneut zu konzentrieren

- Reaktion
- Relaxation
- Reflexion
- Reorganisation

Betrachten wir nun jeden Punkt genauer.

Reaktion

Rückschläge lösen starke emotionale Reaktionen aus. Es ist schwer, sich nicht aufzuregen, wenn eine Hürde Ihnen den Weg zum Erfolg versperrt. Wenn Athleten einen Fehler gemacht haben, ist die erste Reaktion meistens »@&*#*!!«. Es hat keinen

Zweck, diese nahezu automatische Reaktion unterdrücken zu wollen.

Wie bereits gesagt, lassen sich Gefühle nicht unterdrücken. Der Versuch, sie unter Verschluß zu halten, führt in der Regel zu einem Antriebsverlust; die Folge ist, daß man sich mit mittelmäßigen Leistungen »durchschlägt«. Es ist selten möglich, Spitzenleistungen zu erbringen, wenn man mit seinen Emotionen kämpft.

Aber man sollte auch nicht zulassen, daß Gefühle die Oberhand gewinnen. Manche Athleten sind nach einem Fehler oder einem unerwarteten Rückschlag emotional so aufgewühlt, daß ihre weiteren Leistungen darunter leiden. Ich habe mit einer Eiskunstläuferin gearbeitet, die »an die Decke« ging, wenn sie während des Trainings stürzte. Sie schnaubte vor Wut, stampfte mit den Füßen und rannte manchmal wutentbrannt in die Umkleidekabine. Natürlich wurde die gesamte Trainingsleistung dadurch nachhaltig beeinträchtigt. Die Sportlerin machte nur langsam Fortschritte, weil sie ihr Trainingspensum selten von Anfang bis Ende absolvierte.

Erfolgreiche Sportler machen sich bewußt, daß kein Mensch perfekt ist. Sie wissen, daß auch ihnen Fehler unterlaufen und daß sie sich darüber ärgern. Sie versuchen gar nicht erst, ihre Gefühle im Keim zu ersticken. Aber wenn sie durch eine emotionale Ablenkung aus dem Konzept gebracht werden, suchen sie nach einer Möglichkeit, schnellstmöglich wieder in ihren Rhythmus zu finden. Nehmen Sie sich ein Beispiel an ihnen: Machen Sie sich bewußt, daß es im Leistungsprozeß immer wieder Momente gibt, in denen Sie frustriert sind und emotional aus dem Gleichgewicht geraten. Sehen Sie darin ein gutes Zeichen. Es signalisiert nämlich, daß Sie keine Maschine, sondern ein Mensch sind, der Gefühle hat. Aber machen Sie sich innerlich bereit, dieses Hindernis zu überwinden und gleich wieder Ihr Ziel ins Visier zu nehmen.

Relaxation

Wenn sich negative Gefühle aufbauen, sollten Sie in der Lage sein, Ihre innere Ruhe schnellstmöglich zurückzugewinnen. Die meisten Athleten haben gelernt, Frustrationen oder Wut in kürzester Zeit zu bewältigen, zum Beispiel mit Hilfe der tiefen Bauchatmung. Ein Pitcher beim Baseball mit vier Fehlwürfen ist verständlicherweise wütend über seine Pechsträhne. Aber er weiß aus Erfahrung, daß seine Würfe noch mehr zu wünschen übriglassen, wenn er sich ärgert. Also atmet er tief durch und konzentriert sich wieder auf sein Ziel.

Es gibt noch andere Techniken, die Ihnen helfen, einen kühlen Kopf zu bewahren, sich zu entspannen und sich wieder zu konzentrieren. Ein Golfer, mit dem ich gearbeitet habe, entdeckte beispielsweise, daß sich seine Muskeln nach einem mißlungenen Schlag automatisch verspannten; Hände und Unterarme waren besonders verkrampft. Durch die Muskelentspannungsmethode gelang es ihm, die Verspannungen zu lösen und den nächsten Schlag so auszuführen, wie er wollte.

Entschließen auch Sie sich dazu, eine Entspannungstechnik anzuwenden, damit Sie in frustrierenden Situationen schnell wieder ausgeglichen sind. Probieren Sie die Technik vorher aus, um zu sehen, ob Sie damit zurechtkommen. Andernfalls versuchen Sie es mit einer anderen Methode. Wenn Sie die richtige gefunden haben, bleiben Sie dabei, so daß sie Ihnen in emotional aufgeheizten Situationen zur Gewohnheit wird.

Reflexion

Durch die Anwendung einer Entspannungstechnik erreichen Sie zwei Dinge. Zum einen können Sie negative Emotionen hinter sich lassen, was Sie Ihrem Leistungsgipfel ein Stück näherbringt. Und zum anderen gewinnen Sie dadurch Zeit, um wieder klar zu denken. Wenn Sie sich ärgern und aus dem Konzept bringen lassen, fällen Sie leicht falsche Entscheidungen.

Um gute Entscheidungen zu treffen, brauchen Sie einen klaren Kopf. Dazu müssen Sie sich erst einmal beruhigen. Jetzt gilt es zu entscheiden, ob Sie aus der Situation, die Sie von Ihrem Ziel ablenkt, etwas lernen wollen. Fehler passieren nicht ohne Grund. Wenn sich ein Fehler einschleicht, sollten Sie überlegen, warum er Ihnen unterlaufen ist und wie Sie ihn korrigieren können. Die besten Schützen, mit denen ich zusammengearbeitet habe, wenden diese Reflexionsstrategie an, wenn sie ihr Ziel beim Schuß verfehlt haben. Bei einem Wettbewerb mit 40 Schuß können sie sich nicht mehr als fünf oder sechs Fehler leisten, wenn sie gewinnen wollen. Sie analysieren jeden Fehlschuß, der ihnen unterläuft. Lag es an den Windverhältnissen, am mangelhaften Anschlag, an der schlechten Haltung, hatten sie übereilt geschossen oder zu lange gewartet? Sie korrigieren den Fehler, und danach vergessen sie den letzten Schuß, um sich voll auf den nächsten zu konzentrieren.

Fehler wegzustecken, die uns vom Ziel ablenken, ist eine unabdingbare Voraussetzung, um emotionale Stärke zu entwickeln. Lernen Sie aus Ihren Fehlern, und haken Sie diese dann mental ab! Fehler sind unvermeidlich, aber sie häufen sich, wenn Sie Ihre Frustration darüber nicht in den Griff bekommen. Echte Profis sieht man selten nach einem Schnitzer »ausrasten«.

Mit Hilfe einer Erfolgsformel können Sie Ihre Aufmerksamkeit von der Frustration *ablenken* und auf den nächsten Schritt Ihrer Aufgabe richten. Sagen Sie sich einfach: *Vergiß es. Hak es ab. Steck es weg* oder: *Auf ein Neues!*

Reorganisation

Sobald Sie Ihre negativen Gefühle hinter sich gelassen haben, können Sie sich wieder auf Ihren Weg zum Erfolg konzentrieren. Was wollen Sie als nächstes erreichen? Wenn jemand zu der Schlußfolgerung gelangt, daß der Wind dafür verantwortlich ist, daß er beim Bogenschießen nicht ins Schwarze trifft, bemüht er sich beim nächsten Mal, die Windverhältnisse besser einzuschätzen und zu berücksichtigen. Eine Referentin, die von der unerwarteten Frage eines Zuhörers aus dem Konzept gebracht wird, rettet sich vielleicht dadurch, daß sie jetzt die Anekdote einflicht, die sie sich eigentlich für den Schluß ihres Vortrags aufgehoben hatte. Um sich von einem Rückschlag schnell wieder zu erholen, müssen Sie sich fest vornehmen, sofort einen positiven Aktionskurs einzuschlagen. Erneuern Sie Ihr Engagement für Ihr Ziel.

Eine ausgezeichnete Methode, wieder in den Fluß Ihrer Tätigkeit zu kommen, besteht darin, den nächsten Schritt mental zu proben. Ein Fehler oder eine Störung kann Sie völlig aus dem Konzept bringen und aus Ihrer Höchstleistungszone herauskatapultieren. Sie werden aus dem Flußzustand gerissen und stellen fest, daß Sie plötzlich verunsichert sind. Hier kann die Phantasie wieder eine große Hilfe sein. Stellen Sie sich vor, Sie befänden sich wieder in Ihrer Höchstleistungszone. Was empfinden Sie? Was tun Sie als nächstes? Malen Sie sich die Situation in der Vorstellung aus, und dann nehmen Sie wieder Kurs auf Ihr Ziel.

Eiskunstläufer benutzen diesen Trick, um sich wieder zu fangen, wenn sie während eines Wettbewerbs aus dem »Takt geraten« sind. Das kann sehr schnell passieren, wenn sie einen Schritt in ihrem Programm auslassen oder um ein Haar gestürzt wären. In solchen Situationen gilt es, sich im Bruchteil von Sekunden wieder zu fangen und sich zu sagen: *Was kommt als nächstes? Der dreifache Toe-loop. Stell dir einen gelungenen Sprung vor. Absprung mit Schnelligkeit und Kraft, volle Drehung in der Luft, sanfte Landung. Also los!* Die Eisläufer benutzen diese Methode, um nach einem unerwarteten Ausrutscher einen perfekten Sprung zu zeigen.

Auch Sie können sich nach einem Rückschlag mit Hilfe Ihrer Vorstellungskraft wieder neu auf Ihre Sache konzentrieren. Angenommen, Sie schreiben einen wichtigen Bericht, der schon recht gut gediehen ist, und dann bringt ein Anruf Sie völlig aus dem Konzept. Sie regen sich nicht nur über die Störung, sondern auch noch über das Problem auf, das Ihnen plötzlich präsentiert wurde. Wie gelingt es Ihnen, sich in dieser Situation wieder voll auf Ihren Bericht zu konzentrieren? Stellen Sie sich bildlich vor, wie Sie vor dem Anruf gearbeitet haben. Die Gedanken, die Sie zu Papier gebracht haben, waren klar und logisch. Worauf wollten Sie hinaus? Schließen Sie die Augen und stellen Sie sich mental noch einmal vor, was Sie erreichen wollen, dann öffnen Sie die Augen und packen es an!

Es gibt Augenblicke, da würden wir am liebsten das Handtuch werfen und sagen: *Mir reicht's. Bei diesem Krach kann sich ja kein Mensch konzentrieren. Das war's für heute.* Aber oft werden gerade dann Spitzenleistungen erzielt, wenn man Durchhaltevermögen in Situationen beweist, in denen andere aufgeben. Stärken Sie Ihre Ausdauer, indem Sie sich immer wieder an Ihr Ziel erinnern. Als Motivationshilfe kann dabei zum Beispiel ein Foto von Ihrem Traumhaus dienen. Sie müssen sich immer wieder zu persönlichen Bestleistungen anspornen, wenn Sie Ihr Ziel erreichen wollen.

Den Vier-Punkte-Plan umzusetzen sollte nicht länger als eine Minute in Anspruch nehmen, und er läßt sich Ihren persönlichen Bedürfnissen anpassen. Selbst wenn Sie nur Sekunden haben, um wieder ganz bei der Sache zu sein, können Sie diese Strategie anwenden, um sich schnell wieder zu konzentrieren.

Der Vier-Punkte-Plan hat Athleten und anderen erfolgreichen Menschen aus allen Lebensbereichen geholfen, sich in Streßsituationen, nach einem Fehler oder einer Störung wieder auf ihre Aufgabe zu konzentrieren. Probieren Sie ihn doch einfach aus und stimmen Sie ihn auf Ihre persönliche Situation und Ihren Arbeitsstil ab. Für welche Methode Sie sich letztlich auch entscheiden, eines gilt für alle gleichermaßen: sie müssen geübt werden. Sie werden auf dem Weg zu Ihren Zielen immer wieder Rückschläge einstecken müssen. Also sorgen Sie dafür, daß Sie optimal gerüstet sind, solche Hürden zu überwinden.

Das folgende Beispiel veranschaulicht, wie der Vier-Punkte-Plan in der Praxis aussieht. Im Mittelpunkt steht eine ehrgeizige junge Tennisspielerin, die dazu neigte, während ihres Spiels den »Faden« zu verlieren.

Nervenkrieg am Netz

Pam war eine junge Tennisspielerin, die in Begleitung ihres Vaters zu mir kam. Ihr Vater war Zahnarzt und ein Mann, der für seinen Erfolg hart gekämpft hatte. Während des ersten Besuchs besorgte er das Reden. Er erzählte mir, daß Pam eine ausgezeichnete Tennisspielerin sei, vielleicht die beste weit und breit, aber sie vergeude ihr Talent, weil sie ihre Siegeschancen während eines Turniers immer wieder durch ihre Unbeherrschtheit zunichte mache.

Für den Vater war es nur eine Frage der Zeit, bis Pam nach Betreten des Platzes die Beherrschung und damit ihre Konzentration verlor. Manchmal geriet sie in Rage, wenn der Schiedsrichter einen Ball im »aus« sah, ein anderes Mal merkte sie, daß sie einen Ball schlecht plaziert hatte, und dann gab es Zeiten, wo sie sich aus überhaupt keinem ersichtlichen Grund aus dem Konzept bringen ließ. Pams Vater hatte die Nase voll von ihren Mätzchen und drohte an, keine müde Mark mehr für ihre Trainerstunden oder die Fahrt zu den Turnieren auszugeben. Er hoffte, daß ich Pam helfen könnte. Ich bat die Spielerin, den nächsten Gesprächstermin selbst mit mir zu vereinbaren, denn sie müsse etwas ändern wollen, nicht ihr Vater. Pam erklärte sich einverstanden; danach hörte ich fünf Wochen nichts mehr von ihr.

Dann, an einem Montag, kam ihr Anruf. Pam war in Tränen aufgelöst. Am Wochenende hatte sie im Finale der High-School-Meisterschaften gespielt und sich nach einem Fehler nicht mehr richtig konzentrieren können. Ihr Vater war wütend und hatte ihr klipp und klar gesagt, mit seiner finanziellen Unterstützung könne sie künftig nicht mehr rechnen, und das Regionalturnier am nächsten Wochenende solle sie sich gleich aus dem Kopf schlagen. Pam wollte unbedingt daran teilnehmen und deshalb rief sie mich an, um mit mir gemeinsam nach Problemlösungen zu suchen. Wir vereinbarten gleich für den nächsten Tag einen Termin.

Im Verlauf der nächsten drei Monate arbeiteten Pam und ich einmal in der Woche miteinander. Zuerst klärten wir ab, was ihr der Tennissport bedeutete. Es stellte sich heraus, daß sie die Wettkampfsituation bei Turnieren liebte, den Kampf gegen eine Gegnerin schätzte und die Aufmerksamkeit genoß, die man ihr bei guten Leistungen allenthalben entgegenbrachte. Aber sie fühlte sich von ihren Eltern stark unter Druck gesetzt. Ihr jüngerer Bruder hatte ebenfalls mit dem Tennisspielen angefangen und entpuppte sich als äußerst hoffnungsvolles Talent. Er stand häufig im Mittelpunkt und erhielt die Aufmerksamkeit, die ihr früher zuteil wurde, und so hatte sie einen heimlichen Groll gegen ihn entwickelt.

Pam redete sich ein, daß ihre gelegentlichen Entgleisungen nicht weiter schlimm wären, so war sie eben, basta. Aber tief in ihrem Innern machte sie sich doch Sorgen über ihre Fehler. Sie redete sich ein, eine Versagerin zu sein, und hatte tagelang schreckliche Schuldgefühle, wenn sie wieder einmal eine »todsichere Gewinnchance« verspielt hatte. Sie hätte sich gerne bei allen entschuldigt, aber ihr Vater geriet immer gleich so in Rage, daß sie Angst hatte, das Thema überhaupt zur Sprache zu bringen. Und nun befürchtete sie, daß es aus und vorbei sei mit ihrer Tenniskarriere.

Ich erklärte Pam, daß die Emotionen während eines Wettkampfs mit Hilfe bestimmter Strategien bewältigt werden können und daß man diese lernen und üben muß wie das Überreißen des Balls beim Topspin mit der Rückhand. Sie sei nicht imstande, ihre negativen Gefühle in den Griff zu bekommen, aber dieses Verhalten sei nicht bis in alle Ewigkeiten festgeschrieben, sondern lasse sich verbessern. Ich erklärte ihr, daß es ganz natürlich ist, in einer Wettbewerbssituation aufgeregt zu sein. Pam benötigte lediglich eine Methode, um sich wieder zu konzentrieren, wenn sie wütend war. Gemeinsam entwickelten wir Schritt für Schritt eine Vier-Punkte-Strategie, die ihr gestattete, sich wieder auf ihr Ziel zu konzentrieren. Als erstes ließ sich Pam einen Moment Zeit, um ihre Verärgerung nach einem Fehler zur Kenntnis zu nehmen. Als nächstes gestattete sie sich eine »Zehn-Sekunden-Besinnungspause«, wenn sie sich frustriert fühlte. Statt hektisch und wütend zu versuchen, den nächsten Punkt für sich zu verbuchen, atmete Pam zweimal tief durch und ließ ihren Ärger über den Fehlschlag oder das »Aus« eines Schiedsrichters mental los. Danach entschied sie erst, ob eine Veränderung ihrer Spielstrategie angeraten war. Und als letztes richtete sie ihr Augenmerk wieder auf das Ziel, indem sie sich darauf konzentrierte, wie sie den nächsten Punkt holen wollte. Erst dann bereitete sie sich auf ihren Aufschlag oder Return vor.

Der Seitenwechsel war für Pam ein kritischer Zeitpunkt. Normalerweise setzte sie sich nach jedem zweiten Spiel auf ihren Stuhl und brütete über verpaßte Chancen nach. Wenn sie das Spielfeld dann wieder betrat, war sie in Gedanken oft noch bei ihren Fehlern. Ich fragte sie, wohin sie beim Seitenwechsel blicke. Die Augen sind ein sehr wichtiger Indikator, worauf wir unsere Aufmerksamkeit richten. Pams Antwort sprach Bände. Sie suchte die Tribüne nach ihren Eltern ab, um festzustellen, was für ein Gesicht sie machten.

Auf die Frage, was sie während des Seitenwechsels am liebsten tun würde, erklärte sie, daß sie sich ausruhen und wieder voll konzentrieren wollte. Ich schlug ihr vor, die Augen in der Zeit auf einen bestimmten Punkt zu richten. Da Pam die Farbe Blau beruhigend fand, wurde beschlossen, daß sie sich ein blaues Armband kaufen, bei jedem Spiel tragen und es während der Ruhepause zwischen den Seitenwechseln ansehen solle. Das half ihr, Frustrationen loszulassen und ihre innere Ruhe wiederzugewinnen. Kurz bevor sie wieder auf den Platz ging, sollte sie über die Strategie für die bevorstehende Spielrunde entscheiden.

Auch die Eltern wurden einige Male in die Gespräche einbezogen. Pam erklärte ihnen, wie dankbar sie für ihre Unterstützung sei. Aber sie bat sie auch, sie nicht mehr ständig unter Druck zu setzen. Außerdem wollte sie gelegentlich alleine zu einem Turnier fahren. Die Eltern stimmten zu, überrascht, daß Pam ihnen ihre Gefühle anvertraut hatte.

Mit Pam vollzog sich ein bemerkenswerter, unübersehbarer Wandel. Innerhalb weniger Wochen nach Anwendung der erlernten Strategien hörten die Wutausbrüche auf. Die neue Pam war ausgeglichen, ruhig und einem harten Kräftemessen auf dem Tennisplatz nie abgeneigt. Ihr Vater meinte, es sei ein Wunder, aber ich wies ihn darauf hin, daß seine Tochter hart an sich gearbeitet und dadurch die Verhaltensänderung bewirkt hatte. Pam ging danach ihre eigenen Wege, aber ihr Vater hielt mich gelegentlich über ihre Fortschritte auf dem laufenden. Im letzten Schuljahr gewann sie die Landesmeisterschaft im Einzel, erhielt dank ihrer sportlichen Leistungen ein Stipendium an einem Elite-College und wurde Mitglied im Presseteam ihrer Universität.

Sie erkennen emotionale Stärke auf Anhieb, wenn Sie einem Menschen begegnen, der über sie verfügt. Sie beinhaltet unter anderem auch die Fähigkeit, Ruhe und Optimismus zu bewahren, wenn alle anderen vor lauter Hektik den Kopf verlieren. Negative Gefühle lassen sich in der Hitze des Gefechts oft nicht vermeiden, aber dank Ihrer neu erworbenen emotionalen Stärke sind Sie befähigt, trotz des Gefühlsaufruhrs die richtigen Entscheidungen zu treffen.

Wenn Sie lernen, mit Ihren negativen Emotionen umzugehen, werden Sie mehr Zeit in Ihrer Höchstleistungszone verbringen. Und wenn Sie mehr und mehr Zeit dort verbringen, ebnen Sie positiven Gefühlen, die Ihnen gestatten, Ihr Potential besser auszuschöpfen, den Weg. Das ist emotionale Stärke.

Tips zur Entwicklung Ihrer emotionalen Stärke

In diesem Kapitel lag unser Augenmerk auf dem Umgang mit negativen Gefühlen, weil sie es normalerweise sind, die Leistungen beeinträchtigen. Es kommt indessen auch vor, daß starke positive Gefühle wie überschwengliche Freude oder Euphorie sich störend auf die Leistungen auswirken. Es ist durchaus möglich, daß sich ein Sportler während eines Wettbewerbs vor lauter Aufregung über eine gute Leistung nicht mehr auf die nächste Runde konzentrieren kann. Auch dann besteht die Gefahr, daß er Fehler macht oder die Kontrolle verliert.

Eine der größten Herausforderungen für die US-Eishockeymannschaft 1980 in Lake Placid war der Kampf um die Goldmedaille. Manche Spieler vergaßen offenbar, daß sie nach dem dramatischen Halbfinale gegen Rußland als nächstes im Endspiel gegen Finnland antreten mußten. Die Euphorie angesichts des Sieges über die Russen, die als unschlagbar galten, erschwerte der Mannschaft die Konzentration auf den finnischen Gegner, und sie wirkte in den ersten beiden Dritteln des Finales glanzlos und lahm. Erst als sie den »Weckruf« erhielten, den sie brauchten, um wieder Tritt zu fassen, liefen sie zu voller Spielstärke auf und gewannen.

Die beste Antwort auf überwältigende, positive Gefühle besteht darin, sich zu beruhigen und zu entspannen. Obwohl die Fähigkeit, Ruhe zu bewahren, vor allem beim Umgang mit Problemen hilft, die durch Angst und schwache Nerven verursacht werden, lassen sich die gleichen Methoden auch anwenden, um sich nach überschwenglicher Freude oder Euphorie wieder gefaßt auf sein Ziel zu konzentrieren.

Zusammenfassung

Wie Sie emotionale Stärke entwickeln

Schritt 1: Auf Gefühle reagieren, statt sie zu unterdrücken.
Sie signalisieren einen Veränderungsbedarf!
Schritt 2: Reizauslöser umpolen
Schritt 3: Sich erneut konzentrieren, wenn man aus dem
Konzept gebracht wurde
- Reaktion
- Relaxation
- Reflexion
- Reorganisation

Energiereserven mobilisieren:
Aufdrehen, wenn's drauf ankommt

Eins der spektakulärsten Ereignisse in der Geschichte der Olympischen Spiele ereignete sich 1964 in Tokio. Alle waren der festen Überzeugung, daß der Zehntausend-Meter-Lauf mit einem Kopf-an-Kopf-Rennen zwischen dem Weltrekordhalter Ron Clarke aus Australien, dem Titelverteidiger Pyotr Bolotnikow aus der Sowjetunion und dem Titelverteidiger im Fünftausend-Meter-Lauf, Murray Halberg aus Neuseeland, enden würde. Der amerikanische Läufer Billy Mills war ein völlig unbeschriebenes Blatt; seine Bestzeit lag beinahe um eine ganze Minute unter Clarkes Weltrekord. Er überraschte alle, als er die hochkarätige Konkurrenz besiegte und die Goldmedaille gewann.

Ungefähr auf der Hälfte der Strecke fürchtete Mills schon, aufgeben zu müssen. Clarke hatte in jeder zweiten Runde das Tempo angezogen, was den anderen außerordentlich erschwerte, mit ihm Schritt zu halten. »*Einmal war ich schon soweit, daß ich mir sagte, nur noch eine Runde, die Führung übernehmen, dann noch eine Runde. Auf diese Weise liegst du wenigstens vorne, wenn du aufgeben mußt*«, *erklärte Mills. Aber just in diesem Moment bemerkte er, daß Clarke über die Schulter sah. Mein Gott, der hat Angst, daß ihn jemand überholt, dachte Mills.* »*Von diesem Augenblick an lautete mein Motto: Ich halte durch.*«

Als nicht einmal mehr drei komplette Runden zu laufen waren, lagen Clarke, Mills und ein anderer Teilnehmer, Mohammed Gammoudi aus Tunesien, in Führung. Und in der Gegengeraden der letzten Runde kam der Augenblick, der die Zuschauer elektrisierte.

Mills war auf die Außenbahn neben Clarke gelangt, eine ideale taktische Position. Clarke, der sich verzweifelt freizulaufen versuchte, versetzte Mills zweimal einen Stoß und drängte ihn nach außen. In diesem Augenblick drängte sich Gammoudi zwischen die beiden und sprintete los, so daß er sich nun mit rund zehn Metern Vorsprung an die Spitze setzte. Mills beschreibt diese letzten Augenblicke:

»Da waren bestimmt an die 75 000 Zuschauer im Stadion, die aus Leibeskräften brüllten, aber das einzige, was ich hörte, war mein klopfendes Herz. In Gedanken, wie in einer Art Selbsthypnose, beschwor ich noch einmal die Trainingsstunden in Camp Pendleton herauf ... Jeden Tag hatte ich mir vorgestellt, wie ich Clarke im Finish unmittelbar vor der Ziellinie überholte und gewann. Aber das hier war kein Training, sondern die Realität ... Ich sagte mir immer wieder: Du schaffst es, los, versuch's einfach, versuch's noch einmal ... Obwohl nur noch 80 Meter zu laufen und die beiden anderen bereits fünf oder sechs Meter vor mir waren, dachte ich: So nahe kommst du vielleicht nie wieder heran. Los! Los! *Ich wußte, daß ich ohnehin gesiegt hatte. Ich würde vielleicht nicht als erster das Zielband berühren, aber beim Endspurt war ich der schnellste Mann auf der Bahn, und wenn genug Zeit blieb, würde ich an den beiden Führenden vorbeiziehen ... Dann spürte ich, wie das Band über meiner Brust zerriß. Ich wurde langsamer, und ein japanischer Reporter kam angerannt und schrie:* »Wer sind Sie? Wer sind Sie?«

Mit diesem dramatischen Finish, das ihm die Goldmedaille einbrachte, wurde Billy Mills, ein 24jähriger junger Sioux-Indianer, in Amerika zur Legende. Er bewies, daß sein Erfolg kein Zufall war, als er im nächsten Jahr den Weltrekord brach.

Energiereserven mobilisieren

Energie ist ein wichtiger Bestandteil der Hochleistungszone. Wenn man zuwenig Energie hat, leiden die Leistungen zwangsläufig darunter. Hält der Energiemangel an, besteht die Gefahr, daß man krank wird oder sich völlig erschöpft fühlt. Der Energiepegel kann durch zuviel Arbeit auf einen solchen Tiefstand gelangen oder wenn man sich beim letzten Projekt zu sehr verausgabt hat. Es kommt indessen genauso häufig vor, daß Menschen ihr Energiepotential nicht voll ausschöpfen, wenn sie beispielsweise glauben, daß eine Aufgabe sie nicht richtig fordert. Es gibt auch Athleten, die glauben, ein Wettkampf sei »mit links« zu gewinnen und daher nicht mit vollem Einsatz an den Start gehen. Wie stellen Sie sicher, daß Sie im Ernstfall genügend Energie zur Verfügung haben? Zum einen müssen Sie lernen, wie Sie Ihre Energie mobilisieren, wie Sie sich in kritischen Augenblicken selbst anspornen. Gedanken und Gefühle, die Haltung, mit der Sie an eine Aufgabe herangehen und der innere Dialog, den Sie führen, gehören zu den Faktoren, die Ihr Energieniveau beeinflussen. Und zum zweiten müssen Sie dafür sorgen, daß Ihr Körper genügend Energiereserven hat. In diesem Kapitel werden Sie erfahren, wie Sie Ihre Energiereserven mobilisieren, wenn's darauf ankommt, und wie Sie täglich »Energie tanken«.

Lernen Sie, Ihre Energiereserven zu mobilisieren

Das körperliche Training in Camp Pendleton war eine entscheidende Voraussetzung für Billy Mills Karriere als Läufer. Aber die mentale Vorbereitung half ihm, Gedanken zu entwickeln, die einen zusätzlichen Energieschub auslösten, als es wirklich darauf ankam. Er sagte sich: Du schaffst es, versuch's noch einmal! Auch Sie können lernen, Ihr Energiepotential voll auszuschöpfen. Die einzelnen Schritte werden nachfolgend beschrieben.

Das Energiepotential ausschöpfen

Schritt 1: Spornen Sie sich selbst an
Schritt 2: Tanken Sie regelmäßig neue Energie
  • Fitneß
  • Schlaf
  • Gesunde Ernährung

Sehen wir uns nun genauer an, wie Sie Ihr Energiepotential voll ausschöpfen können.

Schritt 1: Spornen Sie sich selbst an!

Egal, wieviel Spaß Ihnen Ihre Arbeit macht, es gibt Zeiten, in denen Sie sich besonders motivieren oder am Riemen reißen müssen, um durchzuhalten, wenn Sie am liebsten aufgeben würden. Am Ende eines langen Arbeitstages oder in den letzten Minuten eines harten Wettkampfs ist man verständlicherweise ausgelaugt. In solchen Augenblicken spielt die mentale Befindlichkeit eine wichtige Rolle: Sie hat entscheidenden Einfluß auf Ihren Energiepegel. Sie können Ihre Energiereserven durch Ihre Gedanken abbauen, so daß Sie antriebslos und unfähig sind, Ihrer Aufgabenstellung gerecht zu werden, aber Sie können sie auch mobilisieren, so daß Sie mit neuer Kraft und neuem Antrieb weitermachen.

Anspornende Gedanken

Die folgende Geschichte zeigt, welche Auswirkungen die innere Einstellung auf den Energiepegel haben kann. Einer meiner Kollegen wollte spätabends nach Colorado Springs zurückfliegen. Wegen starker Schneefälle an der Ostküste hatten sämtliche Flüge Verspätung. Um 23 Uhr kam mein Kollege endlich in Denver an und mußte bis Mitternacht auf seinen Anschlußflug nach Colorado Springs warten.

Die Passagiere waren müde, mißmutig und verärgert. Alle würden verspätet ankommen, etliche Gepäckstücke fehlten und die Pläne, die sie gemacht hatten, mußten geändert werden. Plötzlich ging ein etwa fünfzigjähriger Mann auf die Passagiere zu und bat sie um einen Gefallen.

»Guten Abend, mein Name ist Carl; ich fliege nach Springs zu meiner Verlobten, Marlene. Ich habe mir eine Überraschung ausgedacht, sie wird heute 50, und ich habe ihr 50 rote Rosen besorgt. Ich wollte Sie fragen, ob Sie wohl so nett wären, ihr nach der Ankunft zum Geburtstag zu gratulieren und ihr eine Rose zu überreichen? Das wäre eine Riesenüberraschung für sie.« Wer hätte eine solche Bitte abschlagen können? Die Leute lächelten und ließen sich die Rose geben. Sie beobachteten, wie Carl seine Bitte 50mal wiederholte. Bald traf das Flugzeug ein, und alle gingen an Bord. Die Müdigkeit und die gereizte Stimmung waren wie weggeblasen; die Passagiere wirkten plötzlich hellwach und aufgeregt. Während sie sich vorher bemüht hatten, Blickkontakte zu vermeiden, sprachen sie jetzt miteinander über Carls Einfall und lachten. Alle freuten sich, Marlene zu überraschen.

Das Flugzeug landete. Die Passagiere ließen Carl zuerst aussteigen, und als sie die Wartehalle betraten, übergaben sie Marlene nacheinander ihre Rose, gratulierten, schüttelten Carl zum Abschied die Hand und umarmten Marlene. Sie war völlig überrascht, lachte und sagte immer wieder: »Ich glaube es einfach nicht, so etwas gibt es doch gar nicht!« Mein Freund verließ wie alle anderen Passagiere beschwingt den Flughafen. Carls Geste hatte jeden gerührt.

Aber wie war es Carl gelungen, seine »Leidensgenossen« aus ihrer Lethargie und schlechten Laune herauszureißen? Drückte er ihnen ein Aufputschmittel in die Hand? Oder hielt er eine zündende Rede? Nein, durch seine Initiative änderte er, ohne Aufhebens davon zu machen, ihre Einstellung zu der mißlichen Situation, in der sie sich befanden. Er gab ihnen die Möglichkeit, sich von der eigenen Misere abzulenken und an etwas Erfreuliches zu denken, das einem anderen Menschen widerfahren würde. Dieses Beispiel veranschaulicht, daß der Energiepegel von unseren Gedanken abhängt.

Machen Sie sich dieses Prinzip zunutze, um Energiereserven für einen langen, harten Tag in der Arbeit oder zu Hause, ein anstrengendes Projekt oder Ihr Fitneßprogramm zu mobilisieren. Es gibt viele Möglichkeiten, den Energiepegel mental zu erhöhen. Im folgenden sind einige Methoden beschrieben, die sich bei Spitzensportlern als sehr wirksam erwiesen haben.

Konzentrieren Sie sich auf anspornende Bilder

Experimentieren Sie mit der Technik des kreativen Denkens. Stellen Sie sich beispielsweise vor, Sie wären ein Motor mit unglaublicher Kraft, ein Zug, der nicht zu bremsen ist, ein Fisch, der mühelos durchs Wasser gleitet, oder ein Windhund bei einem Rennen. Stellen Sie sich vor, daß Sie immer einen Reservekanister mit sich führen, um Kraftstoff nachzufüllen. Spüren Sie, wie neue Energie Ihren Körper durchströmt. Probieren Sie verschiedene mentale Bilder aus, um zu erkunden, welche ein energievolles Gefühl für die bevorstehende Aufgabe entstehen lassen. Lassen Sie Ihre Phantasie spielen, um die Energie zu spüren, die Sie aufbieten müssen.

Wenn Sie sich körperlich und seelisch in Topform befinden, versuchen Sie an ein Bild zu denken, das diesen Zustand einfängt. Rufen Sie sich dieses Bild immer dann ins Gedächtnis zurück, wenn Sie sich voller Tatendrang fühlen. Es wird dann später automatisch mit dem Energiegefühl assoziiert. Nach einiger Übung reicht allein die Konzentration auf dieses kraftspendende Bild, um das damit gekoppelte Gefühl entstehen zu lassen.

In der Vorstellung Spitzenleistungen erbringen

Ich habe eine Zeitlang mit Maria gearbeitet, einer Eiskunstläuferin, die sich auf die Olympischen Spiele vorbereitete. Marias größtes Problem war der Energiemangel in der letzten Minute ihrer Kür. Ihr Programm beinhaltete mehrere kraftzehrende Sprünge, und sie fühlte sich nach drei Minuten oft schon so ausgelaugt, daß sie im Training häufig stürzte. Als wir darüber sprachen, woran sie kurz vor dem Ende der Kür dachte, stellte sich heraus, daß sie sich immer wieder sagte: *Bloß jetzt nicht alles verpatzen. Du bist ausgelaugt, also mach ja keinen Fehler.* Diese Gedanken trugen dazu bei, die Erschöpfung nur noch zu verschlimmern. Es galt, an eine neue Energiequelle zu denken.

Maria stellte sich am Ende ihres Programms also künftig perfekte Sprungkombinationen vor. Während sie zum Sprung ansetzte, malte sie sich aus, wie sie sicher und fehlerlos aufkam und wie die Zuschauer donnernden Applaus spendeten. Dieser Gedanke löste einen Adrenalinstoß im Körper aus und gab ihr den emotionalen Auftrieb, den sie brauchte, um ihre Erschöpfung zu bekämpfen. Sie benutzte das Bild nur, wenn sie es dringend benötigte, am Ende ihrer langen Kür.

Bei den Olympischen Spielen zahlte sich Marias Strategie aus. Als sie die ersten Anzeichen von Entkräftung bemerkte, stellte sie sich technisch perfekte Sprünge vor. Mit Hilfe dieses neuen Energieschubs zeigte sie hervorragende Leistungen auf dem Eis. Sie freute sich unglaublich, als die Zuschauer ihr tatsächlich donnernden Applaus spendeten.

Wenn Sie zusätzliche Energie benötigen, stellen Sie sich einfach vor, daß Sie alles genau so machen, wie Sie es sich wünschen. Sehen Sie sich in Topform: Sie erledigen Ihre Aufgabe mit Elan und erhalten dafür viel positives Feedback. Stellen Sie sich dieses Bild so lebendig und real wie möglich vor, mit allen Einzelheiten. Es wird Ihnen den zusätzlichen Energieschub verleihen.

Die Erschöpfung parken

Athleten stellen sich vor, daß sie ihre Erschöpfung zwischendurch »parken« beziehungsweise die Müdigkeit aus dem Körper hinaustransportieren. Dadurch gelingt es ihnen tatsächlich, noch einmal für kurze Zeit sämtliche Kräfte zu mobilisieren.

Stellen Sie sich zum Beispiel vor, wie die Erschöpfung aus Ihrem Körper herausfließt und langsam im Boden versickert. Oder Sie sagen sich: *Ich habe später noch genug Zeit, um müde zu sein. Ich parke meine Müdigkeit vorübergehend hier* (dabei berühren Sie einen Gegenstand, beispielsweise einen Tisch, eine Mauer oder einen Koffer) *und hole sie wieder ab, wenn ich fertig bin.* Führen Sie Ihre Aufgabe nun mit neuer Energie zu Ende und berühren Sie den Gegenstand, wenn Sie fertig sind, erneut, um Ihre Erschöpfung wieder mitzunehmen. Sie können sie dann ein für allemal loswerden, indem Sie sich ausruhen oder eine Technik anwenden, die ich Ihnen später noch genau erklären werde (Energie tanken).

Benutzen Sie anspornende Erfolgsformeln

Erfolgsformeln, die im Kapitel über die Konzentration beschrieben sind, können die Gefühle in Ihnen wachrufen, die Sie benötigen, um durchzuhalten. Spitzensportler benutzen Formeln wie:

- Los, los!
- Aber jetzt!
- Zisch los!
- Nichts kann mich aufhalten!
- Jetzt werde ich es euch zeigen!
- Jetzt sollt ihr mich kennenlernen!

Wenden Sie die Erfolgsformeln nur an, wenn Sie sie wirklich brauchen. Wählen Sie den Zeitpunkt für Ihren Energieschub überlegt aus, so daß er möglichst effektiv ist (denken Sie an Billy Mills, der 150 Meter vor dem Ziel zum Endspurt ansetzte).

Konzentrieren Sie sich auf das gewünschte Ergebnis

Nichts gibt Ihnen mehr Auftrieb als der Gedanke an das Ergebnis, das Sie sich wünschen. Wenn Sie sich ausgelaugt fühlen, sollten Sie sich daran erinnern, warum Sie sich so »abstrampeln«.

Vielleicht machen Sie häufig Überstunden, weil Sie sich bald ein Haus kaufen wollen. Malen Sie sich in allen Einzelheiten aus, wie das Haus aussehen soll und wie Sie sich fühlen werden, wenn Sie der stolze Besitzer sind. Schöpfen Sie aus diesem Bild die Kraft, auch dann durchzuhalten, wenn es schwerfällt. Wenn Athleten während des Trainings am Ende ihrer Kräfte sind, stellen sie sich oft vor, wie sie ins Olympiastadion einlaufen und die begeisterten Zurufe der Zuschauer hören. Das Bild ihres großen Traums erfüllt sie mit neuer Energie und stärkt ihren Durchhaltewillen.

Konzentrieren Sie sich auf Dinge, die Sie beeinflussen können

Energiemangel entsteht häufig aufgrund des Gefühls, daß sich eine Situation unserer Kontrolle entzieht. Damit sich das Blatt wendet, sollten Sie Ihre Aufmerksamkeit auf die Dinge richten, die Sie selbst steuern können.

Wenn sich Spitzensportler sagen: *Ich muß dieses Rennen unbedingt gewinnen,* lassen Energie und Kampfbereitschaft unter Umständen schlagartig nach, wenn etwas nicht nach Plan verläuft. Erfolgreiche Athleten richten ihr Augenmerk auf das, was sie selbst in der Hand haben, nämlich den präzisen Bewegungsablauf, eine optimale Technik und das Bemühen, ihr Bestes zu geben. Suchen Sie also nach Faktoren, die Sie unmittelbar beeinflussen können, und denken Sie gründlich darüber nach, wie Sie es anstellen wollen. So haben Sie zum Beispiel Einfluß darauf, wieviel Zeit Sie in ein Projekt investieren, wie gut die Qualität Ihrer Arbeit ist und wieviel Aufmerksamkeit Sie den Einzelheiten widmen. Wenn Sie sich das nächste Mal einer Situation ausgeliefert fühlen, halten Sie inne und konzentrieren Sie sich auf die steuerbaren Elemente Ihres Projekts.

Fordern Sie sich selbst heraus!

Es kommt häufig vor, daß man sich antriebslos fühlt, wenn man sich von vornherein nicht die geringste Chance ausrechnet, ans Ziel zu kommen. Mark, Schwimmtrainer bei Olympischen Spielen, erzählte mir, wie sich eine seiner Mannschaften auf das Duell mit dem Landesmeister vorbereitet hatte, der den Erfolg für sich gepachtet zu haben schien. Die Schwimmer waren zu der Schlußfolgerung gelangt, daß sie von vornherein auf verlorenem Posten kämpften, und so verlief das Training saft- und kraftlos.

Daher schrieb der Trainer eines Tages, als die erste Staffel mit dem Training begann, die Bestzeiten aller Mitglieder der zweiten Gruppe an eine Tafel. Natürlich wollten die Schwimmer die Zeiten unterbieten, und da sie ehrgeizig waren, erreichten sie ihr Ziel. Der Trainer schrieb die neuen Bestzeiten an die Tafel. Als die Mitglieder der zweiten Gruppe wieder an der Reihe waren und sahen, daß ihre Bestzeiten unterboten worden waren, strengten sie sich doppelt an, die neuen Rekorde zu brechen und ihre Namen wieder auf der Tafel zu sehen. An einem einzigen Tag hatte sich das Training in eine Herausforderung verwandelt, die ihre eigene Dynamik besaß und die Schwimmer anstachelte. Die Intensität ließ während der gesamten Trainingswoche nicht nach. Am Tag des Wettkampfs war die Sensation perfekt: Die Schwimmstaffel schlug den Landesmeister haushoch.

Wie können Sie sich herausfordern, um der Lethargie den Kampf anzusagen und neue Energie zu mobilisieren? Ein neues Ziel oder eine neue Aufgabe kann zu einer Revitalisierung Ihrer Stimmungslage führen.

Hören Sie Ihre Lieblingsmusik

Ich fragte Megan Neyer, eine der besten Turmspringerinnen der USA, wie sie ihre Energien vor einem Sprung mobilisiert. »Ich mußte zunächst herumprobieren, was bei mir am besten funktioniert«, sagte sie. »Jeder spricht auf etwas anderes an. Ich habe andere Springer beobachtet und allein dadurch eine Menge gelernt, vor allem von Greg Louganis. Musik hat mir beispielsweise ungeheuer geholfen. Bevor ich zum Turmspringen kam, war ich Bodenturnerin; anderen etwas vorzuführen und mich selbst darin zum Ausdruck zu bringen war für mich also ganz natürlich. Ich tanze auch gerne. Vor einem Wettkampf habe ich mir richtig fetzige Musik angehört und sogar angefangen, danach zu tanzen, mich aufzulockern. Ich erinnere mich noch an die Olympischen Vorentscheidungen 1980, da habe ich mir die Titelmusik aus dem Film ›Rocky‹ angehört, und 1982 bei den Ausscheidungen für die Weltmeisterschaft hörte ich den Titel ›Chariots of Fire‹.«

Viele Hochleistungssportler haben herausgefunden, daß es wichtig ist, für einen bestimmten Augenblick die richtige Musik auszuwählen. Musik kann uns anspornen, wenn wir dringend einen Energieschub brauchen, oder auch beruhigen, wenn wir aufgeregt sind. Wissenschaftler haben diese Erkenntnisse mittlerweile bestätigt. Im Rahmen einer Studie der American Medical Association berichteten Chirurgen, daß sie besser arbeiten, wenn im Operationssaal ihre Lieblingsmusik lief. Die Musikstücke, die sie wählten, umfaßten die gesamte Bandbreite von Klassik bis Pop. Sie sollten also ausprobieren, welche Musik die gewünschte Wirkung auf ihren Energiepegel hat.

Körperliche Aktivität und Stretching

Leichte Gymnastik- und Dehnübungen wirken ebenfalls belebend und energiefördernd. Beide regen den Kreislauf an und verbessern die Sauerstoffzufuhr. Dadurch erhöht sich die Energie, die Gehirn und Muskeln zugeführt wird. Achten Sie aber darauf, daß die Übungen vor einer anspruchsvollen Aufgabe nicht zu anstrengend sind.

Sportler, die meinen, dem Gegner haushoch überlegen zu sein und dazu neigen, zu lasch in den Wettkampf zu gehen, haben festgestellt, daß ein hartes Training unmittelbar vor dem Wettkampf den Kampfgeist weckt. Im Gegensatz dazu profitieren Mannschaften, die gegen einen starken Gegner antreten, oft von einem leichten Training, bei dem Technik, Präzision, innere Ruhe und Konzentration im Vordergrund stehen.

Wenn ich Unternehmen berate, die ihre Produktivität steigern wollen, empfehle ich stets, mehr Möglichkeiten für körperliche Aktivitäten in den Arbeitsalltag zu integrieren. Viele Führungskräfte scheinen zu erwarten, daß ihre Mitarbeiter auch noch nach einer drei- bis vierstündigen Marathonbesprechung hellwach und kreativ sind. Ein so kräftezehrendes Arbeitspensum verringert die Produktivität indessen gewaltig. Eine halbstündige Pause, die man für einen Spaziergang in flottem Tempo oder irgendeine andere Form des körperlichen Bewegungsausgleichs nutzt, fördert die Arbeitsleistung mehr als Berichte mit zusätzlichen Informationen, Seminare oder Brainstorming-Sitzungen.

Woher stammt die seltsame Vorstellung, daß Mitarbeiter den ganzen Tag lang unbeweglich am Schreibtisch sitzen müssen, um viel Arbeit zu bewältigen? Viele meiner Kunden haben mir erzählt, daß ihnen die besten Ideen **außerhalb** der Arbeit gekommen sind, vor allem beim Joggen oder während sie einer anderen sportlichen Aktivität nachgingen. Ich kann das aus eigener Erfahrung bestätigen. Klienten, die in den Nachmittagsstunden einen Termin hatten, bekamen mich selten in Bestform zu Gesicht. Nach dem Mittagessen »schlaffte« ich meistens ab. Deshalb gewöhnte ich mir an, mit den Athleten einen Spaziergang um das Olympische Trainingszentrum herum zu machen, wobei wir über Themen sprachen, die in ihrem Leben wichtig waren. Die körperliche Bewegung brachte mich auch geistig wieder auf Trab, und meinen Sportlern machte es Spaß, mit mir zu arbeiten, während wir uns bewegten.

Atmung

Die richtige Atemtechnik hilft Ihnen nicht nur zu entspannen, sondern weckt auch neue Energien. Konzentrieren Sie sich als erstes auf einen gleichmäßigen, entspannten Atemrhythmus.

Wenn Sie bereit sind, einen Energieschub herbeizuführen, erhöhen Sie die Atemfrequenz. Mit jeder Einatmung stellen Sie sich vor, wie Sie den energiespendenden Sauerstoff in sich aufnehmen. Mit jeder Ausatmung malen Sie sich aus, wie Müdigkeit und Erschöpfung aus Ihrem Körper herausfließen. Stellen Sie sich vor, wie Sie mit jedem Atemzug mehr und mehr Energie aufnehmen. Unterstützen Sie jeden kräftigenden Atemzug, indem Sie sagen: Energie tanken. Wenn Sie das Gefühl haben, daß Sie genügend Energie mobilisiert haben, kehren Sie wieder zu Ihrer normalen Atemtechnik zurück.

Machen Sie ein Gesicht, als könnten Sie Bäume ausreißen

Sie können sich schon allein dadurch energievoller fühlen, daß Sie energiegeladen aussehen. Stehen Sie, reden Sie, gehen Sie, als ob Sie voller Energie und Tatendrang wären. Erhöhen Sie Ihr Arbeitstempo. Wissenschaftler haben festgestellt, daß Menschen, die starke Gefühle spielen, die entsprechenden physiologischen Reaktionen entwickeln. Also spielen Sie den »Energiegeladenen«.

Erinnern Sie sich an eine Zeit, in der Sie voller Energie und Tatendrang waren

Der Judoka Dave Faulkner erzählte mir von einer Methode, die er vor dem Wettkampf anwendet: »Ich weiß aus Erfahrung, daß ich vor einem Wettkampf immer schreckliches Lampenfieber habe, und deshalb hilft es mir, mich an eine Zeit zu erinnern, in der ich mich besonders gut gefühlt habe. Ich konzentriere mich darauf, mir die Situation und das dazugehörige Körpergefühl ins Gedächtnis zurückzurufen. Nach und nach stellt sich dieses Gefühl dann wieder ein.« Denken Sie kreativ und lassen Sie die Situation so real wie möglich vor Ihrem inneren Auge ablaufen. Konzentrieren Sie sich darauf, das Gefühl nachzuerleben, das Ihnen damals zum Erfolg verholfen hat.

Denken Sie konstruktiv

Wenden Sie die Produktivitätsanalyse an, um Erschöpfungszustände und Lethargie zu überwinden. Führen Sie einen konstruktiven inneren Dialog, der Sie »aufbaut«. Konzentrieren Sie sich auf frühere gute Leistungen und Erfahrungen. Sie sagen sich beispielsweise: *An dem Tag war ich in Topform, von Müdigkeit und Erschöpfung keine Spur. Ich werde meinen Tiefpunkt auch heute wieder überwinden. Oder: Ich habe hart gearbeitet, um so weit zu kommen. Ich bin mental und physisch stark. Ich bin gut vorbereitet. Es kann gar nichts schiefgehen.*

Duschen und Massagen

Viele erfolgreiche Sportler wenden Duschen und Massagen an, um sich energiegeladener, wacher und kräftiger zu fühlen. Heiße und kalte Wechselduschen regen den Kreislauf an und beleben den Körper. Massagen, die von einem Experten durchgeführt werden, verbessern ebenfalls die Durchblutung und helfen Spannungen abzubauen. Die Massage ist ein ausgezeichnetes Mittel, um den Körper nach langen, ermüdenden Aktivitäten oder einer Streßperiode wieder mit Energie aufzuladen. Die Energiesteigerung hält in der Regel bis zum nächsten Tag an.

Spaß haben

Lachen ist bekanntlich die beste Medizin. Dr. Jerry May von der University of Nevada, der die olympische US-Segelmannschaft als Sportpsychologe berät, hat sich intensiv mit den Merkmalen von sehr erfolgreichen Menschen aus Sport und Wirtschaft beschäftigt. Er stellte fest, daß den erfolgreichen Menschen eines gemein war: nämlich ihr Sinn für Humor.

Wenn Spaß und Humor Ihnen helfen, Ihre Höchstleistungszone zu erreichen, sollten Sie nicht auf den Spaß warten, sondern selber damit anfangen. Erzählen Sie Ihrer Mannschaft oder Kollegen den neuen Witz, den Sie gerade erst gehört haben! Lachen lockert die Atmosphäre und bewirkt, daß man wieder mit frischer Energie an die Arbeit geht. Wenn Sie merken, daß Sie ein bevorstehendes Ereignis zu ernst nehmen, heitern Sie sich selber auf und sagen Sie sich: *Komm, was soll der Trübsinn! Ist doch nur eine Prüfung, niemand wird dir den Kopf abreißen.* Oder: *Lächeln! Das mache ich schließlich nicht zum ersten Mal. Und was mir Spaß macht, gelingt mir ohnehin besser.*

Lernen Sie etwas Neues

Ein charakteristisches Merkmal aller, die sich auf der Schnellspur zum Erfolg befinden, ist die Bereitschaft, ihre Fähigkeiten zu ergänzen, ihr Wissen zu erweitern und sich an neue Projekte zu wagen. Sie halten fortwährend nach innovativen Techniken und Methoden Ausschau, und sie haben keine Angst, sie auszuprobieren. Bob Foth, olympischer Meisterschütze und Silbermedaillengewinner, erzählte mir:»Ich löchere die Leute mit allen möglichen Fragen. Ich bin der festen Überzeugung, daß es keine dummen Fragen gibt. Ich lerne ständig dazu. Ich rede mit den Besten in meiner Disziplin, und ich stelle auch dem Nachwuchs, den ich trainiere, tausend Fragen. Man kann nie wissen, ob nicht irgendeine Bemerkung fällt, die mich auf eine neue Idee bringt.«

Integrieren Sie immer wieder neue Erfahrungen und Lerninhalte in Ihr Leben. Lassen Sie keinen Monat vergehen, in dem Sie nicht an einem Weiterbildungskurs teilnehmen, Ihrem Hobby nachgehen, eine Sportveranstaltung oder ein Konzert besuchen oder neue Menschen kennenlernen. Körper und Geist brauchen ständig neue Impulse, um wach, effektiv und kraftvoll zu bleiben.

Schaffen Sie ein anregendes Arbeitsumfeld

Dr. Martin Moore-Ede von der Harvard University hat sich jahrelang damit befaßt, wie Menschen mit kräftezehrenden Tätigkeiten, zum Beispiel, wenn sie im Schichtdienst arbeiten, am besten konzentriert und wach bleiben können. Er fand beispielsweise heraus, daß eine anregende Arbeitsumgebung Lethargie und Erschöpfung vorbeugt. Das gilt auch für die Umgebung, in der Sie versuchen, Ihr Leistungsoptimum zu erreichen. Ein stimulierendes Umfeld erhöht die Aufmerksamkeitsspanne und erleichtert die Konzentration auf die Aufgabe. Hier sind einige Tips von Dr. Moore, um Ihren Arbeitsplatz »auf Vordermann« zu bringen:

- **Sorgen Sie für helles Licht.** Experimente haben gezeigt, daß die Beleuchtung bei Fließbandarbeitern eine wichtige Rolle spielt; die Nachtschicht war beispielsweise imstande, mittels heller Beleuchtung gegen Müdigkeit anzukämpfen. Grelles Licht (1 000 Lux und mehr) erhöht die Aufmerksamkeit und verringert die Fehlerquote merklich. Auch ein sonnendurchfluteter Raum mobilisiert mehr Energie als ein fensterloser mit künstlicher Beleuchtung.
- **Sorgen Sie für Abwechslung.** Einer der Faktoren, die in hohem Maß zu einem Energiedefizit beitragen, ist Langeweile. Wenn die Umgebung immer gleichbleibt, erhält unser Gehirn wenig Anregungen. Um mental in Form zu bleiben, sollten Sie Abwechslung in Ihr Arbeitsumfeld bringen. Leise Musik mit wechselndem Rhythmus, eine kühlere Raumtemperatur, Körperkontakt, verschiedene Gerüche – alle diese Veränderungen erhöhen die Aufmerksamkeit und steigern die Effektivität.

Büros sind bisweilen ziemlich einfallslos gestaltet; manchmal muß man sich wundern, daß in einer so eintönigen Zelle überhaupt jemand zu produktiver Arbeit fähig ist. Eine Veränderung der Arbeitsräume zählt zu den wichtigsten Faktoren bei der Entwicklung einer energiefördernden Arbeitsatmosphäre. In einem

Unternehmen, das ich beraten habe, waren beispielsweise die Fehlzeiten bei den Büroangestellten sehr hoch; als die Räume besser belüftet und optisch ansprechender gestaltet wurden, ging die Fehlerquote um 70 Prozent zurück.

Nutzen Sie Ihren Biorhythmus

Alle biologischen Systeme unseres Körpers richten sich nach einem inneren Biorhythmus, der 24 Stunden umfaßt. Wissenschaftliche Untersuchungen haben gezeigt, daß wir bei einem Anstieg der Körpertemperatur und des Hormonspiegels geistig reger sind und mehr leisten. Es gibt innerhalb dieser 24 Stunden aber auch Zeiten, vor allem nachts und am Nachmittag, in denen unsere körperliche und geistige Spannkraft nachläßt. In dieser Tiefphase unterlaufen uns häufiger Denkfehler, und wir sind körperlich unbeholfener.

Beobachten Sie die Phasen, in denen Sie ein biologisches »Hoch« haben. Legen Sie, wenn möglich, die Aufgaben, die Sie am meisten fordern, in die Zeit, in der Sie Ihren persönlichen Leistungsgipfel haben. Graham, ein Topmanager, den ich beraten habe, erledigt die wichtigsten Arbeiten zwischen sieben Uhr und elf Uhr morgens, weil er sich in dieser Zeitspanne besonders fit fühlt. Nach dem Mittagessen nimmt er sich Dinge vor, die ihn weniger fordern, er telefoniert beispielsweise oder diktiert Briefe. In den frühen Abendstunden, wenn sein Biorhythmus erneut einen Höhepunkt erreicht hat, steht die langfristige strategische Planung für seine wichtigsten Projekte auf dem Terminkalender.

Ich hoffe, daß Sie nun genügend Anregungen erhalten haben, um Ihre Energie zu mobilisieren. Betrachten wir nun, was Sie für Körper und Geist tun können, damit Sie über die Energie verfügen, die Sie benötigen.

Schritt 2: Tanken Sie ständig neue Energie

Um Ihre Energiereserven im Bedarfsfall zu mobilisieren, müssen Sie zunächst einmal genügend Energie tanken. Stellen Sie sich Ihren Körper wie eine Batterie vor: Wenn Sie dafür sorgen, daß die Batterie stets aufgeladen ist, geht Ihnen die Energie nie aus. Wird dieses Energiereservoir jedoch verbraucht, läßt Ihre Effektivität nach. Drei wichtige Faktoren tragen zum Erhalt der Energie bei: Fitneß, ausreichend Schlaf und eine gesunde Ernährung. Weltklasseathleten halten sich ständig über die neuesten Erkenntnisse in allen drei Bereichen auf dem laufenden. Auch Sie sollten diese Faktoren berücksichtigen.

Nirgendwo tritt die enge Beziehung zwischen Körper und Geist deutlicher zutage als bei der Fähigkeit, Energie zu mobilisieren. Unser Geist ist untrennbar mit unserem Körper verbunden. Wenn wir dafür sorgen, daß der Körper durch ausreichende Bewegung, Ruhe und gesunde Ernährung eine gute Kondition hat, erhöht sich auch unsere geistige Energie. Wenn wir dagegen körperlich nicht fit sind, zu wenig Schlaf bekommen oder uns ungesund ernähren, wird unser Gehirn mit sehr viel weniger Energie versorgt.

Nicht nur Hochleistungssportler sind auf ihren Körper angewiesen, sondern wir alle. Wenn wir abgespannt sind oder uns nicht wohl fühlen, machen wir eher Fehler und verpassen wichtige Chancen. Unsere Leistungen hängen, im gleichen Maß wie die der Athleten, von unserer körperlichen Kondition ab. Deshalb sollten auch wir uns darum bemühen, in Form zu bleiben.

Fitneß

Hochleistungssportler gehören zu den Menschen, die sich durch Dynamik und Energie auszeichnen. Das liegt nicht etwa daran, daß besonders energievolle Menschen sich vom Sport angezogen fühlen, sondern es ist vielmehr genau andersherum: Die sportliche Lebensweise verleiht Energie.

Diese aktive Lebensweise hat zwei Vorteile, die nach meinen Erfahrungen eng miteinander verflochten sind. Erstens entsteht durch die ausgezeichnete körperliche Kondition ein Energiereservoir, das immer wieder aufgefüllt wird und bei Bedarf »angezapft« werden kann. Und der zweite Vorteil besteht darin, daß die körperliche Fitneß die emotionale Anpassungsfähigkeit fördert, die dabei hilft, mit den Höhen und Tiefen im Leben fertigzuwerden.

Wie wichtig sind die Wirkungen körperlicher Aktivität für unseren Energiepegel? Einige Wissenschaftler beschlossen, in einem Experiment den Energieschub nach dem Verzehr eines Schokoriegels zu messen und mit einem zehnminütigen Spaziergang in flottem Tempo zu vergleichen. Die Probanden wurden gebeten, am Nachmittag einen Schokoriegel zu essen; die Vergleichsgruppe ging spazieren. Die Ergebnisse: Bei der Schokoriegelgruppe machte sich innerhalb der nächsten halben Stunde nach dem Verzehr ein deutlicher Energieanstieg bemerkbar. Phantastisch, nicht wahr? Genau wie die Süßwarenhersteller behaupten. Und jetzt dürfen Sie raten, was nach der halben Stunde passierte. Richtig, die Schokoriegelgruppe »schlaffte« völlig ab. Die Energie war nicht nur verpufft, sondern hatte ein noch niedrigeres Niveau als vor dem Verzehr des süßen Kraftspenders erreicht. Und dort blieb sie für den Rest des Nachmittags. Merkwürdig, daß die Hersteller davon nichts in ihrer Werbung erwähnen!

Und nun zu den Spaziergängern: Sie fühlten sich nach ihrem zehnminütigen flotten Marsch erfrischt und voller Tatendrang. Der Energiepegel war sogar merklich höher als bei den Schokoriegelprobanden. Und was dazukam, er blieb den ganzen Nachmittag oben. Statt sich schlapp und müde zu fühlen wie die Vergleichsgruppe, waren diese Teilnehmer munter und hellwach für den Rest des Tages. Und das nach einem Spaziergang, der nicht mehr als zehn Minuten gedauert hatte! So wichtig sind körperliche Aktivitäten also, wenn Sie in Ihrem Leben über viel Energie verfügen wollen.

Sport und Fitneß haben sehr positive Auswirkungen auf die

Stimmungslage, wie in Studien nachgewiesen wurde. Einige Psychologen empfehlen beispielsweise bei Depressionen Sport als ergänzende Therapie. Viele Formen der körperlichen Betätigung verbessern die Stimmung, zum Beispiel Spazierengehen, Laufen, Schwimmen, Radfahren und Zirkeltraining.

Nicht nur depressive Menschen profitieren von regelmäßigen sportlichen Aktivitäten. In einem Experiment zeigte sich, daß Probanden, die 70 Jahre und älter waren, durch tägliches Krafttraining nicht nur körperlich kräftiger, sondern auch geistig agiler wurden. Sie fühlten sich rundum besser und bauten sogar in diesem Alter noch Muskelmasse auf. Das beweist, daß sich die physische Kondition gegen Ende des Lebens nicht verschlechtern muß. Es ist nie zu spät, sich in Form zu bringen.

Erwiesen ist ebenfalls, daß Menschen, die regelmäßig Sport treiben, länger leben und seltener krank sind. Die Todesrate bei Herz-Kreislauf-Patienten mit guter Körperkondition ist nur halb so hoch wie bei denen, die keinen Sport betreiben.

Fit zu bleiben ist also eine wirksame Möglichkeit, ein hohes Energieniveau aufrechtzuerhalten. Da Sie jetzt die Vorteile der körperlichen Fitneß kennen, wird der nächste Rat Sie wahrscheinlich verwirren.

Trainieren Sie nicht

Athleten macht das Training Spaß, aber ich habe festgestellt, daß viele Leute dem Gedanken, zu trainieren, wenig abgewinnen können. Es hat eine Weile gedauert, bis ich das realisiert habe. Als ich mit meiner Tätigkeit als Psychologe begann, empfahl ich vielen Klienten, die zu wenig Bewegung hatten, zum Beispiel Mitglied in einem Fitneßstudio zu werden. Die meisten hielten sich an den Rat, doch wenn ich das Thema ein paar Monate später ansprach, stellte sich heraus, daß sie selten öfter als ein- oder zweimal hingegangen waren. Ich habe einige Zeit gebraucht, um zu erkennen, daß viele Leute sich lieber ihr Leben lang von Brokkoli und Spinat ernähren, als regelmäßig zu trainieren.

In den USA trainiert weniger als ein Drittel der Bevölkerung regelmäßig. Diejenigen, die trainieren, sind so engagiert bei der Sache, als müßten sie die Versäumnisse ihrer Zeitgenossen ausgleichen. Wenn Sie zu denjenigen gehören, die sich in Fitneßclubs und Schwimmbädern in Form bringen oder Tag für Tag joggen, möchte ich Ihnen ein dickes Lob aussprechen. Weiter so! Sie sind mit Leib und Seele dabei, und das ist prima. Was aber hält den Rest davon ab, sich etwas Gutes zu tun? Vermutlich zerbrechen sich in ebendiesem Augenblick einige Wissenschaftler den Kopf darüber, wie sie mehr Menschen aus ihrer Lethargie reißen können. Durch zahlreiche Gespräche mit meinen »unsportlichen« Klienten habe ich zu ergründen versucht, warum sie beispielsweise trotz Mitgliedschaft nicht ins Fitneßstudio gegangen sind. Ich glaube, ich kenne die Antwort: *Ihnen macht es einfach keinen Spaß.*

Für viele hat der Weg ins Fitneßstudio, ins Schwimmbad oder auf den Tennisplatz nichts Interessantes, Lohnendes oder Reizvolles. Und wenn eine Aktivität keinen Spaß macht, dann artet sie in harte Arbeit aus (für die man nicht einmal bezahlt wird) und man versucht, sich davor zu drücken.

Es gibt viele Gründe dafür, daß einige Leute keinen Spaß am Training haben. Manche haben den Sportunterricht während ihrer Schulzeit in denkbar schlechter Erinnerung und dadurch pauschal eine Abneigung gegen jede Form der körperlichen Betätigung entwickelt. Andere sind vielleicht gleich in der Anfangsphase an einen Trainer geraten, der zu harsch oder anspruchsvoll war, was ihnen den Sport ein für allemal verleidet hat. Und andere wiederum fühlen sich unter den üblichen Fitneßclub- oder Gymnastikkursbesuchern fehl am Platz. Sehen wir den Tatsachen ins Auge: Die meisten Leute, die man dort antrifft, sind bereits ganz gut in Form. Wenn man zur Aerobicstunde antritt, mit zehn Kilo Übergewicht und wenig Puste, ist es verständlich, wenn man sich deplaziert fühlt.

Leider sind negative Gefühle gegenüber Sport und Fitneßprogrammen keine Seltenheit. Diejenigen, die regelmäßig trainieren, wissen aus eigener Erfahrung, daß man dabei eine Menge Spaß haben kann. Denjenigen, die keine Lust dazu haben, kann ich nur raten: Lassen Sie es bleiben! Wozu Mitglied im teuren Fitneßclub werden, wenn Sie doch nie hingehen. Es gibt genügend andere Möglichkeiten, sich in Form zu bringen und zu bleiben.

Aktiver sein

Der einfachste Weg, sich in Form zu bringen, besteht darin, dem Körper mehr Bewegung zu gönnen. Da es viele Dinge gibt, bei denen Sie körperlich aktiv sein können, werden Sie sicher etwas finden, das Ihnen Spaß macht. Und genau das ist das A und O, wenn Sie fit werden wollen. Gehen Sie jeden Tag einer Aktivität nach, die Ihnen zusagt.

Schon nach kurzem Nachdenken sind mir zahlreiche Aktivitäten eingefallen, die Sie ausprobieren könnten:
- Mit dem Hund spazierengehen
- Wandern
- Seilspringen
- Tanzen
- Bergsteigen
- Volkstanzen
- Tennis
- Racquetball
- Schwimmen
- Reiten
- Radfahren
- Taekwondo
- Tai Chi
- Yoga
- Kanufahren
- Eislaufen
- Inline Skaten
- Skifahren
- Wasserskifahren

• Basketball
• Softball/Federball
• Frisbee spielen
• Gärtnern
• Karate

Höchstwahrscheinlich ist die eine oder andere Aktivität darunter, die Ihnen Spaß machen könnte. Und da mir diese Fülle von Ideen bereits innerhalb von fünf Minuten gekommen ist, werden Sie sicher noch einige mehr finden, wenn Sie sich anstrengen. Probieren Sie eine dieser Aktivitäten gleich heute aus.

Wenn Sie Probleme damit haben, eine körperliche Aktivität in Ihren Tagesablauf zu integrieren, sollten Sie überlegen, woran das liegt. Haben Sie zuwenig Zeit? Dann setzen Sie sich aktionsorientierte Ziele, um sich mehr »Luft« zu verschaffen, und beginnen Sie gleich heute damit, sie in die Praxis umzusetzen. Brauchen Sie mehr Unterstützung? Überlegen Sie gemeinsam mit Ihrer Familie, wie sich dieses Problem ändern läßt, oder bitten Sie einen Freund mitzumachen. Wenn Sie nicht aktiv werden, haben Sie keine Chance, Ihren Energiepegel anzuheben und daran zu arbeiten, Ihre Träume zu verwirklichen.

Stretching

Vor ein paar Jahren lud das US-Olympische Komitee den bekannten Stretching-Experten Bob Anderson nach Colorado Springs ein. Er hielt einen Stretching-Workshop für unsere Olympiatrainer ab. Ich hatte das Vergnügen, mitzumachen (oder mich mitzustretchen, sollte ich wohl besser sagen), und die Philosophie, die dahintersteckt, war wunderbar. Einfache Dehnübungen, die immer und überall anwendbar sind, können den Energiepegel beträchtlich und schlagartig erhöhen. Sie verbessern die Beweglichkeit, die motorischen Fähigkeiten und die Koordination, beugen Verletzungen vor und sind eine erstklassige Energiequelle.

Stretching ist nicht schwer zu erlernen. Die Muskeln werden langsam gedehnt, ohne Zerren oder Nachfedern. Sobald es weh tut, nimmt man die Dehnung ein wenig zurück. Sie sollte nicht schmerzen, sondern als Wohltat empfunden werden. Achten Sie beim Stretching auf Ihre Körperempfindungen. Atmen Sie während der Dehnung langsam aus. Bob Anderson hat sein Stretching-Programm in dem Buch ›Stretching‹ beschrieben, das nach wie vor erhältlich ist.

Stretching ist vor allem dann ein hervorragender Energiespender, wenn Sie in einem Büro arbeiten. Da Sie manche Dehnübungen im Sitzen ausführen können oder einfach nur aufstehen müssen, erfordern sie keine großen Vorbereitungen. Stretching ist auch sehr wichtig, wenn Sie Problemen vorbeugen wollen, die durch immer gleichbleibende Bewegungen (wie Tippen) oder langes Sitzen entstehen.

Für Büroangestellte und alle anderen, die stundenlang sitzen oder stehen, empfiehlt es sich, jede halbe Stunde fünf Minuten lang Dehnübungen zu machen. Wenn Sie es vergessen, überlegen Sie eine Möglichkeit, sich daran zu erinnern. Bitten Sie beispielsweise jemanden aus der EDV-Abteilung, Ihren Computer so zu programmieren, daß er jede halbe Stunde einen Ton von sich gibt – für Sie das Signal, mit dem Stretching zu beginnen. Stretching ist auch ein geistiger Muntermacher, weil Sie sich automatisch besser fühlen, wenn Muskeln, die lange Zeit verkrampft oder inaktiv waren, gelockert und gedehnt sind.

Bevor ich das Thema Fitneß und Bewegung beende, möchte ich noch einige Fragen beantworten, die mir häufig in diesem Zusammenhang gestellt werden.

Wie oft sollte ich körperlich aktiv sein?

Diese Frage ist typisch für diejenigen, die Sport als Strafe ansehen. »Na gut, dann bewege ich mich eben, wenn ich muß. Ich weiß ja, daß es mir guttut. Aber ich mache nicht mehr als das Nötigste.«

Diese Frage läßt sich allerdings auch anders formulieren, nämlich: *Wie oft soll ich etwas tun, was mir Spaß macht und mich fit hält?* Meine Antwort lautet: So oft Sie können! Das Bestreben, Körper und Geist fit zu halten, sollte auch in Ihrem Leben einen hohen Stellenwert haben. Wenn Sie diese Aktivitäten gemeinsam mit Familienangehörigen oder Freunden ausüben können, sollten sie oberste Priorität in Ihrem Tagesablauf haben.

Ich rate Ihnen also, jeden Tag etwas für Ihre körperliche und geistige Kondition zu tun. Manche Leute versuchen, einen genauen Plan aufzustellen (beispielsweise viermal die Woche 30 Minuten). Ich bin der Ansicht, daß kein einziger Tag vergehen sollte, an dem Sie nicht etwas für Ihre Kondition tun – wenn Ihnen daran gelegen ist, ständig ein volles Energiereservoir zu haben.

Wie sehr sollte ich mich anstrengen?

Das ist eine weitere Lieblingsfrage aller, die zu der Schlußfolgerung gelangen, sie müßten zwar etwas tun, aber möglichst wenig.

Nun, es gibt zahllose Fitneßrezepte, die Sie ausprobieren können. Ehrlich gestanden: obwohl ich seit mehr als sieben Jahren im Olympic Training Center von Colorado Springs tätig bin und jeden Tag mit Sportphysiologen zusammenarbeite, habe ich die richtige Dosierung des Trainings nie genau ermittelt.

Ich werde Ihnen ein Geheimnis verraten. Bei der Trainingsleistungskontrolle der Spitzensportler gehört nur ein Stück Pappe mit Zahlen zur »hochtechnologischen Ausrüstung«, die wir benutzen. Wir halten die Pappe hoch und fragen die Athleten, wie intensiv sie trainieren. Die Zahlen bedeuten:

20
19 Sehr, sehr hart
18
17 Sehr hart
16

15 Ziemlich hart

14

13 Hart

12

11 Nicht besonders hart

10

 9 Sehr leicht

 8

 7 Sehr, sehr leicht

 6

Während die Sportler auf dem Laufband oder auf dem Fahrrad trainieren, bitten wir sie, die Zahl zu nennen, die der Härte ihres Trainings entspricht. 20 ist also das intensivste Training, während man das Training unter 12 eher locker angeht.

Wenn Sie Ihre Kondition verbessern wollen, sollten Sie Ihre Aktivität so ausüben, daß Sie das »hart«-Stadium erreichen und auf diese Weise eine halbe Stunde weitermachen.

Das Schöne an dieser Methode ist, daß sie auf jeden einzelnen und seine individuellen Bedürfnisse zugeschnitten werden kann. Was für einen Spitzensportler ein »Klacks« ist, kann für Sie schon Schwerstarbeit sein. Deshalb bringt es nicht viel, ein Buch mit den typischen Fitneßprogrammen zu lesen, wenn Sie im Moment noch keine gute Kondition haben. Die darin beschriebenen Übungen sind häufig zu anstrengend für den Anfang. Sie können die Trainingsintensität jedoch steuern, wenn Sie selbst den Takt angeben und entscheiden, wann das Training zu leicht oder zu hart ist.

Bemühen Sie sich um ein gesundes Mittelmaß. Die Aktivität sollte anstrengend genug sein, damit Sie stöhnen und schnaufen und spüren, wie sich Ihr Puls beschleunigt, aber leicht genug, daß Sie eine halbe Stunde durchhalten. Wenn Sie zwischendurch ab und zu eine kleine Pause brauchen, ist nichts dagegen einzuwenden. Mit zunehmender Kondition sind Sie imstande, für längere Phasen eine »schnellere Gangart« einzulegen, ohne Verschnaufpause.

Wenn Sie fit sind, werden Sie die körperlichen Aktivitäten, die Sie am Anfang als anstrengend empfunden haben, bald mit links bewältigen. Also stellen Sie sich selbst vor immer neue Herausforderungen. Wenn Sie Ihr Training auf der obigen Skala derzeit als »sehr leicht« oder »nicht besonders hart« einstufen, dann legen Sie noch einen »Zahn zu«. Gehen Sie länger spazieren, oder beschleunigen Sie Ihr Tempo. Lassen Sie Ihre Arme kräftig mitschwingen, oder machen Sie längere Schritte (das ist eine gute Übung. Probieren Sie sie bei Ihrem nächsten Spaziergang aus; Sie werden sehen, daß Ihr Training an Intensität gewinnt). Aber bitte übertreiben Sie es nicht. Sie erhalten keinen Fitneßbonus, wenn Sie mit aller Gewalt die »sehr harte« oder »sehr sehr harte« Stufe auf der Skala erreichen wollen. Sie bereiten sich schließlich nicht auf die nächste Olympiade vor. Tägliche körperliche Aktivitäten, die im »harten« Bereich rangieren, tragen zu einer merklichen Steigerung Ihrer Energie bei, die Sie nutzen können, um in Ihrer Höchstleistungszone zu bleiben.

Ich möchte Sie nun herausfordern: Tun Sie einen Monat lang jeden Tag etwas Aktives, das Ihnen Spaß macht. Ich wette, daß Ihre Energie danach erheblich gesteigert ist. Falls nicht, schreiben Sie mir, und ich garantiere Ihnen, daß ich Sie in meinem nächsten Buch nennen werde.

Schlaf

Ich lernte Bill in einem Trainingslager für junge Fußballtalente kennen. Er suchte mich auf, weil er unter Schlafproblemen litt. In den letzten Tagen vor einem wichtigen Spiel war er so aufgeregt, daß er nicht abschalten konnte. Und selbst wenn es ihm endlich gelang, einzuschlafen, wachte er mitten in der Nacht auf und konnte danach kein Auge mehr zutun. Bill war tagsüber müde und mißgelaunt, wenn er sich wieder die ganze Nacht schlaflos im Bett herumgewälzt hatte. Das wirkte sich natürlich auch auf sein Spiel aus, das ohne Energie und Elan war. Bill wußte, daß er mit seinen Leistungen nicht die in ihn gesetzten

Erwartungen erfüllte, und er fürchtete, daß er sich nicht für die Aufnahme in die Nationalmannschaft qualifizieren würde.

Unser medizinisches Personal untersuchte Bill gründlich, aber sie konnten keine physische Ursache für seine Schlafstörungen finden. Deshalb bat ich Bill, Tagebuch zu führen und aufzuschreiben, wann er zu Bett ging, wann er einschlief, wie lange er schlief und wie gut oder schlecht er geschlafen hatte. Nach einer Woche sahen wir uns das Tagebuch gemeinsam an. Bill war erstaunt, daß er mehr Schlaf bekam, als er ursprünglich gedacht hatte. Ich machte Bill mit einigen einfachen Mitteln vertraut, die das Einschlafen erleichtern: Er sollte sich beispielsweise erst dann hinlegen, wenn er wirklich müde war, und im Bett nicht mehr fernsehen, wie er es üblicherweise tat. Nach drei Wochen hatten sich seine Schlafstörungen merklich gebessert. Bill und ich blieben in Kontakt, und er machte weiterhin gute Fortschritte. Ein Jahr später wurde er in die Junioren-Nationalmannschaft aufgenommen.

Sie sollten sich bewußtmachen, daß der Schlaf ein überaus aktiver und kein passiver Prozeß ist. Einige Teile unseres Körpers sind sogar hochgradig aktiv, wenn wir schlafen. Während der REM-Phase (in der die Traumtätigkeit besonders intensiv ist) entstehen beispielsweise Eiweißstoffe im Gehirn. Und bestimmte Hormone, wie die Wachstumshormone, werden in der Tiefschlafphase in besonders hohem Maß ausgeschüttet. Auch die Zellteilung erreicht während des Tiefschlafs ihren Höhepunkt. Schlafexperten glauben, daß die Regeneration des Körpers vor allem während des Schlafens erfolgt, und einige haben die Hypothese aufgestellt, daß unser Gehirn neue Informationen im Gedächtnis speichert, während wir träumen. Aus diesen Gründen ist Schlaf mehr als Ruhe. Schlaf ist eine Phase der aktiven Erholung und des Wachstums.

Die physischen Veränderungen während des Schlafens kennen wir seit geraumer Zeit. Doch erst in jüngster Zeit hat sich herausgestellt, welche Bedeutung der Schlaf für die geistige Gesundheit hat. Nobelpreisträger Francis Crick hat eine Schlaftheorie entwickelt, der zufolge es für unser Gehirn lebenswichtig ist, jede Nacht (in unseren Träumen) den Ballast der Ereignisse, die sich im Verlauf des Tages zugetragen haben, abzuwerfen. Erst dann kann sich das Gehirn an die wichtige Aufgabe machen, Erfahrungen auf ihre Bedeutung abzuklopfen und die wichtigen im Langzeitgedächtnis zu speichern. In Experimenten wurde nachgewiesen, daß Menschen bei Schlafentzug noch vor Eintritt körperlicher Ermüdung unter geistigen Störungen wie beispielsweise Halluzinationen leiden.

Wieviel Schlaf braucht man?

Finden Sie heraus, wieviel Schlaf Sie persönlich brauchen, um körperlich und geistig optimale Leistungen zu erbringen. Umfragen lassen die Schlußfolgerung zu, daß viele Menschen in den USA unter chronischem Schlafmangel leiden. Gehen Sie probehalber eine Stunde früher ins Bett, und beobachten Sie, ob Sie sich dadurch insgesamt leistungsfähiger fühlen. Prüfen Sie eine Zeitlang jeden Tag, wie wach, dynamisch und effektiv Sie sind. Vergleichen Sie Ihre Erfahrungen vor und nach der zusätzlichen Stunde Schlaf. Bitten Sie eine oder mehrere Personen, die Sie häufig am Tag zu Gesicht bekommen, um Rückmeldungen; erzählen Sie ihnen aber nichts von den geänderten Schlafgewohnheiten. Wenn es Ihnen mit mehr Schlaf bessergeht, sollten Sie sich unbedingt angewöhnen, früher ins Bett zu gehen.

Schlaf und Leistung

Der beste Rat, den ich Ihnen in puncto Schlaf geben kann, ist, ihn ernst zu nehmen. Wir verbringen etwa ein Drittel unseres Lebens mit Schlafen, folglich hat er eine wichtige Funktion. Behalten Sie Ihre Schlafgewohnheiten im Auge und notieren Sie in Ihrem Leistungsheft, wie viele Stunden und wie gut oder schlecht Sie geschlafen haben (zum Beispiel 3 = sehr gut, 2 = gut und 1 = schlecht). Wenn Sie Zusammenhänge zwischen Ihrem

Tagesablauf und dem nächtlichen Schlaf entdecken, notieren Sie auch diese in Ihr Heft.

Sie könnten beispielsweise feststellen, daß Sie nach einem anstrengenden Tag und einem ebenso anstrengenden Fitneßtraining am Nachmittag todmüde ins Bett fallen, am nächsten Morgen aufwachen und bis zum Nachmittag in Topform sind. Es ist wichtig, solchen Zusammenhängen auf die Spur zu kommen. Daraus können Sie ableiten, daß Sie nach einer sportlichen Betätigung am Nachmittag am nächsten Tag über mehr Energie verfügen. Wenn Sie solche Muster eine Zeitlang beobachten, verstehen Sie besser, welche Rolle der Schlaf in Ihrem Leben und für Ihren Energiehaushalt spielt.

Viele erfolgreiche Sportler haben festgestellt, daß feste Schlafgewohnheiten während einer harten Trainingsphase dem Energieerhalt dienen. Sie versuchen, jeden Abend um die gleiche Zeit schlafen zu gehen und morgens zur gleichen Zeit aufzustehen. Diese Methode funktioniert einwandfrei, weil sich Körper und Geist dem Rhythmus schon nach kurzer Zeit anpassen. Unsere innere Uhr weckt den Körper sogar eine Stunde, bevor wir die Augen öffnen, auf: Körpertemperatur und Blutdruck steigen wieder auf Normalniveau an. Wenn man dann aufsteht, fühlt man sich gestärkt. Besser kann der Tag gar nicht beginnen! Der Körper kann allerdings nur dann ein solches Muster entwickeln, wenn man die Schlafzeiten genau einhält.

Ernährung

Ohne die richtigen »Kraftstoffe«, die den »Motor« des Körpers in Gang halten, ist es schwer, Spitzenleistungen zu erbringen. Eine gesunde Kost und vernünftige Eßgewohnheiten können darüber entscheiden, ob Sie auch am Ende eines Tages noch über Energie verfügen oder ob Sie schon am Nachmittag keine »Power« mehr haben. Falls Sie nicht wissen, wie gesund Sie sich ernähren, lassen Sie sich von Spezialisten beraten und einen speziellen Diätplan ausarbeiten.

Gesunde Ernährungsgewohnheiten haben nichts mit komplizierten Eßvorschriften zu tun. Und lassen Sie sich nicht verunsichern, wenn die Ernährungsspezialisten »Fachchinesisch« reden. Bohren Sie so lange nach, bis Sie genau wissen, wie Sie Ihre Kost umstellen sollen.

Die folgende Geschichte zeigt, wie wichtig eine gesunde Ernährung sein kann, wenn man in Topform sein muß. Für die Athletin war sie von entscheidender Bedeutung, denn sie verwandelte ein Leistungstief in ein Leistungshoch.

»Ich brauche mehr Energie, um die Spitze zu erreichen«

Tanya gehörte zu den besten Radfahrerinnen der USA, als sie in der sportwissenschaftlichen Abteilung des Olympischen Trainingszentrums Hilfe suchte. Ihr Problem bestand darin, daß sie am Ende der langen, erschöpfenden Rennen völlig ausgepumpt war. Tanyas Trainings- und Wettkampfverhalten wurde unter die Lupe genommen, und man entdeckte, daß ihr eine Veränderung in drei Bereichen zugute kommen würde: erstens in ihrer Ernährungsweise, zweitens beim Flüssigkeitsausgleich an den Renntagen und drittens in ihrer mentalen Einstellung zum Wettbewerb.

Die Analyse der Eßgewohnheiten ergab, daß Tanya mehr Kohlehydrate brauchte; die tägliche Zufuhr lag bei ihr unter 400 Gramm. Gemessen an ihrem Gewicht und der Trainingsintensität empfahlen unsere Ernährungsexperten 600 Gramm pro Tag. Diese Veränderung mag unbedeutend erscheinen, kann aber einen großen Unterschied bei einer so kräftezehrenden Disziplin wie dem Rennradfahren bewirken. Kohlehydrate (frisches Obst, Gemüse, Brot, Reis, Nudeln, Kartoffeln und Getreide) sind eine wichtige Energiequelle, weil sie den Körper mit Glykogen versorgen. Durch körperliche Aktivität wird Glykogen verbraucht und muß durch die Zufuhr von kohlehydratreicher Nahrung wieder zur Verfügung gestellt werden.

Da Tanya an Renntagen nervös war, brachte sie vor dem Wettkampf kaum etwas hinunter. Nach unserer Einschätzung nahm sie nicht genug Flüssigkeit zu sich, um ihren Energiepegel während eines an-

strengenden Rennens aufrechtzuerhalten. Wenn die Athleten nicht genug Wasser trinken, wird der Wasserverlust infolge der verstärkten Schweißabsonderung nicht ausgeglichen. Dadurch verringert sich das Blutvolumen. Die Körpertemperatur und die Pulsfrequenz steigen an. Diese Veränderungen beeinträchtigen die sportliche Leistung. Unsere Sportphysiologen erklärten Tanya, wie sie die Flüssigkeitsmenge, die sie zu sich nehmen mußte, genau kontrollieren konnte. Sie gewöhnte sich an, auch vor einem Wettbewerb genug zu trinken, um einer Dehydrierung während des Rennens vorzubeugen. Der Flüssigkeitsausgleich im Körper hatte eine äußerst positive Auswirkung auf ihren Energiehaushalt.

Und am Ende arbeitete ich mit Tanya an ihrer mentalen Einstellung und den Gedanken während der Rennen. Meistens hatte sie sich eine Wettkampfstrategie zurechtgelegt und war zuversichtlich, ganz vorne mithalten zu können, aber wenn ihre Kräfte erlahmten, konnte sie sich oft nicht mehr richtig konzentrieren. In der letzten Phase des Rennens vergaß sie ihr Konzept und wußte nur noch, daß ihr jeder Knochen im Leib weh tat. Diese negativen Gedanken untergruben ihr Selbstvertrauen.

Wir erarbeiteten gemeinsam eine Wettkampfstrategie für alle Phasen des Rennens, einschließlich des Endspurts. Sie übte, ihr Augenmerk auf einfache, wettkampftaktische Gedanken, auf Erfolgsformeln und wichtige Punkte ihrer Technik zu konzentrieren. Die Erfolgsformeln müssen am Ende eines Wettkampfs sehr einfach und einprägsam sein, sonst hat man infolge der Erschöpfung Schwierigkeiten, sie ins Gedächtnis zurückzurufen. Sie entschied sich für »Tempo« und »Treten«. Die Umstellung ihrer Kost und die zusätzliche Wassermenge, die sie an Renntagen zu sich nahm, erhöhten ihre Energie im Endspurt, und die mentale Vorbereitung trug dazu bei, sich bis zur Ziellinie zu konzentrieren. Tanyas Leistungen im Straßenrennen verbesserten sich merklich, und sie gewann noch in der gleichen Saison die Amerikanischen Meisterschaften.

Wenn Sie mehr darüber erfahren wollen, ob Sie sich gesund ernähren und damit eine der grundlegenden Voraussetzungen für Spitzenleistungen am Arbeitsplatz erfüllen, empfehle ich Ihnen das Buch ›Eating for Peak Performance‹ von Rosemary Stanton. Es gibt zahlreiche gute Bücher zu diesem Thema, aber dieses ist einfach zu lesen und gibt Tips, die leicht zu befolgen sind. Sie sollten auch die nachfolgenden Ernährungsempfehlungen beherzigen, die Ihnen helfen, Ihr Energiereservoir ständig aufzufüllen. Es sind dieselben Empfehlungen, die wir auch den Spitzensportlern im Olympischen Trainingszentrum in Colorado Springs geben. Wenn es Ihnen ernst mit dem Erfolg ist, sollten Sie einmal darüber nachdenken.

Tips für eine energiefördernde Ernährung

1. Essen Sie mehr:
• frisches Obst
• Gemüse
• Brot
• Getreide
Diese Nahrungsmittel sind hochwertige Energiequellen.
2. Essen Sie weniger Süßigkeiten, Nachspeisen, Snacks und Fast-Food-Gerichte. Sie bewirken eine erhöhte Insulinausschüttung, wodurch sehr schnell Energie abgebaut wird.
3. Vermeiden Sie fettreiche Nahrung. Reduzieren Sie Öl, Butter, Margarine, Frittiertes, fettes Fleisch und Sahneprodukte. Fett gehört zu den Nahrungsmitteln, die wenig Energie spenden. Nach einem fetten Essen werden die meisten schläfrig. Sie sollten nicht mehr als ein Viertel der täglichen Kalorienmenge in Form fettreicher Erzeugnisse zu sich nehmen.
4. Trinken Sie viel Wasser. Rund ein Glas pro Stunde reicht normalerweise aus. Wir raten Athleten, vor einem Wettkampf jede halbe Stunde ungefähr drei Gläser Wasser zu trinken, damit das Blut genug Flüssigkeit erhält. (Keine koffeinhaltigen Getränke, zu denen Kaffee und viele Softdrinks gehören, da sie dem Körper Flüssigkeit entziehen.)

5. Frauen sollten daran denken, täglich genug Kalzium zu sich zu nehmen, vorzugsweise durch kalziumreiche Nahrung. Die besten Quellen sind fettarme Milch, Obst, Nüsse, Milchprodukte, Sojabohnen und Sprossen.

6. Meiden Sie den übermäßigen Genuß von Salz, Koffein, Alkohol und Zucker. Sie bauen Energie ab.

7. Essen Sie häufiger kleinere Portionen, und denken Sie dabei an einen ausgewogenen Nährstoffgehalt. Damit halten Sie den Energiepegel während des ganzen Tages konstant.

8. Setzen Sie jeden Tag Nahrungsmittel mit geringem Fett- und hohem Proteingehalt (mageres Fleisch, Fisch, Geflügel ohne Haut, Hülsenfrüchte und Milchprodukte) auf Ihren Speisezettel. Rund 100 bis 150 Gramm pro Mahlzeit reichen in der Regel schon aus. (Um eine ungefähre Vorstellung von der Menge zu haben, können Sie 150 Gramm Fleisch abwiegen, portionieren und sich genau ansehen.) Essen Sie ein- oder zweimal pro Woche Fisch (nicht gebraten!). Eiweiß ist wichtig für einen hohen Energiepegel, aber man sollte es damit nicht übertreiben.

9. Überlegen Sie, wie sehr Sie sich körperlich verausgaben wollen, bevor Sie Ihren Ernährungsplan für den Tag aufstellen. Je aktiver Sie sind, desto größer der Hunger und desto mehr brauchen Sie zu essen.

10. Machen Sie keine Diät. Diese Empfehlung kann man gar nicht oft genug wiederholen. **Machen Sie keine Diät!**

Mit »Diät« meine ich, daß Sie von Zeit zu Zeit hungern oder die Kalorienzufuhr drastisch einschränken, um abzunehmen. Menschen, die hungern, um abzunehmen, nehmen danach um so schneller wieder zu. Solche Hungerkuren können außerdem schwerwiegende gesundheitliche Probleme nach sich ziehen. Die schlimmsten sind Eßstörungen, die bei Leistungssportlerinnen nicht selten vorkommen. Eine Diät hat immer einen Energieverlust zur Folge.

Bei Übergewicht nehmen Sie am besten ab, wenn Sie auf eine gesunde Ernährung achten und viel Sport treiben. Bei Gewichtsproblemen empfehle ich Ihnen das Buch ›Loss Through Persistence‹ von Dr. Dan Kirschenbaum. Bei der genauen Zusammenstellung der Kost spielen Körpertyp, Gewicht und die gegenwärtige Fitneß eine Rolle. Deshalb empfiehlt es sich, einen Ernährungs- oder Gesundheitsexperten zu Rate zu ziehen, der Ihnen ein individuelles Ernährungs- und Energieaufbauprogramm ausarbeitet.

Diese einfachen Tips werden Ihnen helfen, viel Energie durch gesunde Ernährung zu tanken. Wenn Sie Ihre Eßgewohnheiten verändern müssen, setzen Sie diesen Punkt gleich heute auf die Liste Ihrer aktionsorientierten Ziele.

Vitalität und gute Gesundheit sind die Belohnung, wenn Sie dafür sorgen, daß Sie körperlich und geistig fit sind, genug schlafen und sich richtig ernähren. Wenn Sie häufiger zusätzliche Energiereserven mobilisieren müssen, sollten Sie auf diese drei Punkte achten. Sobald Sie merken, über wieviel mehr Elan und Kraft Sie verfügen, werden Sie nie wieder zum vorigen Zustand der Lethargie zurückkehren wollen.

Ihre Träume zu verwirklichen erfordert ein hartes Stück Arbeit. Roger Bannister, der erste Sportler, der die Meile in einer Zeit unter vier Minuten lief, hat einmal gesagt: »Wer auch dann weitermachen kann, wenn es schwierig wird, gewinnt.« Auch Sie brauchen viel Energie, um Hindernisse auf dem Weg zum Erfolg zu überwinden. Aber wenn Sie die Techniken anwenden, die Ihre Energien mobilisieren, werden Sie über die physische und mentale Stärke verfügen, die Sie brauchen, um Ihre Ziele zu erreichen.

Tips zur Mobilisierung von Energie

Nach jeder stressigen Situation sollten Sie für eine Entspannungsphase sorgen. Schlafen Sie ausreichend, achten Sie auf eine gesunde Ernährung und bleiben Sie körperlich aktiv. Weisen Sie diesen Ruhepausen, in denen Sie neue Energie tanken, einen festen Platz in Ihrem Terminkalender zu. Nutzen Sie die Erholungspausen beispielsweise für die Entspannungsübungen. Erfolgreiche Sportler halten sich in der Regel zwischen 20 und 45 Minuten am Tag frei, um neue Energie zu tanken. Manche Athleten kommen mit noch kürzeren Reaktivierungsperioden aus, aber sie machen mehrmals am Tag die entsprechenden Übungen.

Die Reaktivierungsphasen helfen Ihnen, Streß zu bewältigen. Streß ist in unserer Gesellschaft inzwischen in Verruf geraten, aber er hat auch eine sehr nützliche Funktion. Athleten erhöhen nur dann ihre Kraft und Schnelligkeit, wenn sie sich im Training bis an ihre Leistungsgrenzen fordern. Der Körper gewöhnt sich an diesen Streß, und das Endergebnis ist mehr Kraftausdauer und Schnelligkeit. Auch Sie können lernen, Situationen zu meistern, die Sie herausfordern. Der Streß schadet Ihrer Gesundheit nicht, wenn der Körper die Möglichkeit hat, sich nach der Anstrengung ausreichend zu erholen. Einen hervorragenden Ausgleich nach Streßperioden bieten die Entspannungsmethoden (s. S. 144), die vorbeugend jeden Tag praktiziert werden sollten. Auch wenn Sie nur zehn Minuten am Tag erübrigen können, ist das besser als nichts; bei 30 Minuten füllen Sie Ihr mentales Energiereservoir besser auf. Vielleicht schaffen Sie es, die Tür zu Ihrem Büro zu schließen und 15 Minuten lang keine Anrufe entgegenzunehmen. Oder Sie bitten Ihren Mann, die Kinder eine halbe Stunde lang im Auge zu behalten, während Sie sich an einen ruhigen Platz begeben, sich auf den Fußboden legen und Ihre Entspannungsübungen machen. Probieren Sie es einen Monat lang aus, und ich bin sicher, daß sich eine Veränderung in Ihrem Energiepegel bemerkbar macht.

Zusammenfassung

Das Energiepotential ausschöpfen

Schritt 1: Spornen Sie sich selbst an

Schritt 2: Tanken Sie regelmäßig neue Energie
- Fitneß
- Schlaf
- Gesunde Ernährung

Festhalten am Erfolgskonzept:
Bereiten Sie sich auf den Erfolg vor

Der Schießsport ist eine Disziplin, bei der man ganz alleine kämpft. Man kann keinem Gegner die Schuld für einen Fehler in die Schuhe schieben und sich bei keinem Schiedsrichter beschweren, weil man meint, dieser habe eine unfaire Entscheidung getroffen. Und da Fernsehkameras den Zuschauern die Ergebnisse jedes einzelnen Schusses in Großaufnahme zeigen, sind Erfolge und Mißerfolge für jeden deutlich sichtbar.

Bob Foth ist einer der Besten in diesem Sport. 1992 gewann er bei den Olympischen Spielen eine Silbermedaille (er verfehlte die Goldmedaille um nur einen einzigen Punkt). In den letzten Jahren konnte er immer wieder große Erfolge verbuchen: Er holte Medaillen in namhaften Weltcup-Ausscheidungen und bahnte sich jedes Jahr, von 1988 bis 1992, seinen Weg ins Weltcup-Finale.

Bob erklärte mir, daß er seine anhaltend guten Ergebnisse auf sein konsequent umgesetztes Erfolgskonzept zurückführt. Er kann es sich nicht leisten, nachlässig zu sein, deshalb bereitet er sich jedesmal, wenn er das Gewehr in die Hand nimmt, sehr sorgfältig vor.

»Ich halte mich bei jedem Schuß an einen bestimmten Bewegungsablauf, zu dem auch gehört, sechsmal tief einzuatmen. Während jedes Atemzugs weiß ich, woran ich denken sollte; ich weiß, worauf ich meinen Blick richten muß, ich weiß, was ich visualisieren will, und ich weiß, auf welche Teile meines Körpers ich mich konzentrieren muß.«

Die Aufmerksamkeit, die Bob den Einzelheiten seiner Vorbereitung widmet, ist erstaunlich. Sie spielt offensichtlich eine wichtige Rolle für seinen Erfolg. Er erklärt mir jede Phase des Bewegungsablaufs im Zeitlupentempo, vom ersten bis zum letzten Augenblick:»Beim ersten

Atemzug steht das Gewehr noch auf der Visiereinrichtung am Schieß-stand und meine Augen sind geschlossen. Ich atme tief ein und aus und versuche, mich rundum zu entspannen. Ich fühle mich gut, meine Position ist richtig. Beim zweiten Atemzug konzentriere ich mich darauf, alle Körperbereiche, die noch angespannt sind, zu lockern. Dann stelle ich mir bildlich vor, wie die Ringscheibe im Idealfall aussehen sollte (das, was Bob sieht, wenn er das Ziel ins Visier nimmt).

Beim dritten Atemzug öffne ich die Augen und nehme mein Gewehr in die Hand. Es ist auf die Ringscheibe gerichtet, gestützt von meiner Schulter, während ich ausatme. Dann, mit dem vierten Atemzug, passe ich es optimal an meine Schulter an. Zu Beginn des fünften Atemzugs blicke ich durchs Visier. Meine Aufmerksamkeit wendet sich langsam dem Ziel zu. Aber ich nehme immer noch sehr stark das Gefühl der Entspannung in meinem ganzen Körper wahr. Ich vergewissere mich, daß der Griff der rechten Hand am Gewehr korrekt ist. Der sechste Atemzug ist flacher, er stört mich nicht. Ich konzentriere mich jetzt sehr intensiv auf das Ziel. Der Konzentrationsgrad ist so hoch, daß ich ihn nicht lange aufrechterhalten kann. Dann bin ich bereit zu schießen.«

Bob hält sich bei jedem Schuß an diese Schritte, egal, ob im Training oder im Wettkampf. »Wenn ich nicht jedesmal so üben würde, könnte ich nachlässig werden und diese Schritte auch im Wettbewerb vergessen. Ich denke, daß sie mir helfen, mich schnell wieder zu fangen, wenn die Dinge mal nicht so gut laufen. Die meisten guten Schützen erzielen Spitzenergebnisse, wenn alles wie am Schnürchen klappt, aber es ist schwieriger, sich wieder zu sammeln, wenn man sich nach einem Fehler oder Mißerfolg niedergeschlagen fühlt«, erklärt Bob.

»Bei einem der Weltcup-Wettbewerbe in Zagreb lag ich beispielsweise an dritter Stelle und versuchte, zu den beiden führenden Jugoslawen aufzuschließen, als ich auf die Scheibe eines anderen Teilnehmers schoß! Das ist ein Fehler, der sehr selten vorkommt, um es einmal gelinde auszudrücken. Ich erhielt keine Punkte für den Schuß, weil ich ja nicht mein eigenes Ziel getroffen hatte. Plötzlich rangierte ich unter »ferner liefen«. Es war ein furchtbares, entmutigendes Gefühl. Ich sagte mir: ›Ich kann nicht glauben, daß mir so ein Schnitzer unterlaufen ist.‹ Aber es war so, daran gab es nichts zu rütteln.

*Ich habe mich hingesetzt, um mich wieder zu sammeln. Ich machte
mir bewußt, daß ich nicht aufgeben durfte. Ich weiß aus Erfahrung,
daß Beharrlichkeit zum Ziel führt, daß man es immer wieder versuchen
muß. Also habe ich tief durchgeatmet, um ruhig zu werden und die läh-
mende Niedergeschlagenheit abzuschütteln. Ich habe meine negativen
Gedanken mit aller Macht bekämpft und mich immer wieder daran erinnert, weiterzumachen und mich an die grundlegenden Dinge zu halten. Man braucht lockere Muskeln, um gut zu schießen, und so machte ich Entspannungsübungen, um die Verspannung loszuwerden. Ich
stellte mir bildlich vor, wie ich mit jedem nächsten Schuß ins Schwarze
traf, lauter Zehnen; danach stand ich auf, und weiter ging's. Es ist mir
gelungen, langsam wieder aufzuholen, und der Lohn der Mühe war die
Bronzemedaille. Aus solchen Erfahrungen lerne ich eine Menge.«* Ich
nickte und fragte mich, wie viele Menschen wohl nach einem so gra-
vierenden Fehler Bobs Nervenstärke besessen hätten. Aber wie viele
Menschen bereiten sich mental auch so akribisch auf den Erfolg vor
wie er?

Festhalten am Erfolgskonzept

Die Höchstleistungszone zu erreichen wird von vielen als ein
Phänomen betrachtet, das nur schwer faßbar ist. Sportler und
Wissenschaftler beschreiben diesen Leistungsgipfel als vor-
übergehende, im Fluß befindliche, kurzlebige Erfahrung. Viele
sind überrascht, wenn sie dieses Leistungsoptimum erreichen,
aber es erstaunt sie nicht, wenn es ihnen wieder entgleitet.

In einer Studie, an der erfolgreiche Golfprofis teilnahmen,
fand der Wissenschaftler Patrick Cohn von der University of
Virginia heraus, daß alle Probanden ihr Leistungsoptimum nur
»gelegentlich« erreichten. Warum ist es so eher ein Zufall, persönliche Bestleistungen zu erbringen?

Ich habe festgestellt, daß zwei Faktoren uns daran hindern,
die Höchstleistungszone anzusteuern. Als erstes fehlt den meisten eine systematische Methode, die ihnen ermöglicht, ihren
Leistungsgipfel zu erreichen. Und zweitens geraten viele Men-

schen, wenn sie unter Streß stehen, in Panik und ändern plötzlich ihr Konzept. Die letzte Erfolgsstrategie besteht darin, ein Konzept zu entwickeln und konsequent daran festzuhalten, was immer auch passieren mag. Wenn Sie sich an diese Strategie halten, werden Sie feststellen, daß Sie den Weg in die Hochleistungszone vorprogrammieren können.

Konsequenz kann man lernen

Welche Athleten bewundern Sie am meisten? Wenn es Ihnen so wie mir geht, dann gilt Ihre Hochachtung vor allem denjenigen Sportlern, die sich in ihrer Disziplin über Jahre an der Spitze halten. Aber selbst die Erfolggewohnten können nicht immer gewinnen. Wissen Sie, welcher Profispieler am häufigsten den zweiten Rang im Finale der PGA-Golfturniere belegt hat? Die Antwort lautet: Jack Nicklaus, der bei vielen als größter Golfer aller Zeiten gilt. Sehen wir ihn etwa als Versager, nur weil er so oft dazu verurteilt war, die zweite Geige zu spielen? Nein, denn auch der zweite Platz setzt die Fähigkeiten voraus, die man braucht, um zu gewinnen.

Es gibt Gründe dafür, daß viele Champions den Erfolg für sich gepachtet zu haben scheinen. Sie überlassen das Ergebnis ihrer Anstrengungen nicht dem Zufall, sondern unternehmen alles, was in ihrer Macht steht, um sich für den Erfolg zu rüsten. Im Rahmen meiner Arbeit mit solchen »Dauergewinnern« habe ich drei Schritte entdeckt, die alle gemeinsam haben. Sie sind die Grundlage dafür, ein Erfolgskonzept konsequent umzusetzen.

Konsequenz

Schritt 1: Ein Erfolgskonzept entwickeln
Schritt 2: Auch unter Streß am Konzept festhalten
Schritt 3: Das Unvorhersehbare erwarten

Sehen wir uns diese drei Schritte nun genauer an.

Schritt 1: Ein Erfolgskonzept entwickeln

In einer Studie, die ich 1992 im Olympischen Trainingszentrum mit 100 Teilnehmern durchführte, wollte ich wissen, wie viele der Sportler imstande waren, den Weg in die Höchstleistungszone zu steuern. 80 bejahten die Frage. Als ich wissen wollte, wie, nannten alle die sorgfältige Vorbereitung auf ihren Wettkampf. Ein Athlet sagte beispielsweise: »Ja, ich bin dazu imstande, aber das bedarf der richtigen Vorbereitung. Rein physisch muß ich zuversichtlich sein, daß mein Trainingsprogramm gut war, und mental muß ich Vertrauen in meine Mannschaftskameraden haben und mich auf den Wettkampf konzentrieren.«

Ein anderer Olympiateilnehmer sagte: »Ich denke, ob und wie man das persönliche Leistungsoptimum erreicht, hängt hauptsächlich von der Vorbereitung ab. Man muß jeden Tag darauf hinarbeiten.« Obwohl 20 der befragten Sportler das Gefühl hatten, die Höchstleistungszone nicht bewußt ansteuern zu können, erklärten die meisten, daß sie sich bemühten, es zu lernen. Eine Athletin brachte diese Haltung auf den Punkt, als sie erklärte: »Ich denke, daß es mir mit zunehmender sportlicher Reife immer leichter fallen wird, mein Leistungsoptimum zu erreichen. Ich lerne viel über meine Fähigkeiten und die volle Konzentration, die erforderlich ist, um mein Bestes zu geben.«

Erfolgreiche Sportler haben festgestellt, daß sich bei einem Wettkampf viele äußere Faktoren ihrem Einfluß entziehen, *daß sie aber ihr »inneres Umfeld« kontrollieren können.* Spitzenleistungen, die kein Zufallstreffer sind, sondern immer wieder erfolgen, setzen sorgfältige Vorbereitungen voraus. Nicht nur das körperliche Training ist ungeheuer wichtig. Auch die mentale Einstimmung auf den Wettkampf sollte so methodisch erfolgen, wie Bob Foth sie geschildert hat.

Die Höchstleistungszone wird durch eine Kombination aus Gedanken, Vorstellungsbildern und Emotionen erreicht, die uns befähigen, unser Bestes zu geben. Dieses Erfolgskonzept ist sehr individuell und sieht bei jedem Menschen anders aus. Die Psychologen glaubten früher, es sei reiner Zufall, wenn sich jemand zu einem bestimmten Zeitpunkt im richtigen mentalen Zustand befindet. An einigen Tagen wären wir eben »besser drauf« als an anderen. Inzwischen hat sich diese Ansicht als Irrglaube erwiesen. Sobald wir die Gedanken, Bilder und Emotionen kennen, die uns dabei helfen, Spitzenleistungen zu erbringen, können wir diese bewußt hervorrufen. Erfolgsgewohnte Menschen erreichen ihren Leistungsgipfel nicht durch Zufall. Sie finden heraus, welche Voraussetzungen erfüllt sein müssen, um dorthin zu gelangen, und setzen dieses Erfolgskonzept in allen wichtigen Situationen um.

Die Bedeutung einer konsequenten Vorbereitung

Die Sportpsychologen Steve Boutcher und Debra Crews haben genau untersucht, wie lange Golfer mit unterschiedlichen Fähigkeiten für den Abschlag brauchten, nachdem sie den Schläger ausgewählt hatten. Beobachter folgten den Spielern mit einer Stoppuhr über den Platz und notierten, wie lange die Schlagvorbereitungen dauerten. Sie stellten fest, daß der Bewegungsablauf der Golfer ungeachtet ihrer Spielstärke vor dem Schlag in der Regel gleich war: Sie stellten sich hinter den Ball, brachten den Schläger in Position, peilten das Ziel an und führten den Golfschwung aus. Professionelle Golfspieler bereiteten den Abschlag allerdings konsequenter vor als Amateure und Anfänger. Die guten Golfer benötigten immer zirka die gleiche Zeitspanne bis zum Schlag. Bei den weniger erfolgreichen schwankte die Vorbereitungszeit beträchtlich. Manchmal dauerte es nicht mehr als zehn Sekunden, bis der Schlag erfolgte, ein anderes Mal eine Minute. Der Ablauf wurde nicht konsequent durchgeführt.

Ein Erfolgskonzept für den Wettbewerb zu entwickeln und konsequent umzusetzen hat folgende Vorteile:

- Wenn Sie herausgefunden haben, welche Gedanken und Gefühle Ihnen dabei helfen, Bestleistungen zu erzielen, können Sie sich in allen wichtigen Situationen darauf konzentrieren.

• Sie können Ihr Konzept genauso systematisch durchgehen wie eine Packliste für die Reise. Es gewährleistet, daß Sie auf dem Weg zum Erfolg nichts Wichtiges vergessen.

• Ihr Erfolgskonzept stärkt Ihr Selbstvertrauen in streßbefrachteten Situationen. Sie wissen, daß Sie eine erprobte und bewährte Methode anwenden.

• In Streßsituationen scheitern viele Menschen, weil sie in Panik geraten. Ihr Erfolgskonzept bewirkt, daß Sie in der Höchstleistungszone bleiben und einer Krise vorbeugen.

Manche Athleten planen ihr Erfolgskonzept mit akribischer Sorgfalt. Kathy, eine Läuferin, plante im voraus genau, worauf sie sich in der Woche, am Abend und in der Stunde vor einem Wettkampf konzentrieren wollte. Andere Spitzensportler gehen den Wettkampf lockerer an. Ben, ein Ringer, wußte beispielsweise, daß es ihm vor einem Kampf guttat, mit seinen Mannschaftskameraden zu lachen und Späße zu machen. Das entspannte ihn und half ihm, gut zu ringen. So einfach war es bei ihm.

Auch Sie können ein Erfolgskonzept für Ihre Arbeit entwickeln. Ein Außendienstmitarbeiter könnte sich eine erfolgreiche Methode für das erste Gespräch mit potentiellen Kunden ausdenken. Eine Führungskraft kann sich überlegen, wie sie bei einem Vortrag die Aufmerksamkeit der Zuhörer gewinnt. Eine Schauspielerin kann ihren eigenen Stil entwickeln, um sich auf eine Aufführung vorzubereiten. Die folgende Übung wird Ihnen dabei helfen, Ihr Erfolgskonzept zusammenzustellen.

Wie Sie Ihr Erfolgskonzept zusammenstellen

Welche Elemente sollte ein Erfolgskonzept enthalten? Wenn Sie Ihre eigene Vorbereitungsmethode entwickeln, ist es hilfreich, sich noch einmal an die sieben physischen und mentalen Fähigkeiten zu erinnern, die in den vorigen Kapiteln vorgestellt worden sind.

Denken Sie an eine wichtige Aufgabe, die Ihnen bevorsteht. Das kann ein Vortrag sein, den Sie nächsten Monat halten müssen, oder die Clubmeisterschaften im Tennis, bei denen Sie nächste Woche antreten müssen, oder auch der Abschlußbericht über ein Projekt Ihrer Arbeitsgruppe. Beantworten Sie nun folgende Fragen:

• Welche Ziele strebe ich bei dieser Aufgabe in dieser Situation an? (Aktionsorientierung)
• Welche mentalen Bilder helfen mir dabei, mein Bestes zu geben? (Kreatives Denken)
• Welche Gedanken motivieren mich für den Erfolg? (Produktivitätsanalyse)
• Wie kann ich in der Streßsituation Ruhe bewahren? (Relaxation)
• Worauf muß ich achten, um erfolgreich zu sein? (Konzentration)
• Wie reagiere ich auf meine Gefühle, die während der Situation entstehen? (Emotionale Stärke)
• Wie gewährleiste ich, daß ich genügend Energie habe, um optimale Leistungen zu erbringen? (Energiereserven mobilisieren)

Wenn Sie diese sieben Fragen beantwortet haben, sind Sie in der Lage, sich optimal auf Ihre Aufgabe vorzubereiten. Wie die Champions im Sport überlassen Sie nichts dem Zufall. Sie haben unter Kontrolle, wie Sie Ihre Arbeit oder jede andere Situation angehen, in der Sie gute Leistungen erbringen müssen.

Entwickeln Sie Ihr eigenes Erfolgskonzept

Der Golfer Jack Nicklaus geht jeden Schlag ähnlich an. Er ändert sein Erfolgskonzept nie. Der Ablauf erinnert ihn an die wichtigen Elemente einer gelungenen Schlagbewegung. Viele Baseballspieler haben ähnliche Muster entwickelt, die sie jedesmal mental abspulen, wenn sie das Schlagmal betreten. Diese Methode hilft ihnen, sich auf das Wesentliche zu konzentrieren. Wenn Sie Ihr eigenes Erfolgskonzept entwickeln, sollten Sie keine Angst vor Experimenten haben. Manche Athleten ziehen eine einfache, kurze Vorbereitungsstrategie vor wie zum Beispiel Ben, der Ringer. Andere haben eine bis ins kleinste ausgearbeitete Checkliste wie Bob Foth. Jeder muß für sich selbst ermitteln, was für ihn wichtig ist und was er außer acht lassen sollte. Das ist auch einer der Gründe, warum die Höchstleistungszone eine ganz persönliche, individuelle Erfahrung ist. Was für den einen großartig funktioniert, bleibt beim anderen ohne Wirkung.

Vor ein paar Jahren habe ich beispielsweise mit zwei Theaterschauspielern gearbeitet. Beide waren in ihrem Beruf anerkannt und dem Publikum gut bekannt. Sie bereiteten sich völlig unterschiedlich auf ihre Rollen vor. George versuchte sich so weit wie möglich in die Personen, die er darstellte, hineinzuversetzen. Während der Proben wurde er fast zu der Person, die er spielte. Es gab nur wenige Momente am Tag, in denen er nicht überlegte: *Wie würde die Person in einer solchen Situation reagieren? Wie würde sie sich jetzt fühlen?*

Lisa konzentrierte sich dagegen nur darauf, menschliche Verhaltensweisen sehr genau zu beobachten, um ihre Rollen authentisch auszugestalten. Sie war stolz auf ihre Fähigkeit, jemanden nachzuahmen, und nutzte jede Gelegenheit, aus der Begegnung mit anderen Menschen Ideen für die Darstellung der Charaktere herzuleiten, die sie gerade auf der Bühne spielte. Wenn sie das Theater verließ, streifte sie ihre Rolle ab.

Beide Schauspieler waren sehr erfolgreich. Ihre Vorbereitungen dagegen waren sehr unterschiedlich. Sie hatten gelernt, sich mittels eines Konzepts vorzubereiten, das sich für sie persönlich bewährt hatte. Wenn Sie herausfinden, auf welche Weise Sie zum Erfolg gelangen, müssen Sie sich nicht mehr über Unwichtiges den Kopf zerbrechen, sondern können Ihre Aufmerksamkeit ausschließlich auf die Dinge richten, die für Ihre Vorbereitung wichtig sind. Auf diese Weise entwickeln Sie eine speziell auf Sie abgestimmte Methode, um Ihre Höchstleistungszone zu erreichen. Welches Erfolgskonzept Sie auch zusammenstellen, üben Sie es so lange, bis es Ihnen in Fleisch und Blut übergeht.

Checkliste für ein konsequentes Festhalten am Erfolgsrezept

Die folgenden Fragen helfen Ihnen bei der Entwicklung einer konsequenten Herangehensweise an Projekte. Der Klarheit wegen habe ich die Fragen auf das Arbeitsumfeld konzentriert; sie können natürlich auf jeden anderen Bereich im Berufs- und Privatleben umgemünzt werden.

- Überlassen Sie die Dinge dem Zufall? Oder halten Sie sich konsequent an eine Methode, um sich auf den Erfolg vorzubereiten?
- In welchem Umfeld möchten Sie gerne arbeiten? Welche Umgebung fördert Ihre Leistung?
- Gibt es Dinge, die Ihnen helfen würden, in der Höchstleistungszone zu bleiben? Zum Beispiel ein besserer Schreibtisch oder eine effektivere Büroorganisation? Wirken sich schlechte Lichtverhältnisse und stundenlanges Sitzen auf einem unbequemen Stuhl vielleicht leistungshemmend aus?
- Welche physischen und mentalen Faktoren tragen zu Bestleistungen bei, wenn Sie an einem Projekt arbeiten, das viele Tage oder Wochen dauert?
  - Welche Dinge können Sie sich sagen, um sich selbst zu motivieren?
  - Welche mentalen Vorstellungen und Bilder spornen Sie an?
  - Welche energiefördernden Aktivitäten können Sie fest in Ihren Tagesablauf einplanen, um durchzuhalten?
  - Was bringt Sie bei einem längeren Projekt typischerweise aus Ihrem »Konzept«? Was können Sie tun, um solche Störfaktoren auszuschalten oder danach wieder in Ihren Rhythmus zu finden?
  - Welche Faktoren helfen Ihnen, Bestleistungen zu erbringen,

wenn Sie unter Zeitdruck stehen und Termine einhalten müssen?
- Was sagen Sie sich, um ruhig und konzentriert zu bleiben?
- Welche Vorstellungen und mentalen Bilder haben sich in Streßsituationen bewährt?
- Sollten Sie regelmäßige Entspannungsübungen in Ihren Terminplan integrieren, um konzentriert zu bleiben?
- Wodurch lassen Sie sich in der Regel ablenken, wenn Sie sich unter Zeitdruck befinden? Was können Sie tun, um diese Hindernisse aus dem Weg zu räumen oder zu überwinden?
• Gehen Sie nach einer bestimmten Methode vor, auch wenn Sie sich mit Projekten befassen, die nicht so wichtig sind? Wenn Sie sich auch auf zweitrangige Aufgaben sorgfältig vorbereiten, kommt Ihnen das bei wichtigen Projekten zugute?
• Wie bereiten Sie sich am Abend vor einem wichtigen Projekt auf den Erfolg vor? Welche Gedanken und Vorstellungsbilder haben Sie bisher motiviert, Ihr Bestes zu geben?
• Wie bereiten Sie sich eine Stunde vor dem Countdown erfolgreich auf Spitzenleistungen vor? Woran sollten Sie denken, um Ihr Leistungsoptimum zu erreichen? Was hat bisher gut funktioniert?
• Mit welcher Erfolgsformel erinnern Sie sich daran, bei der Bewältigung dieser Aufgabe Ihren vollen Einsatz zu bringen? Wie stärken Sie Ihren Siegeswillen? Haben Sie Dinge entdeckt, die bereits funktioniert haben?

Wenn Sie sorgfältig über diese Fragen nachdenken, werden Sie imstande sein, ein Erfolgskonzept nach Maß auszuarbeiten, das Ihnen gestattet, immer wieder Ihre Höchstleistungszone zu erreichen. Lassen Sie alle physischen und mentalen Fähigkeiten für sich arbeiten, damit Ihnen der Erfolg sicher ist.

Schritt 2: Auch unter Streß am Konzept festhalten

Gerade dann, wenn die Dinge nicht so laufen wie gewünscht, sollten Sie ein Erfolgskonzept parat haben, an das Sie sich klammern können, um Panikgefühlen vorzubeugen. Es gibt nichts Schlimmeres, als in einer wichtigen Situation Ihr gewohntes Konzept zu verändern. Normalerweise werfen Sie damit genau die Faktoren über Bord, die Ihnen bisher zum Erfolg verholfen haben.

Leider habe ich diesen Fehler in meiner Praxis sehr häufig erlebt. Ich erinnere mich an ein Gespräch mit dem Stabhochspringer Jim nach den Vorentscheidungen zu den Olympischen Spielen 1988. Sie waren das wichtigste Ereignis in seiner bisherigen sportlichen Laufbahn. Deshalb beschloß er, jeden Punkt seiner Vorbereitung auf den großen Tag doppelt zu prüfen. Er fuhr bereits einige Stunden vor Beginn des Wettkampfs mit dem Bus ins Stadion. Dort angekommen, kontrollierte er immer wieder seine Ausrüstung oder stand an der Stabhochsprunganlage und malte sich den bevorstehenden Wettbewerb aus. Er zog sich frühzeitig um und zwang sich dann, in einem mitgebrachten Roman zu lesen, um die letzte Stunde der nervtötenden Wartezeit über die Runden zu bringen.

Bei den Vorentscheidungen lief alles schief. Obwohl Jim eindeutig zu den drei besten Kandidaten gehörte, zeigte er an diesem Tag die schlechteste Leistung der letzten beiden Jahre. Er schaffte es nur auf den fünften Platz und mußte seinen Traum, an den Olympischen Spielen teilzunehmen, begraben.

Während des anschließenden Gesprächs gelangte er zu der schmerzvollen Erkenntnis, daß sich seine zusätzliche Vorbereitung als Bumerang erwiesen hatte. In der Regel traf er eine Stunde vor Beginn eines Wettkampfs im Stadion ein und hatte noch genügend Zeit, seine Ausrüstung zu überprüfen und sich aufzuwärmen. Heute hatte er die Vorbereitungsphase gleich um mehrere Stunden erweitert, aber das Ergebnis war nicht mehr Erfolg, sondern mehr Streß gewesen. Während der Wartezeit, die ihm wie eine Ewigkeit vorkam, hatte sich das Lampenfieber natürlich verstärkt. Bei Beginn des Wettkampfs war Jim meilenweit von seiner Höchstleistungszone entfernt, und als er zu seiner alten Form zurückzufinden begann, war der Schaden bereits angerichtet und nicht wiedergutzumachen. Eine harte Lektion, die er gegen Ende seiner Laufbahn einstecken mußte.

Jims Geschichte ist keine Seltenheit. Viele Athleten erkennen zu spät, daß die Olympischen Spiele auf der technischen Ebene genauso sind wie jeder andere Wettkampf; hier werden genau diejenigen Fähigkeiten von ihnen verlangt, die sie aus dem Effeff beherrschen. Was ihnen einen Strich durch die Rechnung macht, ist die mentale Ebene: Sie lassen sich von der allgemeinen Hektik und dem Medienrummel aus dem Konzept bringen. Sie werfen im letzten Moment ihre Pläne um, setzen sich selbst noch stärker unter Druck und fordern das Unheil im Verlauf dieses Prozesses geradezu heraus.

Ein ähnliches Phänomen kann man auch in anderen Lebensbereichen beobachten. Manche Studenten sind gelähmt vor Angst, wenn sich das Examen nähert, und fallen prompt durch, trotz ansonsten guter Leistungen. Mitarbeiter werden hektisch, wenn eine offizielle Leistungsbeurteilung nebst Beförderung ins Haus steht, und lassen plötzlich in ihren Leistungen nach. Selbst in ganz alltäglichen Situationen geraten viele Menschen aus dem Tritt, wenn sie unverhofft auf ein Problem stoßen; statt sich an ihr erprobtes Erfolgskonzept zu halten, suchen sie konfus nach neuen Problemlösungen und machen damit alles nur noch schlimmer.

In einer bahnbrechenden Studie über sportliche Spitzenleistungen haben die kanadischen Sportpsychologen Terry Orlick und John Partington herausgefunden, daß eine Hauptursache für Leistungsdefizite bei Olympischen Spielen offenbar eine Konzeptänderung in letzter Minute ist. 235 Mitglieder der kanadischen Olympiamannschaften (Sommer- und Winterspiele 1984) wurden nach ihren Vorbereitungen gefragt, und es zeigte sich, daß viele, die bei der Olympiade weit hinter ihren guten Leistungen zurückgeblieben waren, nach eigener Auffassung zuviel an ihrem Konzept geändert hatten. Ein Sportler sagte:

Obwohl ich gerade das erfolgreichste Jahr in meiner gesamten Lauf-
bahn hinter mir hatte, stellte ich mein Programm für die Olympischen
Spiele völlig um. Das neue Trainingsprogramm erforderte eine so in-
tensive Arbeit, daß ich meinen Körper überforderte und bis heute mit
physischen Problemen zu kämpfen habe. Das Ganze war reine Zeit-
verschwendung. Rückblickend muß ich sagen, daß es Sinn macht, ein
Trainingsprogramm auszuarbeiten und dabei zu bleiben, wenn es sich
bewährt hat.

Wenn Sportler mit einem Konzept Erfolg haben, empfiehlt es
sich, auch in Streßsituationen daran festzuhalten. Veränderungen in letzter Minute führen unweigerlich zu Problemen. Ein besonders spektakuläres Beispiel wird in dem spannenden Buch
›Born to Win‹ von dem Segler John Bertrand beschrieben. Seine
Erfahrung veranschaulicht außerdem, daß man aus Fehlern lernen kann. Bei den Olympischen Spielen hatte Bertrand sich
nicht an sein Erfolgskonzept gehalten, was ihn die Goldmedaille kostete. Die Lehre, die er daraus zog, half ihm, sieben Jahre
später ein »Nationalheld« zu werden.

Ein 132jähriger Traum

Der Australier Bertrand war ein junger, aber nichtsdestotrotz erfahre-
ner Segler, als er sich für die Teilnahme an den Olympischen Spielen
1976 in Kanada qualifizierte. In seinem Buch über den America's Cup
1983, einen der wichtigsten Wettbewerbe, beschreibt er eine Entschei-
dung, die eine nachhaltige Auswirkung auf sein Erfolgskonzept hatte.
»Ich fuhr zur Olympischen Regattastrecke in Kingston, wo ich die
Flagge bei der Eröffnungsfeier tragen durfte. An diesem Tag segelte ich
besser als je zuvor in meinem ganzen Leben, da bin ich mir sicher. Es
gibt sieben Wettbewerbe in den Klassen, die für Olympische Spiele zu-
gelassen sind, und das schlechteste Ergebnis wird gestrichen ... Es lief
alles bestens, und es machte mir einen Heidenspaß, bis zur elften Stun-
de; was dann geschah, werde ich mein Lebtag nicht vergessen, weil es
tiefgreifende, nachhaltige Auswirkungen haben sollte.

Fünf Regatten waren bereits gesegelt. Es lief, wie es schien, auf ein mörderisches Duell zwischen Australien, Ostdeutschland, Rußland und Brasilien hinaus. Die Bedingungen waren großartig. Ich lag an zweiter Stelle im Rennen, der Ostdeutsche war mir dicht auf den Fersen ... Ich näherte mich der Boje, die ich mit zehn bis zwölf Knoten anfahren wollte, und sah den blonden Deutschen mit seinem stoischen Gesichtsausdruck, der sich nicht mehr als einen Meter hinter mir befand, beinahe auf Tuchfühlung. Ich werde mich immer an das Gefühl erinnern, das mich überkam. Plötzlich schoß mir der Gedanke durch den Kopf: Schaffe ich das, bin ich gut genug? *Es war das erste Mal bei dem gesamten Wettbewerb, daß ich an meinen Fähigkeiten zweifelte. Dieser Defätismus nimmt bei einer wichtigen internationalen Regatta leicht die Ausmaße eines Flächenbrands an. Ich überlegte fieberhaft: Wie kann ich ihn abhängen? Habe ich meine Leistungsgrenze bereits erreicht? Das waren meine ersten negativen Gedanken während einer Olympiade ...*

Getrieben von dem Bedürfnis, das Blatt zu meinen Gunsten zu wenden, setzte ich alles auf eine Karte. Daran hätte ich in einem normalen Wettbewerb nicht einmal im Traum gedacht. Ich wäre nicht einmal im Training auf so eine absurde Idee gekommen: Ich holte die Großschot ein. Ich stand zu diesem Zeitpunkt bereits voll unter Streß und dachte, daß ich durch dieses Manöver kostbare Zeit und somit einen Vorsprung gewinnen würde. Ich wollte verhindern, daß der Deutsche an der Innenseite aufschloß und an mir vorbeizog. Ich hätte den Gedanken an diese Möglichkeit nicht ertragen.

Vor lauter Hektik verlor ich die Kontrolle über die Großschot, der Großbaum schoß leewärts, über die Position hinaus, die dem Segel Stabilität verleiht. Mein Boot spielte sofort verrückt und kenterte auf der Luvseite. Das Boot lag kieloben und ich unter der Takelage.

Himmelherrgott, was habe ich bloß gemacht? war mein letzter Gedanke, bevor ich ins Wasser fiel. Ich hatte alles im Griff gehabt, und jetzt war alles verloren. Hätte ich doch nur die Geistesgegenwart besessen, genau das zu tun, was ich gelernt hatte. Hätte ich mich bloß genau an die Manöver gehalten, die, wie ich tief in meinem Innern wußte, angesichts dieses enormen Drucks die richtigen waren. Dann würde ich immer noch an der Spitze mitsegeln, etliche Meilen und genügend Chancen vor mir, den Kerl abzuhängen, selbst wenn er an der Markierung gleichgezogen hätte! Nein, statt dessen mußte ich versuchen, zu ertrinken. Ich war in die gleiche Falle wie fast alle Olympiateilnehmer getappt. Ich hatte mich auf ein blödsinniges Risiko eingelassen und dabei die Bedeutung dieses Wettbewerbs für das Gesamtergebnis und meine Position in der Regatta aus den Augen verloren. Ich hatte das genaue Gegenteil all dessen getan, was ich immer wieder trainiert hatte. Und nun hatte ich das Bot auch noch zum Kentern gebracht.«

Bertrand ging in der siebten und letzten Regatta auf Nummer sicher und holte am Ende die Bronzemedaille. Aber er war sich der Tatsache bewußt, daß er aus seinem Fehler etwas Wichtiges für die Zukunft gelernt hatte.

»Ich habe diese mißliche Erfahrung sehr ernst genommen. Ich habe nach der Regatta immer wieder darüber nachgedacht, weil sie zu einem wichtigen Zeitpunkt meines Lebens erfolgte und mich anspornte, mich eingehend mit Sportpsychologie, mit der Psychologie des Gewinnens zu befassen ... Ich fand es verblüffend, wie nervenstark, so schien es mir zumindest, der Deutsche gewesen war, obwohl er nie zuvor eine Europameisterschaft oder eine namhafte Regatta gewonnen hatte. Er setzte ganz einfach das um, was er gelernt hatte, verhielt sich auch in dieser Streßsituation, als sei das Ganze ein Training. Er schien die ganze Atmosphäre und die Herausforderung des Wettkampfs zu genießen, und wenn mir das gelungen wäre, hätte ich auch mehr Selbstkontrolle gehabt.«

1983 gelang es John Bertrand, die Lektion während der dramatischen Jagd auf die begehrte Segeltrophäe, die man schlicht America's Cup nennt, umzusetzen. Seit 1851 hatte sie sich in den Händen der Amerikaner befunden. Bertrand war Kapitän der Zwölf-Meter-Yacht **Australia II,** *die sich anschickte, mit ihrem geschwungenen Kiel die Revolution einzuläuten und die Siegesserie der USA zu durchbrechen. Doch nach der vierten Regatta hatten Dennis Connor und seine Crew die Australier abgehängt und lagen in diesem Duell mit drei zu eins in Führung.*

Leicht hätte man in dieser Situation Panik bekommen und die Wettkampfstrategie hektisch umkrempeln können. Aber Bertrand hatte sei-

ne Lektion von dem nervenstarken Ostdeutschen gelernt und blieb eisern bei seinem Erfolgskonzept. Er und seine Mannschaft lieferten eine spektakuläre Aufholjagd und gewannen die letzten drei Rennen. Nach 132 Jahren hatte es ein Herausforderer erstmals geschafft, die heißbegehrte Trophäe – den von Königin Victoria gestifteten »Auld Mug« – aus den heiligen Hallen des New Yorker Yachtclubs zu entführen.

Ebnen Sie sich den Weg zum Erfolg

Wenn Sie sich sorgfältig auf den Erfolg vorbereiten, sind Sie eher geneigt, sich in schwierigen Situationen einiges zuzutrauen. In jeder Situation kommt irgendwann der kritische Augenblick, in dem Sie sich für einen bestimmten Aktionskurs entscheiden müssen. Viele Leute scheitern, weil sie vor der Endgültigkeit dieses Schritts zurückschrecken. Ein Außendienstmitarbeiter hat sich gut vorbereitet, um sein Produkt sachkundig zu präsentieren, aber er schreckt davor zurück, Erstkontakte zu potentiellen Kunden herzustellen. Ein Buchautor hat eine zündende Idee, aber er findet immer neue Ausreden, um sie nicht zu Papier bringen zu müssen. Vertrauen Sie darauf, daß Sie ein optimales Konzept entwickelt haben, um persönliche Bestleistungen zu erbringen. Wenn Sie gründlich vorbereitet sind, haben Sie ausgezeichnete Erfolgschancen. Trauen Sie sich zu, Spitzenleistungen zu erzielen. Ebnen Sie sich den Weg zum Erfolg!

Wenn es Ihnen schwerfällt, bei einem Projekt oder einem neuen Ziel den ersten Schritt zu tun, dann hilft Ihnen die folgende Übung, den Stein ins Rollen zu bringen:

Der brennende Wunsch nach Erfolg

Wenn faule Ausreden und andere Hinhaltemanöver Sie davon abhalten, Veränderungen in Ihrem Leben in die Wege zu leiten, habe ich einen heißen Tip für Sie, der Dampf macht und das Feuer des Ehrgeizes in Ihnen weckt.

Denken Sie an ein Ziel, das Sie wirklich gerne realisieren würden, wenn ... Listen Sie alle Wenn und Aber auf.

Wenn ich mehr Zeit hätte ...

Wenn ich die Qualifikation besäße ...

Wenn ich die richtigen Kontakte hätte ...

Wenn ich nicht schon so viele Verpflichtungen hätte ...

Sie dürfen die Liste endlos fortsetzen, es ist schließlich *Ihre*! Welche Wenn und Aber halten Sie davon ab, zu handeln? Welche Ausflüchte hindern Sie daran, gleich heute den ersten Schritt auf dem Weg zu Ihrem Traumziel einzuleiten?

Ein Blatt Papier sollte fürs erste genügen. Notieren Sie die Ausreden, die Ihnen einfallen. Nehmen Sie sich ruhig einen oder zwei Tage Zeit, gründlich über diese Motivationskiller nachzudenken. Sie wissen ja, »gut Ding will Weile haben«.

Wenn Ihre Liste vollständig ist, nehmen Sie das Blatt Papier und verbrennen es. Dieser Rat ist wörtlich gemeint: Suchen Sie sich einen sicheren Platz, wo Sie Ihre »Alibiliste« verbrennen können (versuchen Sie's gar nicht erst unter dem Rasensprenkler im Garten!). Sehen Sie zu, bis das Papier verkohlt ist. Und dann fegen Sie die Asche weg.

Das war's. Von nun an gibt es keine Ausreden mehr. Sie sind verbrannt, verraucht, vom Winde verweht. Nichts hindert Sie mehr daran, sich auf den Weg zu Ihrem Ziel zu machen. Gleich jetzt!

Anhaltenden Erfolg erzielen Sie nur dann, wenn Sie ganz auf Ihr Training und Ihre Vorbereitung vertrauen. Spitzensportler wissen, daß sie den Sieg nicht dadurch vorprogrammieren können, daß sie besonders hart trainieren. Sie können lediglich versuchen, die Höchstleistungszone zu erreichen und dadurch die Wahrscheinlichkeit, erfolgreich zu sein, entscheidend erhöhen.

Wenn Sie versuchen, Ihre Leistung zu sehr zu kontrollieren, läßt sie nach. Sich über die Zukunft oder über die eigene Leistung den Kopf zu zerbrechen mindert die Chancen, Bestleistungen zu erbringen. Eine Sekretärin, die dauernd überlegt, ob sie beim Schreiben auch die richtigen Tasten erwischt, tippt automatisch langsamer. Spitzenleistungen stellen sich beinahe wie von selbst ein, wenn man entspannt und natürlich bleibt. Viele Athleten erzielen nach eigenen Angaben die besten Resultate, wenn sie es einfach »laufenlassen«. Sie lassen dabei das krampfhafte Bedürfnis, das Ergebnis zu steuern, los.

Schlechte Leistungen werden von Athleten als eine Art »Ladehemmung« empfunden. Die meisten Menschen glauben, daß sie durch die mangelnde »Immunität« gegen Streß entsteht. Eine solche »Ladehemmung« hat allerdings nichts mit Motivation, Charakterstärke oder Robustheit zu tun, sondern ausschließlich mit der Fähigkeit, in der persönlichen Höchstleistungszone zu bleiben. Statt sich gute Leistungen zuzutrauen und den inneren »Autopiloten« übernehmen zu lassen, versucht das bewußte Selbst krampfhaft, alles unter Kontrolle zu behalten. Und da man über Entscheidungen brütet, analysiert und zerpflückt man eine Situation bis ins Kleinste, was die Reaktion auf unverhoffte Veränderungen merklich verzögert.

Der Psychologe Dr. Roy Baumeister von der Case Western Reserve University hat in einer Studie nachgewiesen, daß angestrengtes Nachdenken über eine Tätigkeit die Geschicklichkeit, mit der sie ausgeführt wird, nicht verbessert. Die Teilnehmer des Experiments mußten in einem Spiel, das eine gute Koordination von Augen und Händen erforderte, ihre Geschicklichkeit beweisen; nach dem ersten Durchlauf wurden sie aufgefordert, während des Spiels an ihre Hände zu denken. Die Leistungen wurden auf Anhieb merklich schlechter. In einem anderen Experiment gesellte sich der Psychologe zu einer Gruppe von Teenagern, die sich gerade mit einem Videospiel die Zeit vertrieben. Er bat die Jugendlichen, die dabei einen hohen Punktestand erzielten, eine kostenlose Runde »zu Forschungszwecken« zu spielen. Alle stimmten begeistert zu. Dann erklärte Baumeister: »Seht zu, daß ihr möglichst viele Punkte erreicht. Ihr habt leider nur einen Versuch, also tut euer Bestes.« Unter diesem erhöhten »Druck« lag der erreichte Punktestand der Jugendlichen, verglichen mit ihrer vorherigen Leistung, im Schnitt um ganze 25 Prozent niedriger. Die besage Ladehemmung machte sich offensichtlich bemerkbar.

Die jungen Videospieler dachten bewußt über das, was sie taten und das erwünschte Ergebnis nach, anstatt *ihre Aufmerksamkeit ausschließlich auf ihr Spiel zu konzentrieren.*

Wie widerstehen Sie dem Drang, das Ergebnis zu kontrollieren? Vertrauen Sie darauf, daß Sie sich optimal vorbereitet haben, um die Höchstleistungszone zu erreichen. Wichtig ist die Fähigkeit, konsequent an Ihrem Erfolgskonzept festzuhalten, gerade in den streßreichen Augenblicken Ihres Lebens.

Wenn der Countdown läuft und Sie bereit sind, Ihr Bestes zu geben, erinnern Sie sich noch einmal daran, daß Sie mit Ihrem Erfolgskonzept bestens gerüstet sind. Sagen Sie sich beispielsweise: *Das ist der Augenblick, auf den ich mich so gründlich vorbereitet habe. Von mir aus kann's losgehen!* Viele Athleten sagen sich einfach: *Los jetzt!* Vertrauen Sie auf Ihr Erfolgskonzept!

Schritt 3: Das Unvorhersehbare erwarten

Entwickeln Sie ein Erfolgskonzept für Ihre Leistungen, aber erwarten Sie nicht, daß immer alles glattläuft. Tammy war eine Sprinterin, mit der ich während der Vorbereitung auf die Olympiade in Barcelona gearbeitet habe. In der letzten halben Stunde vor einem Wettbewerb hörte sie gerne Musik und hatte diese Entspannungsübung als festen Bestandteil in ihre Vorbereitungen integriert. Sie wählte Melodien, die sie auf den Wettkampf einstimmten, wie die Titelmusik aus den Filmen ›Die Stunde des Siegers‹ oder ›Rocky‹. An dem Tag, als sie im Halbfinale starten sollte, packte sie ihre Sporttasche aus und stellte fest, daß sie die Cassette vergessen hatte. Was nun? Zum Glück hatten wir über solche Möglichkeiten gesprochen. »Das Unvorhersehbare erwarten« war Tammys Motto. Sie setzte sich also wie gewöhnlich in eine Ecke des Umkleideraums, und anstatt die Cassette anzuhören, schloß sie die Augen und summte die Melodie leise vor sich hin. Tammy erzählte mir später, daß diese Methode noch wirksamer war, als die Cassette selbst zu hören. Sie stellte sich Szenen aus den beiden Filmen vor und war noch motivierter und konzentrierter als sonst. Sie erzielte im Halbfinale einen sensationellen Sieg!

Die Lektion, die ich aus zahlreichen ähnlichen Erfahrungen gelernt habe, ist, daß Sie auf Ihrem Weg zum Erfolg mit Problemen rechnen sollten. Egal, wie gründlich Sie sich auf ein Projekt, einen Vortrag oder einen Wettbewerb vorbereiten, es kann immer etwas Unvorhergesehenes passieren. Solche Hürden überwinden Sie am besten, wenn Sie sie bereits in Ihr Erfolgskonzept integrieren. Denken Sie an das eine oder andere »Katastrophenszenario«, und stellen Sie sich vor, wie Sie die Situation trotzdem meistern. Hier einige Beispiele:

• Was wäre, wenn Sie nach Ihrem Vortrag eine bestimmte Zeitspanne für Fragen vorgesehen haben, aber keine gestellt werden?

Notieren Sie bei der Vorbereitung Fragen, die Sie bezüglich des Themas häufig gehört haben. Falls niemand weitere Informationen verlangt, sagen Sie einfach: »Nun, eine Frage, die Kunden oft stellen, ist ...«

• Was wäre, wenn Sie sich gründlich auf eine Prüfung vorbereitet haben, aber gleich zu Beginn eine sehr schwere Frage gestellt wird, die Ihre Konzentration beeinträchtigt?

Rechnen Sie damit, daß Sie in der Prüfung nichts geschenkt bekommen. Denken Sie bei der Vorbereitung darüber nach, wie Sie mit einer Frage umgehen, auf die Ihnen zunächst keine Antwort einfällt. Sparen Sie sich diese beispielsweise bis zum Schluß auf, wenn Sie nach erfolgreicher Lösung der anderen Fragen mehr Selbstvertrauen haben.

- Was wäre, wenn Sie den ganzen Tag mit Präsentationen vor neuen Kunden beschäftigt sind, so daß Sie keine Störung gebrauchen können, und bei Ihnen daheim passiert ein Malheur?

Das ist eine schwierige Situation, aber dank Ihrer Fähigkeiten können Sie auch damit umgehen. Als erstes entscheiden Sie mittels der Produktivitätsanalyse, ob Sie sich für den Rest des Tages freinehmen können. Wenn die häusliche Krise ernst ist (Ihr Kind hat beispielsweise hohes Fieber), ist es unter Umständen besser, die Termine mit Ihren Kunden zu verschieben. Falls Sie beschließen, die Präsentationen wie geplant durchzuführen, sollten Sie entscheiden, wann Sie sich des häuslichen Problems annehmen wollen. Heute abend? Morgen? Danach versuchen Sie, Ihren Kopf freizumachen und sich hundertprozentig darauf zu konzentrieren, bei Ihren potentiellen Kunden ganze Arbeit zu leisten. Bleiben Sie mit Hilfe von Erfolgsformeln ganz bei der Sache. Spornen Sie sich selbst an, um genügend Energie zu mobilisieren. Und wenn Sie merken, daß Sie sich doch Sorgen machen, versuchen Sie mit einer der Entspannungsmethoden, Ruhe zu bewahren.

Ich glaube, Sie wissen nun in etwa, wie's geht. Es gibt eine wirksame Möglichkeit, mit jeder Überraschung, mit jedem Hindernis fertigzuwerden. Wenn Sie von vornherein damit rechnen, daß Ihnen die eine oder andere Hürde den Weg zum Ziel versperren *könnte*, sind Sie nicht völlig perplex, wenn Sie sich dem Problem tatsächlich gegenübersehen.

Unliebsame Überraschungen bekommen Sie am besten in den Griff, wenn Sie sich in Ruhe wieder auf Ihre Aufgabe konzentrieren und überlegen, wie Sie sich an die veränderte Situation anpassen. Üben Sie diese Erfolgsstrategie (wie im Kapitel ›Emotionale Stärke‹ beschrieben), bis sie Ihnen zur Gewohnheit geworden und in Streß- und Krisenzeiten jederzeit abrufbar ist. Sie sollte ein fester Bestandteil Ihrer Vorbereitungen werden. Falls

Sie diese Technik nicht benötigen, weil Sie sich ohnehin nicht leicht aus der Ruhe bringen lassen, um so besser, denn dann können Sie ungehindert Ihren Kurs weiterverfolgen. Aber falls Sie diese kleine Rückversicherung benötigen, sind Sie damit in jeder Situation bestens vorbereitet.

Die Erfahrungen von Spitzensportlern wie Bob Foth, John Bertrand, Tammy und vielen anderen zeigen, daß man die Höchstleistungszone immer wieder erreichen kann, wenn man sich konsequent an sein Erfolgskonzept hält. Der legendäre Footballtrainer Paul »Bear« Bryat hat einmal gesagt:»Man sollte für alles ein Konzept haben. Ein Trainingskonzept, ein Konzept für den Wettkampf. Ich versuche, ein gutes Konzept zu entwickeln und dann den Mut zu haben, mich daran zu halten, egal, was passiert.« Selbst in Streßsituationen, wenn andere sich schwertun, an ihr Leistungsoptimum heranzukommen, werden Sie in der Lage sein, eine Glanzleistung zu erbringen, wenn Sie sich an Ihr Erfolgskonzept halten. Ihre Konkurrenten werden sich über Ihre Zuversicht wundern. Planen Sie also Ihre Arbeit, und arbeiten Sie nach Plan.

Zusammenfassung

Wie man Konsequenz lernen kann

Schritt 1: Ein Erfolgskonzept entwickeln
Schritt 2: Auch unter Streß am Konzept festhalten
Schritt 3: Das Unvorhersehbare erwarten

Aufbruch zu neuen Ufern

Mein Interesse an der Höchstleistungszone wurde in meiner Teenagerzeit während eines Tennisturniers geweckt. Damals hatte ich keine Erklärung für meine Spitzenleistung im spannenden Finale. Die Suche nach Antworten hat mich um den halben Erdball geführt und mir zahllose erinnerungswürdige Erfahrungen und Erlebnisse beschert. Ich habe im Rahmen meiner Forschungsprojekte mit Hilfe der Erkenntnisse und Ideen anderer Sportpsychologen und aus der Beobachtung des Verhaltens erfolgreicher Menschen die Faktoren herausgefiltert, die die Kunst, erfolgreich zu sein, kennzeichnen. Am meisten habe ich jedoch durch meine Arbeit mit hochmotivierten Menschen gelernt, die alles tun, um Spitzenleistungen zu erbringen. Die Aufrichtigkeit und Offenheit, mit der sie über ihre inneren Kämpfe gesprochen haben, war für mich die größte und interessanteste Lernerfahrung.

Trotz des umfangreichen Wissens auf dem Gebiet bin ich der Überzeugung, daß wir immer noch einiges dazulernen können. Die Suche nach Einsichten in das Phänomen der Höchstleistungszone ist vor allem deshalb so faszinierend, weil sie den Prozeß der Selbstentdeckung beinhaltet, der zeitlebens andauert und sehr befriedigend sein kann. Sie sind der Experte, der einzige, der weiß, wie Sie Ihre Höchstleistungszone erreichen. Ich hoffe, Sie machen von dem Wissen in diesem Buch Gebrauch und betrachten es als Fundament für Ihr eigenes Streben nach Spitzenleistungen.

Wenn Sie erfolgreich sein wollen, müssen Sie sich auf die Suche nach Ihrer **persönlichen** Höchstleistungszone begeben. Ich habe vor kurzem erlebt, wie schwer es sein kann, auf einer höheren Ebene erfolgreich zu sein. Es gibt einfach Zeiten, wo man dazu neigt, sich auf den eigenen Lorbeeren auszuruhen. Wir haben unser Leben bequem eingerichtet und meinen, daß wir unser Bestes tun, obwohl wir unser Potential in Wirklichkeit bei weitem nicht ausschöpfen. Manchmal wacht man erst durch eine Ohrfeige aus dem Dornröschenschlaf auf.

1993 habe ich einen furchtbaren Schlag einstecken müssen, der mich zwang, mein Leben noch einmal kritisch zu überdenken. Mein Bruder Chris, der nur 22 Monate jünger war als ich, starb bei einem tragischen Unfall in Australien. Er war erst 33. Ich flog zur Beerdigung nach Australien, stürzte mich dann aber sogleich wieder in die Arbeit. Aber ich war unglücklich und verwirrt. Chris und ich waren uns immer sehr nahe gewesen, hatten als Jugendliche viel Sport miteinander getrieben, und nun konnte ich nicht glauben, daß er nicht mehr da war. Es fiel mir sehr schwer, dies zu akzeptieren.

Wie üblich gelang es Annemarie, meiner Frau, mich aus meiner Apathie herauszureißen. Eines Abends setzte sie sich zu mir und wollte wissen, warum ich so unglücklich sei. Ich murmelte etwas über den tragischen Verlust meines Bruders, aber sie bohrte beharrlich nach. »Chris würde dir sagen, daß dein Leben weitergehen muß, daß du nicht auf der Stelle treten sollst, das weißt du. Also woran liegt es wirklich, daß du so antriebslos bist?« Erst während des Gesprächs dämmerte es mir, daß ich das tiefe Bedürfnis hatte, meine Eltern und Geschwister häufiger zu sehen. Ich hatte sie nie zuvor mehr gebraucht als jetzt, und ich nahm an, daß es ihnen nicht anders erging. Vorsichtig machte ich Annemarie einen Vorschlag: »Wie wär's, wenn wir für eine Weile mit den Kindern nach Australien fliegen würden?«

Ich war glücklich und erstaunt, als sie sofort zustimmte. Obwohl wir beide überaus zufrieden in unserem Beruf sind, hat die Familie bei uns einen sehr hohen Stellenwert. Auch Annemarie war der Überzeugung, daß es für unsere Kinder gut wäre, ihre Großeltern besser kennenzulernen. Nun hatte ich ein konkretes Ziel. Es war ein Anstoß, mein bisheriges Leben einmal kritisch unter die Lupe zu nehmen. Dabei stellte ich fest, daß ich in vielen Bereichen an eingefahrenen Gewohnheiten festhielt. Obwohl mir meine Arbeit als Sportpsychologe sehr viel Spaß machte, erkannte ich, daß es an der Zeit war, nach neuen Herausforderungen zu suchen. Ich war in beruflicher Hinsicht zu bequem geworden, und es war an der Zeit, Risikofreude zu entwickeln, um wieder in die Höchstleistungszone zurückzukehren.

Die »Bequemlichkeitszone« hat nichts mit sehr guten Leistungen zu tun. Man klammert sich an den Status quo, weil man sich darin geborgen und sicher fühlt. Die Grenzen, die einem dabei gesetzt sind, nimmt man gerne in Kauf, denn das Vertraute birgt kein Risiko. Hochleistungssportler geraten nicht selten in Panik, wenn sie diese Grenzen überwinden. Ein Golfer merkt, daß er auf dem besten Weg ist, den Platzrekord zu brechen, und benötigt angesichts des eigenen unerwarteten Erfolgs am nächsten Loch die dreifache Anzahl der üblichen Schläge. Damit ist er wieder in seine gewohnten Bahnen zurückgekehrt.

Als Annemarie und ich unsere Idee weiterspannen, wuchs unsere Aufregung über die neuen Möglichkeiten, die sich uns eröffneten. Wir erkannten, daß es für uns beide neue berufliche Ziele gab, die zu verfolgen sich lohnte. Auf das letzte Teil des Puzzles stieß ich dank einer Sportklientin. Beim Hinausgehen drehte Becky sich um und sagte:»Wissen Sie, es ist eigentlich schade, daß Sie nur mit so wenigen Sportlern arbeiten können, gemessen an der Zahl, die es gibt. Ich meine, wie viele Athleten bekommen Sie im Olympischen Trainingszentrum schon zu Gesicht? Es gibt Tausende, die von den Erkenntnissen der Sportpsychologie profitieren könnten. Sie sollten ein Buch schreiben oder so.«

Ich hatte nie darüber nachgedacht, aber Beckys Vorschlag machte Sinn. Dadurch entdeckte ich eine neue Leidenschaft, etwas, das ich von ganzem Herzen tun wollte. Also kündigten meine Frau und ich unsere Stellung und übersiedelten für ein Jahr nach Australien. Ich sah meine Eltern jeden Tag, und sie hatten hinreichend Gelegenheit, ihre beiden Enkelkinder richtig kennenzulernen. Annemarie konnte genug Zeit erübrigen, um am Aufbau unserer Beratungspraxis zu arbeiten. Und ich schrieb dieses Buch. Wir hatten in unsere Höchstleistungszonen zurückgefunden und waren rundum glücklich. Dieses Jahr entpuppte sich als eines der schönsten Jahre meines Lebens, obwohl ein trauriger Anlaß die Ursache der Familienzusammenführung war. Mein Bruder ist tot, aber die Erinnerung an ihn lebt in der ganzen Familie weiter.

Ich stellte fest, daß der einzige Weg, mich aus meinem eingefahrenen Trott herauszureißen, darin bestand, mir selbst neue Herausforderungen zu stellen. Eigentlich hätte das nichts Neues für mich sein sollen, denn die Athleten, mit denen ich zusammenarbeitete, bestätigten es mir jeden Tag. Sie gewinnen, weil sie sich weigern, an bequemen Gewohnheiten festzuhalten. Sie streben danach, ihre Höchstleistungszone zu erreichen. Auch Sie kennen mittlerweile die Strategie, um dauerhaft erfolgreich zu sein. Sie müssen Ihre physischen und mentalen Fähigkeiten lediglich nutzen, um Ihre Träume zu verwirklichen. Nichts kann Sie aufhalten, wenn Sie wirklich wollen.

Am Ende des Buches frage ich mich, wie ich Sie dazu anspornen könnte, sich auf den Weg zu Ihrer Höchstleistungszone zu machen. Dabei kehren meine Gedanken zu der Zeit zurück, als ich im Vorfeld der Olympischen Spiele tätig war. Das Großartige daran ist die Inspiration, die man daraus ableiten kann. Bei Olympischen Spielen gibt es viele Symbole und Zeremonien, die uns daran erinnern, nach persönlichen Bestleistungen zu streben. Eines dieser Symbole ist das Olympische Feuer, das alle zwei Jahre von Griechenland durch eine ununterbrochene Kette von Läufern an den jeweiligen Austragungsort gebracht wird. Wenn Sie das nächste Mal vor dem Fernsehschirm verfolgen, wie das Olympische Feuer von den Läufern in der Kette weitergereicht wird, dann denken Sie an Ihre eigenen Wünsche und Ziele. Brennt das Feuer noch in Ihnen, oder sollten Sie den Ehrgeiz bei der Verfolgung Ihrer Lebensziele neu entfachen?

Was kann ich vom Leben mehr verlangen als das Wissen, daß ich mein Potential voll ausgeschöpft habe? Und um dieses Ziel zu erreichen, muß ich meine Höchstleistungszone für mich entdecken. Wenn mir das gelingt, bin ich stolz und zufrieden, die Herausforderung bewältigt zu haben. Und ich hoffe, daß ich noch etwas tun kann, nämlich die Flamme der Hoffnung durch mein Beispiel weiterzugeben wie die Olympischen Läufer. Viele Olympiateilnehmer sind von dem Gedanken beseelt, daß sie andere durch ihr Streben nach Spitzenleistungen inspirieren. Auch ich wünsche Ihnen, daß Sie in Ihrem Streben nach Erfolg Zufriedenheit finden. Was können Sie erreichen, wenn Sie alle Ihre Fähigkeiten einsetzen? Welche Ziele können Sie in Ihrem Leben verwirklichen, wenn Sie alle erlernten Strategien anwenden? Und an wen können Sie die Flamme weitergeben? Wer unterstützt Sie auf Ihrem Weg zum Erfolg?

Meine Suche nach der Höchstleistungszone geht weiter. Ich hoffe, Ihre ebenfalls. Wenn mein Wissen Ihnen dabei hilft, Ihre Lebensziele zu erreichen, wäre ich sehr glücklich.

Danksagung

Viele Menschen haben mein Leben berührt und mir bei diesem Projekt geholfen. Ich weiß, daß ich nicht alle nennen kann, aber ich möchte einigen meinen besonderen Dank aussprechen.

- Mein Dank gilt meinen Mentoren im Bereich der Sportpsychologie, die mich in den verschiedenen Stadien meiner beruflichen Laufbahn mit Rat und Tat unterstützt haben. Ihr Beispiel und ihr Enthusiasmus waren für mich inspirierend. Danke, Jerry May, Rob Woolfolk, David Feigley, Jack Atthowe, Budd Ferrante, Dan Landers, Dick Suinn, Dan Gould, Charlie Hardy, Deb Feltz und Bill Morgan.
- Mein tiefempfundener Dank gilt allen Sportlern, mit denen ich zusammenarbeiten durfte.
- Trainer müssen viel von Psychologie verstehen, um erfolgreich zu sein, und ich bin glücklich, durch die Zusammenarbeit mit einigen der besten ihres Metiers viel gelernt zu haben. Ich hege große Achtung und Bewunderung für alle, die den Olympischen Trainingszentren im Laufe der Jahre viel gegeben haben. Danke, Nancy Myrick, Dragomir Cioroslan, Ric Purser, Ron Brandt, Lenny McCaigue, Craig Griffin, Bob Mitchell, Fred Borden, Mike Larimer und Kathy Casey.
- Viele Freunde haben mir die Zeit in der Olympischen Bewegung erinnerungswürdig gemacht. Allen sei herzlich gedankt. Ein besonderes Dankeschön an das Team von Sport Science and Technology und seine unermüdliche Einsatzbereitschaft für die Athleten, vor allem Jay T., Sarah, Steve, Tanya, Jeff, Tom, Karla und Tim. Und nicht zu vergessen die zahlreichen Freiwilligen aus der Olympischen Familie, die

großzügig ihre Zeit opfern, um den Olympischen Geist lebendig zu erhalten; sie wirken hinter den Kulissen, verdienen aber unseren herzlichsten Dank.

- In einem Bereich, der so jung ist wie die Sportpsychologie, muß es Wegbereiter geben, die dem Rest zeigen, wo's langgeht. Meine Arbeit wäre ohne die Pionierarbeit von Bruce Ogilvie, Dorothy Harris, Jim Loehr, Terry Orlick und Bob Nideffer nicht möglich gewesen. Ich verbeuge mich vor ihrer mühevollen Arbeit und Ausdauer.

- Mein besonderer Dank gilt auch drei namhaften Experten im Ausland, mit denen ich zusammenarbeiten durfte: Lew Hardy, ein wunderbarer Mann von der University of Bangor in Wales; mein guter Freund Pat Thomas mit seinem messerscharfen Verstand von der University of Queensland in Australien; und Jeff Bond, der Gründervater der angewandten Sportpsychologie vom Australian Institute of Sport in Canberra. Ihre Arbeit und Forschung haben mich sehr inspiriert.

- Viele Sportpsychologen haben mich in meiner beruflichen Laufbahn unterstützt, und ich schulde allen großen Dank. Meine Arbeit wurde in vielfältiger Weise durch ihre Publikationen, Vorträge und persönlichen Gespräche geprägt. Danken möchte ich vor allem Andy Myers, Dan Kirschenbaum, Al Petitpas, Steve Danish, Robert McKelvain, Maureen Weiss, Diane Gill, Dave Coppel, Bruce Hale, Dave Yukelson, John Anderson, Ken Ravizza, Charles Garfield, Denis Waitley, Sue Jackson, Jean Williams, Carol Oglesby, Ron Smith, Michael Sachs, Mark Andersen, Bob Weinberg, Hugh Armstrong, Michael Asken, Steve Heyman, Rob Stainback, Dave Cook, Bob Rotella, Tara Scanlan, Frank Gardner, Cal Botterill, Larry Brawley, Linda Bunker, Damon Burton, Richard Cox, Debra Crews, Jim Davis, Rob Dishman, Joan Duda, Rich Fenker, Burt Giges, Dan Begel, Rich Gordin, Wayne Harris, John Heil, Keith Henschen, Andy Jacobs, Marlin MacKenzie, Penny McCullagh, Rick McGuire, James Millhouse, Mimi Murray, Bill Parham, Kay Porter, Jim Reardon, Glyn Roberts, Bob Schleser, John Silva, Wes Sime, Bob Singer, Aynsley Smith, Frank Smoll,

Bill Straub, Jim Taylor, Robin Vealey, Betty Wenz, Jim Whelan, Tommy Lee White und Len Zaichowsky. Ich bin glücklich, daß ich so viele von Euch zu meinen guten Freunden zählen darf.

- Besonderer Dank gilt auch den Studenten, die diesen faszinierenden Bereich mit mir erforscht haben. Sie haben damit vielen Athleten und Trainern geholfen, und ihr Engagement war sehr beeindruckend. Ich habe viel von ihnen gelernt. Danke, Mike Lesser, Susan Walters, Doug Jowdy, Vance Tammen, Mike Greenspan, Shirley Durstchi, Kirsten Peterson, Chris Carr, Bob Swoap, Jerry Gibson, Jean Muerrhoff, Suzie Tuffey, Frank Perna, Megan Neyer, Dorsey Edmundson und Renee Parker. Und Alan Budney, Rob Stainback und die vielen Ehrenamtlichen, die geholfen haben, wenn Not am Mann war.

- Danken möchte ich auch Rainer Martens, der mir den richtigen Weg wies, als ich daran dachte, dieses Buch zu schreiben.

- Das Manuskript wurde mit einem Macintosh Powerbook und Microsoft Word erstellt, eine Kombination, die mir inzwischen unglaublich gut gefällt.

- Meiner Mum und meinem Dad sage ich: Danke für alles. Vor allem dafür, daß sie mir schon in frühester Kindheit so viele physische und mentale Fähigkeiten beigebracht haben. Mein Dank gilt auch Kieran und Jenny für ihre Liebe und Unterstützung. Und natürlich Bob und Rosemarie, deren Großherzigkeit wunderbar ist.

- Nicht genug danken kann ich Sean McCann, einem wunderbaren Freund und phantastischen Sportpsychologen. Er ist nicht nur ein Herz und eine Seele mit den Athleten, sondern auch selbst einer der besten, und ich entdecke laufend neue Seiten an ihm, wenn wir zusammen sind. Auch er hat mir bei der Arbeit an diesem Buch sehr durch seinen Ansporn und seine Kritik geholfen.

- Während dieses Projekts habe ich sehr viel über die praktische Seite des Bücherschreibens und -verlegens gelernt. Vielen Dank, Mort Janklow, daß Sie die Idee hatten und mir den

Rücken gestärkt haben. Mein Dank gilt auch Eric Simonoff, der mir stets geholfen hat. Und Stacy Creamer ein herzliches Danke. Ich kann gar nicht glauben, wieviel Zeit Sie für die Bearbeitung des Manuskripts gebraucht haben. Ihre Spitzenleistungen haben einen merklichen Unterschied bewirkt.

- Meinen beiden Kindern, die mir eine Quelle der Kraft und Inspiration waren. Theresa, die den Ermahnungen ihrer Mutter, mich »ja nicht zu stören«, keine Beachtung schenkte und sich in mein Arbeitszimmer schlich, um mir ihre wunderschönen Zeichnungen zu schenken, während ich fleißig schrieb. Und Brian, der immer Zeit hatte, mich schnell zu einem kleinen Videospiel zu überreden, wenn ich dringend eine Pause brauchte. Euch beiden gilt meine Liebe und mein Dank.
- Der größte Dank gebührt meiner Frau Annemarie für ihre fortwährende Unterstützung und Ermutigung. Sie hat jedes Wort mehrmals gelesen. Sie gibt jedem Augenblick meines Lebens Sinn.

Nützliche Adressen

Im Internet gibt es eine Homepage, auf der nützliche Adressen zum Thema Sportpsychologie aufgelistet sind. Sie lautet:
http://spot.colorado.edu/~aaasp/